昭和二十年

第５巻　女学生の勤労動員と学童疎開

鳥居 民

JN152290

草思社文庫

昭和二十年　第5巻　女学生の勤労動員と学童疎開　目次

第18章　女学生の勤労動員と学童疎開（四月十五日）

第18章

女学生の勤労動員と学童疎開（四月十五日）

昭和二十年の卒業式、入学式

今日は四月十五日である。

沖縄本島の地上の戦いがはじまって二週間になる。敵軍は島の中央の嘉手納《かでな》海岸に上陸し、二日のちには島を南北に分断してしまった。沖縄の守備隊は、北にはわずかな部隊を置くだけであり、南の戦場で本格的な戦いをおこなう考えである。

四月十二日の夜と十三日の夜、南の戦線で攻撃をおこなった。わがほうの部隊は全線にわたって敵陣地に滲透し、白兵戦に導き、いっきょに攻勢に転じようとした。ガダルカナル島にはじまり、ソロモン群島、東部ニューギニアで、何十回となく敢行し、失敗に終わった戦法である。

はたしてこの夜襲もうまくいかなかった。海上の敵艦艇の探照灯の白い光芒が戦場を真昼のようにしたところへ、猛烈な集中砲火を浴びせられ、多くの死傷者をだすことになった。

敵はすでに占領した北飛行場と中飛行場から観測機を飛ばしはじめている。九州から飛んできたこちらの飛行機がこの二つの飛行場に攻撃をおこなっているが、二機か、三機の少数機の奇襲にとどまり、たいした損害を与えることができない。敵はこの数日、道路を構築し、大砲と弾薬を前線に輸送するのに忙しい。

陸軍の気球連隊が福島県の勿来《なこそ》基地で最後の風船爆弾を飛ばしてから十三日がたつ。最終作戦を敢行したのは四月二日のことだった。午前五時、星はとっくに消え、すでに空は明るかった。常磐線の勿来駅の西側の丘のあいだから大きな風船があがった。五つ、六つとつづく。青い色の風船はいずれも黒い箱をぶらさげている。風船は海の方へ向かいながら、上昇をつづけていく。やがて金色にきらめく陽光のなかにかき消えた。

鈴木貫太郎内閣が発足して八日がたつ。人びとは新首相と新閣僚になんの期待も抱いていない。日本がいま直面しているすべての問題を解決することは、だれが首相になってもできるはずはないと思うからだ。いかなる順序で、どの問題に手をつけたらいいのだろうかと考えても、だれもが溜息をつくばかりである。

アメリカの大統領が病死したとのニュースを聞いてから二日がたつ。「ルーズベルトが死んだ」と人びとは興奮気味に語った。地響きをたてるような大事件だと思った。だが、大きな勝利が明日にでも期待できるというのならともかく、負け戦がつづいているさなか、アメリカの新大統領が戦いをやめようと言うはずはないと思い直すことになった。

豊島区、王子区、板橋区を中心に東京北部の市街区が三時間半にわたって焼夷弾攻撃されて、これまた二日がたつ。東京にたいする焼き打ちは三月九日の夜以来のことだ。今回は十七万世帯が焼けだされた。

家と家財道具、そして町のすべてを失ってしまった人びとが焼け跡に残った国民学校の教室や体操場に坐っている。赤く爛《ただ》れた目をした人、汚れた服の人たちはどこへ行こうかと思案し、ひとまず親類の家へ行くしかないと考えている。そして故郷へ帰ろうとする人びとが罹災証明書と風呂敷包みを持ち、上野駅や新宿駅で長い行列をつくっている。これらの人の海のあいだを抜け、防火帯づくりのための家屋の取り壊しがおこなわれている瓦礫の山の横を通りすぎていく人びとが抱くのは、もはや不安や胸苦しさではない。かれらは無力感にさいなまれ、どうにでもなれという気持ちになっている。

例年なら、この三月末から四月にかけては、卒業式があり、入学式があり、父母や祖父母が子や孫の未来に大きな期待をふくらませ、子供たちは胸いっぱいの希望を抱き、家々からは喜びにあふれた顔が現れ、町中では向こうから幸せがやってくるような感じがするときなのである。

ところが、東京、名古屋、大阪、神戸では、校舎が焼け、町が焼け野原となってしまい、卒業式を開くことができなかった国民学校がいくつもある。そしてこれらの都市では、疎開せずに残留している新一年生の入学式をおこないはしたものの、そのあと授業をはじめていない。高等学校と専門学校の入学式は六月に延期となり、六月になれば、さらに先延ばしとなる可能性もある。

とりおこなわれた卒業式はあるが、これも異常な卒業式だった。

工場の寮にいる女学校の四年生は押入れの柳行李のなかからかびくさい制服をとりだした。卒業式は工場内の食堂か、機械を疎開地に運びだしてがらんどうの構内でおこなわれた。同じ工場で働くいくつもの女学校が合同の卒業式をやったところがあり、一校だけでやったところもあった。

上級学校の入学式がある六月まで、この工場で働くのだと納得している娘がいた。卒業式のあとには帰郷できる、お腹いっぱい食べることもできれば、ゆっくり眠ることもできる、と喜んでいる娘がいた。ずいぶんとおかしな卒業式であったが、彼女たちにとっては充分に感傷的な卒業式だった。だが、卒業式のあとには、このさきもこの工場で働く者と帰郷する者とを選別することにしている女学校もあり、そこの卒業生にしてみれば、センチメンタルな気分にひたるどころではなかった。

卒業生全員が記念写真をとり、そのあと寮の同じ部屋の友達、歌を教えてくれた年若い女性教師、工場幹部のこれも年若い海軍士官といっしょに写真をとった娘がいた。写真をとることができない女学校もあった。まっすぐ寮に帰り、制服をたたみ、布団にもぐりこんだ娘もいた。いつもどおり夜勤があるのだから、少しでも眠っておかねばならなかった。

さて、大都市の国民学校では、入学式らしい入学式はおこなわれなかったが、疎開学寮への入寮式、歓迎会がいまもあちこちでおこなわれている。

国民学校の新しい三年生を中心にして、疎開地に兄や姉のいる新二年生と新一年生、残留組から新たに集団疎開することになった上級生、そして教員と保母の一隊、総計百人から百五十人の一団が長い汽車旅行を終え、新潟、あるいは山形の疎開地に着いた。同じ学校の四年生、五年生、六年生の輝く笑顔に迎えられ、入寮式、歓迎会が開かれる。同じ学校、同じ町の子供たちがいっしょになることができて、だれもが嬉しい。

これが昭和二十年の卒業式、入学式である。これら国民学校の子供たち、これら女学校の卒業生が生きのびて、いつか自分たちの卒業式、入学式を思いだすことがあれば、思い出は胸に突き刺さり、両眼に涙があふれることになるにちがいない。

宮城県の女学校の勤労動員

宮城県の内政部長が県下の女学校に横須賀の海軍工廠《こうしょう》へ行ってもらうことになると告げたのは、敵機動部隊の艦載機が台湾を襲った昨十九年十月十三日のことだった。

どこの女学校でも、校長と教師たちがいよいよ来たかと思った。七月に第一次勤労動員があり、中学校の生徒が働きにでた。残ったのは女学校生徒だった。第二次動員はいつになるのだろうとはだれもが思っていたことだった。そして山形県と福島県の女学校に勤労動員が発令されたと聞いていたから、つぎは宮城県だと覚悟を決めていたのである。

宮城県の西隣の山形県では、一千人に近い女学生が県外に働きにでることになった。十月十五日に第一陣が出発した。山形県立第一高等女学校の四年生三クラス、およそ百五十人と第二高等女学校のこれも三クラス百四十人近くだった。山形第一高女の約百人は川崎の東京芝浦電気で働き、五十人はこれも同じ川崎の明治産業で働くことになっていた。明治製菓が昭和十八年十二月に社名を改称したのが明治産業である。山形第二高女の生徒は小田原市へ向かった。日新工業の小田原工場で働く。

そして二日あとの十月十七日には、これも山形の楯岡《たておか》高女が平塚へ向かった。横須賀海軍工廠の平塚分工場で働くことになっていた。

宮城県の南隣の福島県では、白河高女、磐城高女の生徒たちが十月十八日の夜に川崎へ出発した。

同じ十月十八日のことだ。宮城県では、県内の女学校の校長が県庁に集まった。横須賀海軍工廠は七百五十人を要望しているという話だった。最上級生の四年生を行かせることが決まった。県下の女学校のすべてが横須賀へ行くことにし、十一校に割り当てることになった。

宮城県内の工場、作業場でも、第二次動員の女学校生徒を欲しいという声は大きかった。横須賀組以外の者は県内で働かせるということになった。こうして各学校で、横須賀行きと県内の工場で働く者を分けるという面倒な問題が生じた。

第一高女では、四年生二百人を横須賀行きと市内東二番丁の仙台貯金支局で働く者に分けることになった。

ここで説明しておかねばならないが、東京、横浜をはじめ、大都市では、女学校は五年制となっているが、宮城県では女学校はすべてが四年制である。南隣の福島県でも、女学校は四年制であるが、ただ一校、県立第一高女だけが五年制となっている。西隣の山形県でも、県立第一高女が五年制である。

山形第一高女の四年生は昨年の十月から川崎で働くことになったと前に述べたが、五年生百二十人はすでに八月から働いている。勤労動員先は日本飛行機の山形市内にある分工場である。

女学校の四年制、五年制の話に戻れば、明治の末に決まった教育要目は、高等女学校の修業年限を四年と定め、その土地の状況に応じ、一年の延長を認めていた。大多数の女学校は最初は四年制だった。やがて卒業生のために補修科を置く学校が多くなった。そして大都市では、大正の末から補修科を廃止し、五年制とする女学校が増えはじめた。ところが、戦争がはじまって、五年制を求める女学校の動きにブレーキがかかった。宮城県立第一高女も五年制とすることができなくなった。つづいて文部省は逆に五年制を四年制にしようということになった。

昭和十八年、中学校、高等女学校、実業学校の修業年限が一年短縮されて、四年となった。四年制とするのは昭和十八年の新入生からであった。ところが、その取り決めも変更され、この昭和二十年三月には、五年制の中学校や女学校で、五年生とともに昭和十七年入学の四年生が卒業することになったのである。

宮城第一高女のことに戻れば、横須賀行きの人選は逗子の寮を見てきてからのことにしようということになった。逗子の寮とは、横須賀の海軍工廠が宮城からの女学校を受け入れるためにつくった宿舎のことである。十月二十三日に逗子から戻ってきた教員の報告は、海軍軍人が語ったというういいことずくめの説明とはちがい、宿舎の設備は満足からは遠かった。

校長と教師たちはしかたがないと思った。期待しているとおりにはいかず、到来する現実が約束とかけ離れていることに、人びとはいつしか慣れ、当たり前と思うようになってしまっていた。

翌十月二十四日、逗子に行く者を籤引《くじび》きで決めることになった。生徒ひとりひとりに引かせるのではない。校長室で、校長立ち会いのもと、先生のひとりが籤を引くのだ。待たされた生徒たちが顔を寄せ合い、「いつまでかかるの」「おかしいわ」と語りはじめていたとき、教師たちは、欠席日数の多い、病弱な生徒を残留組とし、健康な生徒を逗子組に入れ、どのクラスもだいたい同じように割り振ることで忙しかった。

同じ仙台市の東九番丁にある第二高等女学校も、四年生は二百人いた。ここも横須賀海軍工廠へ百人、仙台貯金支局へ百人と割り当てられた。学校側は志願で決めようとした。

最初は逗子行きを望んだ者は少なかった。多くの者は、親に反対され、ぜったいに横須賀に行くと言ってはいけないと念を押されていたからである。教壇にあがった教師が声を張りあげ、横須賀で働こうという者がこんなに少なくて残念だと言った。ほんとうのことを言えば、生徒たちは横須賀へ行きたかった。仙台なんかで働きたくはなかった。横須賀と聞くだけで、胸が躍った。軍艦をつくる仕事の手伝いをしたかった。そして休みの日には、鎌倉を見物し、東京へ遊びに行くこともできる。矢も楯もたまらず、頬を紅潮させた彼女たちはつぎつぎと手を挙げ、逗子へ行きますと答えた。逗子組はたちまち百人を超してしまった。そこで抽選ということになった。

仙台市中島丁の第三高女は四年生が一学級五十人だけだったから、問題はなかった。全員が逗子行きと決まった。

石巻市は宮城県第二の都市であり、石巻高女は仙台市の第一高女につぐ長い歴史をもっている。四年生は百七十人近くいた。勤労動員先は地元の太平洋造船と山西造船、そして横須賀海軍工廠の三つとなった。横須賀行きの割り当ては五十人だったが、志願者は百人を超した。籤を引くことになった。

石巻市には、もう一校、石巻女子商業学校がある。だれもが歴史のある旧名の石巻実業女学校の名で呼ぶ。昭和十八年十月の政府の非常措置により、男子商業学校が工業学校に変わり、女子商業学校がつくられるようになって、昭和十九年三月、石巻実業女学校は石巻女子商業学校と校名を変えたのである。ここでは四年生百七十人近くのすべてが横須賀へ行くことになった。

角田《かくだ》高女も横須賀へ行く者を決めねばならなかった。角田高女は宮城県南部の阿武隈《あぶくま》山地に囲まれた盆地の真ん中の角田町にある。

余計な話をつけ加えよう。女学校の設立は、明治はじめに町や村でつくられた小学校と同じように、地域の人びとの熱意に頼った。そして女学校はかれらの協力と信頼を得て、入学者を選び、訓練し、生徒数と卒業生を増やしながら、ひとつの伝統を築き、これを次代に伝え、地域社会に少なからぬ力をもつようになってきている。明治三十年に人びとの努力で仙台にはじめて女学校ができ、三年のちに県立女学校となったのが、のちの宮城県立第一高女である。石巻高女の前身は明治二十七年につくられた私立学校だった。町立となり、つづいて容易に設置が認められる実科高等女学校となり、大正十年に待望の県立高等女学校となった。角田高女の前身である郡立の実科高等女学校ができたのは明治四十四年だった。県立高女に昇格したのは、これも大正十年だった。

角田高女の四年生は百人いた。船岡と横須賀に半々の割り当てだった。船岡は角田と仙台のあいだにあり、昭和十三年に海軍がここに火薬工場を建設した。これが第一海軍火薬廠である。船岡の五十人と横須賀の五十人は抽選で決めた。

白石高女も船岡と横須賀へ行くことになった。白石高女は白石町にある。角田町と同じように、白石町も盆地のなかの町だ。北には青麻《あおそ》山があり、その奥に蔵王連峰がつづき、東に阿武隈山地がある。籤引きで五十人の横須賀行きが決まった。

登米《とよま》高女は登米町《まち》にある。登米町は県の東北部にある。北から南へ流れる北上川に沿った城下町である。横須賀へ五十人、東北金属へ五十人が行くことになり、ここも抽選で決めた。ほかに三校の横須賀行きが決まり、十一校、七百五十人の人選が終わった。

ところで、隣の福島県でも、同じ十月末、同じ横須賀海軍工廠で働くことに決まった女学校があった。福島市の福島高女である。三年生の五クラス全員、二百人が行くことになった。棚倉《たなぐら》高女も横須賀行きとなった。福島高女と棚倉高女は、横須賀へ行く生徒を集めて、説明会を開いた。

父兄会は開かなかった。宮城県でも、生徒に書きものを持たせた学校がほとんどだった。横須賀行きの準備のために、学校は休みとなり、寄宿生は家へ帰ることになった。

横須賀へ行く、十一月一日か、二日の団体列車で出発する、と娘が語るのを聞いて、娘が勤労動員で県外に行くことになるとすでに承知していながら、動転して怒りだす父親がいた。でたらめだ、帝大の学生が仙台原町の陸軍の製造所で働いているというのに女の子を横須賀へやるとはむちゃくちゃだ、県に抗議に行く、と父親が言えば、娘は負けていず、これは海軍の要請なのよ、と言い返した。

危険なことはないだろうか、どうして学校は仙台で働かせるようにしてくれないのだろうか、と母親が嘆けば、うちではだれも出征していないわ、挺身隊で東京へ働きに行っている姉さんもいないわ、私が海軍工廠で働くぐらいのことは当然でしょう、たった五カ月だけのことじゃない、と娘は言った。彼女は三月の卒業のときには戻ってこられると思っていたのである。

昭和十八年十二月には、昭和十六年、十七年の卒業生で家にいる者が挺身隊を結成し、東京、川崎、相模原へ働きに出ていたし、昨十九年二月、三月には、昭和十八年卒業生、昭和十九年卒業生がこれまた挺身隊を結成し、関東地方の工場へ働きに行っていた。

どれだけ母親にこぼされるかと覚悟を決めて家に戻ったにもかかわらず、親がまったく泣き言を言わないので拍子抜けした娘もいた。

じつをいえば、逗子なんかには行きたくない、寮生活なんかしたくないと母親に言った娘もいた。東京から仙台に疎開してきていた女の子がどのクラスにも何人かいた。彼女たちは新しい学校にも、新しい級友にも馴染むことができなかった。横須賀で働くことが決まって、こんなことなら、ずっと東京にいればよかったのだ、仙台なんかに来たくなかったのにと泣いて、母親を困らせた。

ところで、どの親もいつまでも娘を相手に悔んでいる余裕はなかった。納戸の奥から旅行鞄や行李《こうり》をだしてきた。救急鞄も必要だった。布製の肩掛け鞄のことだった。三角巾、脱脂綿、薬、非常食を入れる。薬といったって、正露丸やエビオスのたぐいだし、非常食は缶に入れた炒り豆である。どの母親もやったことだが、自分の帯をほどき、芯の三河木綿で鞄をつくることになった。帯を何本もほどいて、リュックサックをつくる母親もいた。下着もつくらねばならなかった。これまた買うことはできないから、しまってあった手拭を利用することになった。

まだまだすることがあった。母親は自分の着物をほどき、あるいは夫の洋服の上着を裏返し、娘の普段着をつくったり、ハーフコートをつくった。県名、女学校名を記した腕章もつくらねばならなかった。白い布を探し、自分の晒の肌じゅばんを切り取った。持っていかせる布団の包みもこしらえた。

父親は娘のために雨靴を手に入れようとした。学校から父母宛ての注意書きのなかに、「できれば雨靴の用意を」とあった。ゴム長靴を手に入れるために、父親は親類や友人のあいだを駈けずりまわった。

親は忙しかったし、心配事で頭はいっぱいだったが、娘は修学旅行にでも行くような気でいた。もちろん、修学旅行であるはずはなかった。出発に先立ち、学校では壮行式がとりおこなわれた。

壮行会で「海ゆかば」を歌う

振り返ってみるなら、学校から催しという催しがいつしか消えてしまい、運動会も、修学旅行も、音楽会も、展覧会もなくなってしまい、入学式と卒業式のほかは、壮行式、壮行会だけが幅をきかすようになってしまっている。

昭和十八年十月二日、文科系学生の徴兵延期の停止が発表となった。つづいて十月二十五日から十一日間、臨時徴兵検査が本籍地でおこなわれることになり、入営、入団は十二月一日と決まった。徴集される学生にとって気ぜわしい二カ月であった。最後の講義にでる学生がいた。ある者は旅行にでた。愛読書をひろげる者がいたし、東京見物をさせてやると言って、郷里の妹を呼んだ者がいた。そして日記に自分の気持ちをつづる者がいた。

どこの大学、高等学校、専門学校も、このあいだに壮行式、壮行会を開いた。松本高等学校では、三年生は繰上げ卒業をしており、二年生と一年生が残っていただけだが、満二十歳になっている文科の二十六人が徴兵検査を受け、入営、入団が決まった。

壮行会は十一月七日の夕方、講堂で開かれた。全員が「海ゆかば」を合唱した。そのあとヴァイオリンの独奏、ピアノの連弾があった。壮行歌を歌い、最後は全員の校歌の合唱となった。「嗚呼わが紅顔数百の健児　つとめよ青春再び曙けず」と歌いながら、だれもが涙ぐんだ(1)。

慶応大学では、十一月十七日に三田の大講堂で、塾生出陣壮行音楽会を開き、「塾生出陣壮行の歌」「塾生壮行会の歌」が発表になった。二日あとの十一月十九日には、日吉の競技場に全予科生が集まり、入営予定者五百人が出席して、壮行会を開いた。

十一月二十五日には、三田で壮行会を開き、そのあと入営予定者は福沢諭吉の墓に参った。正門の坂で教職員が見送った。この坂をのぼる日がふたたびあるのだろうかと考える学生がいた。そのとき「帰ってくるんだぞ。死ぬなよ」と声があがった。財政学の教授の高木寿一《じゆいち》だった。坂を降りていた学生のひとり、小林幸雄は高木の目に涙が光っているのを見た。

第一高等学校では、壮行会につづいて、全寮晩餐会を開いた。校長の安倍能成《よしなり》が餞《はなむけ》の言葉を述べ、最後に目を閉じ、「明日知れぬ　今日の生命に　永遠の息吹きを込めて征けやますらお」と詠じたとき、生徒たちの頰に涙が伝わった。

いささか変わった壮行会もあった。十月下旬のある日、日が暮れて数時間あとだった。東京商科大学の予科の校舎と学寮がある小平《こだいら》では、細かい秋雨が降ったりやんだりしていた。どこからか歌声が聞こえてくるのに寮生は気づいた。まちがいなく若い女性の声だ。「海ゆかば」を歌っている。それもひとりでなく、多人数の声だ。

だれもが窓から外を見た。暗闇のなかに明かりがつらなっているのが見えた。歌声はそこから聞こえてくる。学生たちの胸に熱いものがこみあげ、口がきけなくなった。明かりは彼女たちが手にした裸蠟燭《ろうそく》だった。彼女たちは白い布をかぶっていた。火が消えないようにもう一方の手でおおい、ゆっくりゆっくりと歩き、歌いつづけた(2)。

彼女たちがだれなのかはすぐにわかった。かれらが呼ぶところの「津田メチ」の寮生だった。小平の寮をでて、玉川上水沿いの小道を歩き、櫟《くぬぎ》林を抜ければ、十四、五分さきのところに津田女学塾がある。このとき彼女たちは寮の周りを二回まわった、三回まわったのだと、あとでかれらは語り合った。

その昭和十八年末から一年半がたったのだが、かれらは「海ゆかば」の旋律を聞くことがあれば、脳裡に鮮やかに浮かぶのは、闇のなかの蠟燭の炎と乙女たちの活人画であろう。かれらだけではない。多くの若者、少年少女が「海ゆかば」を耳にすることがあれば、それを歌ったときに皆とともに抱いた感情、そのときの情景をまざまざと思い浮かべることになる。

じつはいつからか、式典で、集会で、「君が代」とともに「海ゆかば」が歌われるようになっている。「海ゆかば」のメロディのひたむきさ、悲壮さが人びとを惹きつけた。だが、壮行式で「海ゆかば」が歌われるようになったのは、政府の指示があってのことであるのはいうまでもない。政府幹部のだれかがそのメロディを好んだからではなかった。その歌詞が教育的だと考えられたからである。

歌詞といえば、若者は大伴家持のその古歌が歌いあげる純粋さを愛してきた。アメリカとの戦いがはじまる三週間前のことになるが、昭和十六年十一月十五日、海軍兵学校の七十期の卒業式がおこなわれ、卒業生を代表して平柳育郎が記念講演をおこない、包囲された日本の危機的状況を論じたあと、その和歌を詠んで締めくくったのだった。

平柳育郎についてもう少し述べよう。海軍兵学校四年間を首席で通したかれは、大和、愛宕に乗り組んだ。そして駆逐艦文月の砲術長だったときに、ラバウルの水域で被弾し、戦死した。昨十九年一月だった。若くして伝説的な存在であり、出身校の浦和中学の校長が「天下に誇る英才」と褒め、兵学校の分隊監事が「徳行顔回を想う」と讃え、下士官兵の信望を集めたその小柄な美青年はそのとき二十二歳だったのである(3)。

ところで、「海ゆかば」は信時潔《のぶとききよし》が合唱曲として作曲した。現在、五十八歳のかれは芸術院会員である。東京音楽学校で作曲学を講じていたが、昭和七年に退官した。かれが「海ゆかば」を作曲したのは昭和十二年だった。では、政府がその歌曲を歌うようにと指導するようになったのは、いつのことだったのであろうか。地方長官に宛てた文部省のその通達は、各県内政部教育課の文書綴のなかに収められてあるはずだ。おそらくは昭和十八年のことではなかったのか。

昭和十八年といえば、その年の一月に朝日賞の発表があったのだが、「海ゆかば」を作曲したことで、信時潔は受賞者のひとりだった。

朝日賞は朝日新聞が主催している。体育賞があり、世界記録をだしたり、オリンピックで優勝したスポーツ選手に与えられてきた。昭和十六年にただ一回与えられたことのある奉公賞という賞もあった。だが、昭和四年の創設以来、主体はずっと文化賞である。学術、芸術、科学技術の分野で大きな業績をあげた人びとに与えられてきた。

さて、昭和十八年一月に発表された朝日賞は昭和十七年度の賞ということだった。この年は文化賞だけだったが、前年までとは少々異なる選定をした。新聞には、「朝日文化賞」という見出しのつぎにもうひとつ、「戦争下、士気高揚」という見出しが並んだ。そして受賞者の四人の名前と社団法人の一社が掲げられていた。

つぎに縦線が一本ひかれて、そのあとにべつの受賞者の名前が並んだ。こちらは「戦争下、士気高揚」と関係のない受賞者のようであった。文楽の吉田栄三と吉田文五郎、「電気用金属材料の研究」をおこなっている東北帝大教授の仁科存《あきら》、「結核の化学療法に関する研究」をおこなっている東京帝大教授の長谷川秀治、「麻薬中毒の治療法に関する研究」をしてきた同仁会附属興亜医療研究所の酒井由夫、蓼沼憲二、楊徳の三人だった。

そこで「戦争下、士気高揚」のほうの受賞者だが、「作戦記録画、シンガポール最後の日」その他を描いた藤田嗣治、「作戦記録画、コタ・バル」を描いた中村研一、「海ゆかば」の作曲者の信時潔、小説「海軍」の作者の岩田豊雄、そしてもうひとつ、「戦記映画、マレー戦記」その他を製作した古野伊之助が社長の日本映画社だった。(4)

朝日賞の受賞者のこのような顔ぶれを思い浮かべ、朝日賞記念講演会を振り返るなら、いまから二年すこし前には、だれもが開戦直後の三カ月間の劇的な日々を忘れることができず、軍事情勢の進展になおも期待を抱き、まだ生気を帯びた表情をしていたのだと人びとは気づくことになる。

朝日賞の記念講演会は、昭和十八年一月二十九日、朝日新聞本社での朝日賞の贈呈式のあと、午後五時から日比谷公会堂で開かれた。三千人が出席した。

受賞者のひとり、信時潔の挨拶につづいて、東京音楽学校の生徒たちの「海ゆかば」の合唱があった。東京音楽学校は信時の母校であり、かれはここで作曲学を教えた。つぎに大阪文楽座の座員が文楽人形を操作してみせ、人形の内部構造の説明があり、「千本桜道行」の実演があった。さらにほかの受賞者の研究や業績についての紹介があった。

つぎに東京帝大教授で、美術史が専門の児島喜久雄が藤田嗣治と中村研一の戦争画の不朽性について語った。そのあと法政大学教授の谷川徹三が岩田豊雄の戦争文学を称賛し、評論家の長谷川如是閑が銃後と前線を結ぶ戦記映画の重要性について語った。最後に映画「マレー戦記」と日本ニュースの上映があった。

それから一年あとの昨十九年一月の朝日賞の受賞者は、「日本航空発展への貢献」を評価された田中館愛橘《あいきつ》、「稀元素の研究」をおこなっている理化学研究所の飯盛里安、「歯車の研究」の東北帝大教授、成瀬政男、「愛国和歌の研究」の川田順、「大漢和辞典の編纂刊行」の東京文理大教授の諸橋轍次《てつじ》、「作戦記録映画、海軍落下傘部隊メナド奇襲」を描いた宮本三郎の六人だった。

前年のしきたりを踏襲するのなら、受賞者のうち、川田順と宮本三郎を最初に並べ、「戦争下、士気高揚」の見出しを掲げなければならないはずであった。川田と宮本がそのような見出しをつけないでくれと言ったのか、ほかに候補者を見つけることができず、川田と宮本の二人だけでは意気があがらないと新聞社側が思ったのか、背後の事情や動機はわからないが、その見出しは消えてしまった。贈呈式のあとの講演会は本社七階の講堂でおこなわれた。

それからまた一年がたった。台湾沖航空戦の大戦果の発表にはじまる昨十九年十月半ばから十一月、そして十二月にかけて、人びとは興奮し、緊張し、激しい感情が往き来することになった。朝日賞の選考者たちも同じ感情の渦のなかにあったことは間違いない。

ところで、このときもかれらは「戦争下、士気高揚」に貢献した人を選ぼうとしなかった。探しても、適当な人がいなかったのか、このような基準で選ぶのはやめたほうがよいと判断したのか、どのような経緯があったのかは想像するしかない。

受賞者は、「元素の人工変換及び宇宙線の研究」の理化学研究所主任研究員の仁科芳雄、「動脈注射療法の研究」をおこなった千葉医科大学教授の瀬尾貞信、「蒙古の考古学研究」

の東亜考古学会、「能楽による文化貢献」の梅若万三郎だった。

じつは賞はもうひとつ、航空関係者にも与えられたのだが、陸軍による報道解禁の措置が遅れ、二月十一日付の朝日新聞の紙面に受賞者の名前は載せられた。朝日新聞社航空部の操縦士と機関士六人だった。「周回航続距離世界記録をつくった功績により」と発表しただけだったが、A26機が満洲上空で一万六千キロ、五十七時間の飛行をおこなったのだった。

A26の搭乗員を除く朝日賞贈呈式と講演会は朝日新聞本社で一月二十五日におこなわれた。数日あとになって、朝日新聞の幹部たちはその日にやってよかったと胸をなでおろすことになった。授賞式と講演会に出席した人びとは有楽町から数寄屋橋界隈はたいへんだったという話を聞いて、びっくり仰天することになった。授賞式から二日あとの一月二十七日の午後二時すぎ、日比谷から銀座、京橋までに数十発の爆弾が落とされて、数百人が死んだのだった。

もういちど振り返るなら、「戦争下、士気高揚」に多大な貢献をした人に与える朝日文化賞が昭和十九年一月に消えてしまったのは、ガダルカナルにはじまり、ソロモン、ラバウルとじりじりと後退し、さらにギルバート諸島の失陥となった昭和十八年の悪化をつづける戦況と微妙な関連があったのであろう。同じように戦いの前途に不安を抱くようになったからこそ、文部省は地方長官に向かって、滅私奉公を高らかに唱いあげた

「海ゆかば」を大学生から国民学校の児童までに歌わせるようにと指示することになったのではなかったか。

逗子沼間の第四寄宿舎

さて、昨十九年十月末には、宮城県の女学校がどこも壮行式をとりおこなうことになった。

石巻高女では十月二十五日に壮行式をおこなった。白石高女は十月二十八日に壮行式をおこない、四年生全員の記念写真をとった。そのあと壮行会が開かれた。机にならんださつま芋は二年生と一年生が学校農園で収穫したものだった。

宮城県の女学校が横須賀行きの準備に忙しいさなか、十月二十五日、二十六日、二十七日と三日間つづけて、ラジオからは軍艦マーチが流れ、比島沖海戦の勝利を知らせ、新聞には「赫々相次ぐ戦果」といった見出しが躍った。そして十月二十九日には「神風特別攻撃隊」というはじめて聞く部隊が「必死必中の体当り攻撃」をおこなったという大々的な発表があった。

角田高女で開かれた壮行会では母親たちが学校に米と小豆をもちよって赤飯を炊いた。これが十一月二日の午前中のことだった。この日の昼には、白石駅、岩沼駅、石巻駅は、逗子に出発する生徒を見送る人びとでごったがえした。駅前広場で校歌を歌い、機関車の汽笛に負けじと万歳を叫んだ。

仙台駅から上野行きの団体列車に乗ることになっていたのだが、それより前、午後二時、元寺小路にある第一高女の講堂で合同壮行式をおこなった。県と横須賀海軍工廠の幹部の挨拶がだらだらとつづいた。第一高女三年生の木村恵津子が送別の辞を読みあげた。これも第一高女の篠塚恵美子が背筋をしゃんと伸ばし、出発の挨拶をしたときには、講堂内の空気はぴんと張りつめた。全員が「海ゆかば」を歌っているあいだに脈拍は高まり、習い覚えたばかりの「学徒勤労隊の歌」を合唱しはじめたときに、感情の激流が走った。そこここですすり泣きの声が起きた。「学徒われら　学徒われら　すめらみくにと共に生きん」と歌い終えたときには、だれもがあふれる涙を押さえた。

夕刻、昼の石巻駅、角田駅と同じように、仙台駅の広場は人で埋まった。入場券の発売は停止されていたから、見送りの人たちはプラットホームに入ることができなかった。出発する友達や先輩の名前を呼んでいた残留組の同級生と下級生たちは、線路沿いに南へ歩いていき、線路脇の柵に腰かけた。列車がやってきた。明るい窓に向かって、頑張って、元気でね、と叫んだ。列車の尾灯が小さくなっていくのを見つめて、彼女たちは涙をこぼした。

列車内では、第一高女、第二高女、第三高女の生徒たちが乗った車輌で、仙台の南から汽車通学する者たちが窓をあけた。石炭の煙の臭気がたちこめるなかで、彼女たちは落ち着かなかった。出発前に家族の者から、どこの踏切で待っている、家の前の田圃《たんぼ》にでているから、と告げられていた。

満月が東の空にでて、列車がどこを走っているのかは見当がついた。あそこ、あそことだれかが叫んだ。いくつもの提灯がゆっくりと動いていた。「よっちゃんのとこよ」と言われた当人が窓から顔を出した。母がいるのか、祖母がいるのか、親戚の者もいるのだろうと思い、夢中で手を振った。万歳と叫んでいる声が聞こえてきたように思えた。

石巻高女の高瀬安子は大きな篝火《かがりび》があかあかと燃えているのに気づいた。赤い炎に照らしだされて、大きな日の丸の旗を振っている人が見えた。父親が出発する娘を励ましているのだと思ったとき、安子の胸は熱くなった。

列車が岩沼駅をでたところで、夕食となった。だれもが二食分のおにぎりを持っていたが、県から差し入れのお弁当をひろげた。赤飯だった。いつまでも話しつづけている生徒たちに教師が早く眠るようにと言ってまわった。

夜が明けた。晴天となって当たり前のはずの明治節の十一月三日であるにもかかわらず、雨が降っていた。沿線に人家が増えはじめた。そして剝き出しの泥の空地が線路に沿ってどこまでもつづき、ところどころに屋根瓦や古材が積みあげられているのを見て、第一高女の畑谷直はここは強制疎開をした跡なのだと気づいた。石巻高女の高橋玉枝は、駅のプラットホームに立つ人が番傘をささず、蝙蝠傘《こうもりがさ》をさし、下駄ばきではなく、靴をはいているのを見て、さすがに東京だと思った。

逗子駅に着いたのは午前十時十分だった。見知らぬ土地の駅舎が故郷の駅のように小さいのに、女生徒たちはがっかりしたり、ほっとしたりした。小雨が降りつづいていたから、彼女たちは防空頭巾をかぶった。海軍のトラックが来て、身の軽い女の子がさっと荷台に乗り、ほかの者を引きあげた。トラックは何度も往復して、彼女たちを寮の入口の広場まで運んでくれた。

切り崩され、暗緑色の岩肌を見せている谷あいに、スレート瓦の屋根、下見板張りの外壁の二階建ての木造の宿舎がいくつも並んでいた。

この間に合わせの粗末なバラックの宿舎こそ、この五年、いや、この十年間、日本でもっとも数多くつくられてきた建物である。桑畑や麦畑、雑木林、松林を切り開いてつくった工場の周辺に、あるいは丘や畑を広く囲った軍機関の構内に、このような宿舎をいくつも見ることができる。中島飛行機の武蔵、太田、大宮、小泉製作所のまわりに建てられ、立川、浜松、名古屋の飛行機製造工場の周囲につくられてきたのがこの種の建物である。

昨十九年、逗子の沼間《ぬまま》では、二カ所の谷あいにこのような宿舎が十二棟建てられた。金谷《かなや》、衣笠、池上にも、昨年から今年四月までに十三棟が建てられた(5)。いずれも横須賀海軍工廠で働く女子挺身隊、中等学校の動員学徒の宿舎である。

沼間第四寄宿舎と呼ばれる宮城県の女学校生徒の宿舎は、V字型の谷あいの開口部に第一寮と第二寮がある。すでに女子挺身隊が入っていた。つづいて職員の宿舎がある。そして体育館のように大きな食堂と調理場がある。調理場を烹炊所《ほうすいじょ》と呼ぶことを女生徒たちはさっそく覚えることになった。そして風呂場がある。第三寮、第四寮、第五寮はその奥の一段高いところにある。坂を登りきって第六寮、第七寮がある。その背後は木が生い茂った山になる。

第三寮には石巻、角田、登米の生徒が入ることになった。第四寮に石巻実業女学校、第五寮は仙台市の第一高女、第二高女、第三高女と決まった。

各寮はいずれも同じつくりであり、中央に廊下があり、両側に十室ずつ、あわせて二十室がある。二階も同じである。一階の廊下のはずれに流し場がある。洗面所であり、洗濯場である。ここが入口にもなっている。廊下の突きあたりから渡り板があって、便所がある。

部屋割りが決まった。十二畳の部屋に八人から九人が入る。生徒たちは制服を脱ぎ、母がつくってくれたばかりの普段着に着替え、部屋の両側にあるベニヤ板の引き戸のついた押入れに自分の荷物をしまった。布団の包みはまだ届いていなかった。ひとりひとりに海軍の毛布二枚が支給された。蓆《むしろ》のような、それでも新しい畳に皆は坐り、足を投げだし、毛布をかけた。天井にひとつ裸電球がぶらさがっているだけだ。

彼女たちはこれまでに、素敵なもの、魅力あふれるものにお目にかかったことがなかった。古いものは汚れるか、壊れかかっており、新しいものは安っぽく、雑にできているのは当たり前のことだと思ってきた。そこでこの宿舎に入っても、それほど驚きはしなかったのである。

もちろん、彼女たちを驚かせ、びっくりさせることがなかったわけではない。それどころか、それからの五日間、適性検査、入廠式、身体検査、部長の講話、さらに各工場に分かれての入所式まで、驚いたり、緊張したりの連続だった。そして彼女たちをいちばん驚かせたのは、二度の空襲騒ぎだった。

空襲は、十一月五日の午前十時から一時間、そして十一月七日の午後一時から一時間つづいた。田浦からランチに乗せられて横須賀へ行き、広い海軍構内の一角にある海軍病院でレントゲン撮影を待っていた仙台の第一高女の生徒たちは、すぐ近くでサイレンがものすごい勢いで鳴りはじめ、悲鳴をあげた。無我夢中で下着をつけ、上着をかかえ、階段を転げるように降り、指図されるままに門を出て、道路の向かい側の崖の断面にある横穴式の防空壕のひとつへ駈け込んだ。

空襲ははじめての経験だった。しかも右も左もわからない海軍最大の基地で迎える空襲だった。だれもが不安でいっぱいだった。かすかに爆音が聞こえてきた。味方だろうか、敵だろうかと思い、たがいに顔を見合わせた。

沼間の寮に残っていた者は裏山へ行くようにと命じられ、防空頭巾をかぶり、毛布をかかえ、細い急な坂道をあがった。杉林のなかは羊歯《しだ》が茂り、足は濡れ、坐ることもできず、立ったまま不安な一時間を過ごした。杉林のはずれまで行き、はるか高い空に機体は見えないが、通ったあとに長い尾が残っているのを仰いで、あれは味方なのだろうか、敵機なのだろうかと考えた生徒もいた。

じつをいえば、宮城の女生徒たちのだれもが不安な一時間を過ごしたわけではなかった。十一月五日、田浦の造兵部で入廠式を終えたあと、石巻高女の生徒は身体検査を待っていた。サイレンが鳴り、彼女たちは地下の指揮所のトンネルに入れられた。彼女たちのひとりが地下宮殿のようね、と言ったのは少々おおげさだったが、立派な防空壕であることにはまちがいなかった。天井までの高さが三メートル以上あり、壕の幅が四メートルほどあるトンネル内には、机が並び、書類を読み、電話をかけている士官がいた。そして彼女たちの入廠式のために田浦へ来ていた工廠長が部下たちを従え、トンネル内に入ってきて、皆に会釈した。奥のほうへ進む工廠長と士官たちを見送って、彼女たちは大船に乗った気になり、出発の日からの出来事、見たこと、聞いたことを喋りはじめた。つきそいの教師が、酸素をむだに浪費してはいかん、喋ってはいけないと叱ってまわった。「海軍の偉い人といっしょに死ぬなら、本望よね」とだれかが語って笑い声があがり、すぐにまた生徒たちは小声で話をはじめた。

十一月五日と七日の二回の空襲は、実際には空襲ではなく、十一月一日につづいての二度目、三度目の敵側の偵察飛行だった。ところが、海軍の対空監視哨は味方機を敵機とまちがえて報告し、それらの情報を整理できなかったことから、六機の敵編隊が三方から侵入した、四十機が襲来したという話になってしまったのである。

富士山と信濃

宮城県からの女学生たちは、緊張のいっときを繰り返し、異常な経験を重ねたのだが、感激のひとときもあった。沼間から田浦の造兵部まで歩いていく途中で富士山をはじめて見た。雪で真っ白な富士山は澄みきった秋空の空気のなかで光り輝いて見えた。だれもがその美しさに魅了され、満足感に全身が浸された。優しいもの、見事なものに彼女たちはお目にかかったことがないとは前に述べたことだが、彼女たちはそれに出会ったのである。

田浦から乗ったランチが小さな入江の長浦湾をでたとき、思いもかけず真っ白な富士山が晴れやかなたたずまいをふたたび見せた。彼女たちは声をあげた。カーテンのかげに消えた名優が観客の拍手にふたたび舞台の袖に現れたように思え、ひどく感激した娘がいたのだし、打ち解けぶりが早いのにひどく親しみを感じた少女もいた。

宮城県の女学生のだれもがその日に富士山を見て、そのあと何回となくその魅惑の主と会うことになるのだが、その日か、あるいはその一両日あとに、彼女たちのうちの少数の者が見ただけで、それっきり二度と見ることのできなかったものがある。

宮城第一高女の鎌田登代子は田浦でランチに乗ったとき、つきそってきた海軍士官からいきなり話しかけられてとまどった。「運がよければ、君たちは世界一の航空母艦を見ることができる」とその士官は明るい声で言った。

大声で皆に伝えたかったが、重大な秘密を自分たちだけが教えられたように思い、登代子とその言葉を耳にした者は黙ったまま、たがいに顔を見合わせ、眼を輝かせた。

何隻もの軍艦が碇泊していた。軍艦を見るのははじめてだったが、どれも世界一という大きな軍艦ではないように思えた。彼女たちはがっかりしたが、なにを見ても驚くことばかりだったから、世界一の空母のことは忘れてしまった。帰りのランチで浜田照子は水平線に大きな軍艦がとまっているのを見て、隣に並ぶ友達にあれはなんだろうと尋ねた。あれが世界一という航空母艦にちがいないと彼女は思った。

福島市の福島高女の生徒たちがランチに乗って田浦から横須賀まで行ったのは、それから五日あとの十一月十一日の朝だった。不思議な形をした巨大な軍艦が碇泊しているのに生徒たちは気づいた。その横にべつの軍艦が錨《いかり》をおろしていたが、比較にならぬ大きさだった。金井雅子が隣の士官の顔を見上げた。士官は雅子に顔を向け、信濃という世界一の航空母艦だと教えてくれた。これから戦いにでるのだろうかと思ったが、聞く勇気がなく、雅子とほかの女の子たちはわれ知らず息をひそめ、膝をぐっと引き締めて揺れに耐えながら、その威厳のある鋼鉄の山をじっと見つめることになった。

宮城第一高女の生徒を引率した士官、あるいは福島高女の生徒を連れた士官は、空母のことを喋ろうとしたとき、これはまずい、軍機漏洩になるといった考えが頭にひらめいたはずである。だが、かれらは語りたかった。横廠《よこしょう》の九万人がなんらかの形で参加し、やっとつくりあげた空母は、まもなくわれわれの手から離れようとしている。ランチに乗った女学生全員に告げないまでも、自分のまわりにいる娘たちだけにでも、一一〇号艦のことを知ってもらいたい。こんな具合に考えたのである。

そして工廠長がかれの部下の機密漏洩を知ったら、かすかにほほえみ、一一〇号艦のためにいいことをしたなと言ったにちがいない。

排水量六万二千トンのその大艦は一一〇号の名で呼ばれた。起工は昭和十五年五月だった。大和、武蔵の姉妹艦、三番艦となる予定だった。ところが、アメリカとの戦いがはじまって、戦艦は無用だという声が高まり、なけなしの鋼材は有効に使わねばならない、一一〇号艦の建造は中止すべきだ、という主張が大勢を占めるようになった。

ボイラー、主機は搭載され、すでに中甲板までできているところもあったが、そのままほうっておかれることになった。ところが、ミッドウェー海戦で四隻の正規空母を失って、つくらねばならないのは空母だ、ということになった。空母に変わることになった一一〇号艦は、建造にあたってつぎのような任務を負わされた。海戦のときに先頭に立ち、後方の空母から発進する雷撃機や急降下爆撃機のために魚雷、爆弾、ガソリンの補給をおこなう洋上の移動航空基地にしようというのだった[6]。こうして装甲鋼板と鍛造品で包まれた堅牢不抜の要塞をつくることになった。

昭和十九年十二月の完成を目標として、工事ははじまった。ところが、昭和十八年に入って、ソロモン水域の戦いで、数多くの駆逐艦が損傷した。その修理をして、対空電波探信儀と高角砲を装備しなければならなかったが、ずるずると工事が遅れていた。これを急ぐために、昭和十八年八月に一一〇号艦の建造はいったん中止となった。

ふたたび工事がはじまり、昭和二十年一月末までに竣工するように命じられた。だが、昭和十九年六月のマリアナ沖海戦で三隻の正規空母を失ってしまった。軍令部はこの巨大空母の完成を十月十五日までにしてくれと要求した。とても不可能だと工廠長は答えたが、つぎの艦隊決戦に参加できないなら、そのあとに竣工しても役に立たないと言われて、どうあってもやるしかなくなった。

工事の最高責任者となったのが前田龍男だった。技術中佐である。アメリカとの戦争がはじまってから、ずっと艦政本部に勤務し、昭和十九年に入って、パラオの工作部に転勤となったが、七月に横須賀工廠に戻ってきたばかりだった。昭和三年に技術中尉となり、横須賀鎮守府付となって以来、横須賀勤務は三度目だった。

一一〇号艦の工事予定期間が六カ月であったのを二カ月半で完成させよと命じられて、前田は各部門の責任者と打ち合わせをおこない、徹夜を重ねて予定表をつくりあげた。よそから作業員を集めることにした。造船部のほかの工員を動員し、造兵部、造機部からも応援工員をださせた。海兵団、工作学校、電気学校、砲術学校からも人員をだしてもらった。そして前田は思い切って従業員の就業時間を減らし、休日を置くことにした。

じつはそのときまで作業は月月火水木金金だった。月曜日から土曜日までは、就業時より一時間早くでなければならなかった。そして毎日四時間の残業をしなければならず、午後八時まで働いていた。そして日曜日も働いた。日曜日は一時間の早出と四時間の残業がないだけだった。

多くの工員はだらだらと仕事をしたし、とりわけ徴用工員の能率はさっぱりあがらなくなっていた。一所懸命に働く工員の疲労は重なり、病気になる者も増えていた。幹部も例外ではなかった。肉体的疲労に精神的負担が加わり、体調を崩し、横須賀海軍病院に入院する者が何人もでていた。前田は土曜日を定時で帰宅させることにし、日曜日を休日に戻した。(7)

こうして平日は一一〇号艦は人で埋まった。どこでも人が働いていて、巨大な蟻塚のようになった。毎朝、工廠長の徳永栄は前田龍男の報告を受けてから、六号ドックに行き、複雑に入り組んだ艦内の梯子を上がったり、降りたりし、肩で息をするのを隠しながら、機械、器具、配管を見てまわり、働いている者たちを激励した。

巨大な軍艦だったから、艦内は迷路のようだった。技術大尉の橋本隆年は塗装の責任を負っていたが、懐中電灯を片手に数知れないマンホール、ライトニングホールを体を細くしてくぐり抜け、地下鉄のトンネルのような格納庫を通り、やっとのことで外へでるのが毎度のことだった。八百トン爆弾の急降下爆撃に堪えるという百ミリに近い装甲の飛行甲板に立って、この空母が前線に出れば、かならずや戦況回復に一役買ってくれるものとかれは思った(8)。

前田龍男は搭載配置される機械類の取付け工事から配線と配管の工事の報告を聞き、重量重心の計算結果を尋ね、就役後の乗組員となる艤装《ぎそう》員と打ち合わせをおこない、つねに全体に目を配り、どこが隘路かを見きわめ、大小さまざまな問題に決定をくださねばならず、ふだんの日は一一〇号艦に近づくことができなかった。現場は艤装担当部員の中川勝也に任せっきりだった。中川は過労から横須賀海軍病院で息を引きとった堀内康雄の後任だった。そして前田は中川とともに日曜日に艦内を見てまわった。もちろん、かれらに休日はなかった。

どうにか定められた期間内に工事は終わった。ところが、船渠に注水しようとした十月五日、およそ類例のない不注意から一一〇号艦は船渠内で破損事故を起こした。だれもが心身ともに疲れはてていた。

一一〇号艦は十月八日にあらためて進水した。進水式には海軍大臣の米内光政が臨席した。信濃と命名され、そのあと損傷修理をおこない、十月二十三日にはドックをでて、東京湾で試運転を開始した。

振り返ってみれば、この軍艦の竜骨が第六ドック内の何百もの巨大な台木の上に据えられたのは、米内光政大将が総理大臣だったときだった。つぎの総理大臣は近衛文麿だった。日米交渉がえんえんとつづき、総理大臣は東条に代わり、揚句のはての開戦、攻勢、勝利、そして苦戦、撤退、玉砕とつづくめまぐるしいばかりの四年五カ月が過ぎ、一一〇号艦を完成させようとしての死に物狂いの努力がやっと終わろうとしていた。横須賀に一一〇号艦がとどまるのは、いよいよ一カ月ちょっとしかない。だが、工廠長の徳永の胸中にあったのは索漠とした空しさだったのであろう。

かれはつぎのように考えたことがあったにちがいない。十月末の比島沖海戦で、連合艦隊が文字どおり潰滅してしまったことは、もちろんかれは知っていた。だが一一〇号艦がその海戦に間に合うように就役していたとしても、母艦に着艦できる技倆をもった搭乗員はすでに数少なかったのだから、一一〇号艦はその海戦に参加できなかったにちがいない、そうかれは思ったのではないか。

しかし、この空母は横須賀にとどまっているわけにはいかない。未熟な搭乗員とわずかな飛行機を載せて、やがて出撃するだろう。比島沖海戦で生き残った一号艦と誕生したばかりの一一〇号艦は、夜の闇のなか、しぶきをあげ、波を切り、全速力で前進し、いずこの戦場へ向かうことになるのだろうか。徳永に予測できることはただひとつしかなかったはずだ。横須賀の第二船台で生まれた幾多の巡洋艦と空母、そして第三船台で生まれた数多くの潜水艦は、戦い、また戦い、そして永久《とわ》の眠りについてしまっているが、一一〇号艦はそれらのどの艦よりも短い命で終わることになるのではないかということだった。

このような不吉な考えが浮かぶのを振り払い、勤労動員の女学校の生徒をランチに乗せてやれと言ったのは、工廠長のかれだったのではなかったか。運がよければ一一〇号はその晴れ姿を、縁があって横廠で働くことになった少女たちに見てもらうことができる。

発射薬を詰め、スプリングをつくる

仙台市の三つの女学校の生徒たちは造兵部火工工場の久木《ひさき》分工場で働くことになった。工場は宿舎のある沼間から歩いて二十五分の丘陵地にある。ハンマーを叩く高い音とリベットを打つすさまじい轟音に合わせ、アセチレン吹管が吹きだす青白い炎が光り輝き、工場と工場のあいだ、クレーンのあいだに海が顔をのぞかせる景色を彼女たちは見てきて、なるほどここが海軍工廠なのだと感銘を受けたばかりだったから、海とは縁のない丘のあいだにある木造の建物内で働くのだと言われて、がっかりしたというのがほんとうの気持ちだった。

　火薬工場はこのような山陰に間隔を置いてつくるのだという説明を聞いて、彼女たちははじめて造兵部火工工場は火薬を扱うところと知った。火薬工場はどこもこんな粗末な木造の建物なのだと教えられた。万が一、爆発事故が起きても木造であれば破壊効果が小さく、二次災害を防止できるためということだった。

　道路の南側に事務所と、陸戦隊が使う砲弾の薬莢《やっきょう》に火薬を詰める作業場がある。道路の北側には、ゆるやかな丘のあいだに谷がある。この地域でいう谷戸《やと》である。谷戸の途中に崖を背にして作業場がある。そのさきに崖に囲まれてもうひとつの作業場がある。作業場内にレールが引き込まれ、火薬を運ぶためのトロッコ用のレールは谷のいちばん奥のどん詰まりまでつづいている。正面の崖にコンクリートで固めた小さな入口があり、頑丈な扉がついている。ここが火薬庫である。

　県立第一高女の百人の生徒はこの谷あいの二つの作業場で働くことになった。作業場のひとつは装塡場である。ここでは六十人が働いた。天井は高いが、明かり窓は小さく、しかも三方を崖で囲まれているから作業場内は薄暗い。仕事は高角砲弾、対潜水艦弾、照明弾の薬莢に発射薬を入れることだ。高角砲弾の数がいちばん多い。高角砲弾とは高射砲弾のことであり、海軍では高射砲のことを高角砲と呼ぶことを女生徒たちは、はじめて知った。

彼女たちは、砲弾のなかには火薬が詰まっている、といったまことにあやふやな知識はもっていたが、火薬は炸薬《さくやく》と発射薬に分かれ、発射薬を薬莢に詰め、これと炸薬を入れた砲弾とを組み合わせるといったことを、この工場で、やはりはじめて教わったのである。

火薬はきしめんのような棒状の形をしている。重さを測り、この火薬を薬嚢《やくのう》と呼ばれる絹の袋に入れ、それを白い毛糸で結束する。木綿の袋と木綿の糸は燃えかすが残るから使えない。絹と毛糸は燃えかすが高角砲のなかに残らないのだと教えられた。

大きな作業台のまわりに中年の女性たちが、目の粗いドンゴロスの袋をほどいてつくった座布団に坐って、世間話をしながら仕事をしていたが、第一高女の生徒たちもそれにならってお喋りをしながら働くようになった。

砲弾の種類によって発射薬の量、袋の形、大きさが異なるから、作業が終わって検査がある。この検査を「仕上げ」と呼ぶ。つぎにこの薬嚢を薬莢にいれる。薬莢の底には信管の代わりに木製の栓をはめ込む。ときどき何人かが指名されて縫製工場に行かされ、ミシンで絹の袋をつくることもある。薬嚢づくりだ。

今年になってから、装塡場で働く第一高女の生徒の仕事がもうひとつ増えた。装塡場の一角にあるただひとつの機械であるねじプレスを使って結合の作業をすることになった。手動のねじプレスをまわし、弾と薬莢をつなげる仕事である。力仕事だから男子工員の持ち場だったのが、かれらが徴集され、入営してしまい、女生徒たちがやることになったのである。なんといっても力いっぱいの仕事だから、やり終えると誇りと喜びを感じることができた。

もうひとつの作業場、炸塡場では三十人の第一高女の生徒が働いていた。砲弾に炸薬を入れる作業である。板張りの床の中央に大きな台があり、座布団に坐った女性が働いているのは装塡場と同じだが、ここはガンガンと音がして騒々しい。

炸薬をフェルトで包む。これを高角砲弾や対潜水艦弾内に入れる。つぎに鉛の板を入れる。ネジをまわして締め、溝に銅のリングを入れ、真鍮《しんちゅう》のハンマーで平らになるまで叩く。機械らしいものはなにひとつない作業場がうるさいのは、この音なのである。

できあがった砲弾をまわしながら、下部に製造月日をペンキで書き入れる。検査が終わった砲弾を彼女たちはリレーで運び、トラックの荷台に積む。

わずかな距離だが、トラックに乗せてもらうのが彼女たちの楽しみだ。ほかの者は歩いて弾庫まで行き、ふたたび手送りで砲弾をおろし、肩にかついで弾庫内に入れる。あとになって肩に血豆ができているのに気づく娘もいた。ときに真っすぐ装塡場までトラックで運ぶこともある。

さて、宮城県立第一高女、第二高女、第三高女が働いている久木分工場は、横須賀海軍工廠造兵部の火工工場に所属しているとは、最初に述べたことだが、宮城のほかの女学校の生徒たちも造兵部の工場に割り当てられ、石巻高女の生徒は木工《もっく》工場で働き、石巻実業女学校の生徒は水雷工場、角田高女は無線工場で働いている。

造兵部とは、明治なかばまで海軍兵器廠と呼ばれたとおり、軍艦に登載する兵器をつくる部門である。砲熕《ほうこう》工場、機銃工場、水雷工場にはじまり、電気工場、無線工場、光学工場、火工工場、木工工場とある。主な工場は横須賀線の田浦駅の周辺にある。横須賀湾と隣りあう長浦湾に面する一帯である。

そして造兵部のほかに、海軍工廠の主役である造船部がある。軍艦の船殻をつくり、艤装工事をおこなう。工廠を管理下に置く鎮守府と造船部のある岬は大きくふくれた形をしており、造船部の船台とドック、艤装岸壁がその一角にぎっしりと並ぶ。

造船部、造兵部のほかに、もうひとつ、造機部がある。軍艦のタービン、内燃機、缶をつくる。工場はドックや船台の横とうしろに並んでいる。

沼間第四寄宿舎の女生徒たちの大部分が造兵部の工場で働いていることは前に述べたとおりだ。第四寄宿舎の女生徒のなかで造船部で働く者はいないが、造機部で働いている者はいる。福島高女の二百人の生徒たちである。

造機部まで通う彼女たちは逗子駅まで歩く。二十五分かかる。横須賀線は十五分だ。つぎに駅から鎮守府の建物のさきにある工廠の正門までまた二十分ほど歩かねばならない。そこの広場で彼女たちは分かれ、鋳造工場、組立工場のそれぞれの職場へ向かう。

彼女たちは広い鋳造工場、組立工場のなかでさらにばらばらに分かれる。鋳造工場では、彼女たちは木型に砂を詰め込んで固めるといった仕事をしている。組立工場では、彼女たちは部品のやすりがけをし、電気ドリルで穴をあけている。

緞錬工場に配属されている者は数少ない。大石巳和、加藤信子をふくめて十人である。(9)はじめて工場内に入ったときには、彼女たちは足がすくんだ。大きな音がお腹に響く。真っ赤に熱された鉄の塊に大きな槌《つち》が落ち、火花が散る。その向こうでは蒸気がたちのぼり、炉のまわりの人の姿が赤く映える。そして工場が途方もなく広いのにびっくりした。

彼女たちの仕事場はこの広大な工場内の片隅にある。スプリングをつくる。つる巻きバネである。はじめは小さいのをつくった。仕様書と青写真の読み方をまず教わり、材料の針金を選び、心棒をどれにするかを決める。

万力《まんりき》を使って心棒に針金を巻いていく。青写真の数通りにらせんを巻き、タガネで針金を切る。つぎに切り口をグラインダーで丸くする。グラインダーがなかなか思うように使えず、大石巳和は何度もバネをグシャグシャにしてしまい、ときには指を傷つけた。

つぎにハンマーを使って、らせんを等間隔にひろげ、バネの形につくりあげる。そして焼き入れだ。長い時間使っているあいだに壊れてしまわないようにするためには、焼き入れ、焼き戻しをするということを教わった。煉瓦を背丈ほどに積んだ炉があり、下から空気を送り、石炭を真っ赤に燃やしている。そこへバネを入れる。

赤くなったバネをとりだし、水につける。形を整え、もう一度、炉に入れる。とりだして油につけ、バネはできあがりだ。そのあと錆止めをして仕上りとなる。

彼女たちがつくった手作りのスプリングは検査にまわされた。空襲のときの退避所のある巨大な横穴のトンネル内に検査室はある。退避所の両側が地下工場となっていて電灯がともり、機械が動いている。バネの力を調べる検査が終わり、合格と告げられたときには、巳和も信子も、仕事をなしとげた、完成品をつくりあげた、という快い満足感にひたることができた。

班長の日吉という青年は親切に仕事のやり方を教えてくれたが、彼女たちは少々けむたかった。「学生の本分は勉強なのだから勉強しなさい」と二度三度と言われたからだ。休み時間に数学を教えてあげるから、本を持ってきなさい。彼女たちは毎度あいまいな返事をして、あとでたがいに顔をしかめあったのである。

昼の休みに、彼女たちが動きをとめているスチーム・ハンマーの横を通ったとき、この班長に呼びとめられたことがあった。蒸気ハンマーはトンネルの入口のような半円アーチの形をしていて、頂点は六メートルほどもある。この頂点からハンマーが落下し、凄まじい音をたてる。この蒸気槌が鍛錬工場の花形である。この工場内には十四台あるが、動いているのは数台である。

班長はアーチの足のところを指さした。数字、その下にローマ字の刻印がかすかながら見えた。数字は1865と読めたが、彼女たちにはなんの数字か見当がつかなかったし、アルファベットのほうは読めなかった。

このスチーム・ハンマーはロッテルダムで一八六五年につくられたのだと班長は語った。だが、西暦の年号はぴんとこなかったし、ロッテルダムはどこにあるか知らず、少女たちにはなんの関心も湧かなかった。

日吉がもっと詳しく説明し、慶応元年に日本人がオランダへ行き、このスチーム・ハンマーを買い付け、日本へ送り、ここに据えつけてから八十年ものあいだ鉄を打ちつづけ、鉄の強度を高める仕事をしてきたのだと語ったとしても、少女たちはさほど感銘を受けなかったかもしれない。ただ彼女たちがはっきり記憶していたのは、かれの表情がなぜかひどく真剣だということだった。

ところで、沼間第四寄宿舎の女生徒たちには木工工場や鍛錬工場で働くほかに防空壕掘りの仕事がある。昨十九年十一月はじめの最初の空襲のとき、宿舎にいた女生徒たちが裏山へ逃げたことは前に記した。崖の側面に横穴式の防空壕を掘ることになり、各女学校は作業当番を割り当てた。人数は少ないときも、多いときもあった。男子の工員が掘った土を外へ運びだした。かつぎ棒を使い、前後二人でもっこをかついだ。うしろの人をあと棒と呼び、あと棒がかけ声をかけ、前の人に合図することを彼女たちは学んだ。面白半分に鶴嘴《つるはし》をふりあげた女の子もいた。暗緑色の岩は軟らかかった。

じつはこの軟らかい粘土質の土にだれもが悩まされた。雨の日には泥んこ道になった。沼間に着いた昨年の十一月三日が雨だったことは前に述べたが、道の悪さに彼女たちはびっくりした。靴が泥のなかにはまり込み、両手に荷物を持ったまま、動きがとれなくなった。

彼女たちは沼間という地名のせいにして、このあたりは以前に沼だったにちがいないと話し合った。沼間の古名は沼浜だった。昔は潮が入る沼浜だったことは事実だが、雨が降って泥沼となるのは沼間だけのことではない。久木まで行く一女、二女、三女の生徒、田浦の造兵部の工場まで四キロの道を歩いて行く石巻の生徒、横須賀線に乗りはしても、逗子駅まで歩かねばならない福島高女の生徒、だれもが雨の日の悪路に悩まされた。

じつはこの土の悪さに泣かされているのは、三浦半島の農民も同じである。水をたっぷり含んだ粘土質の田畑を掘り返すのはたいへんだ。踏付鍬《ふづきぐわ》という重い鍬を使い、鍬にのせる足が力を入れることができるように、下駄をはかねばならない。道路はこの田畑と変わりがない。雨が降れば、池となり、泥沼となる。

沼間の寮の生徒たちの起床は五時だが、目を覚まし、屋根に落ちる雨の音、窓に降りかかる雨粒に気づいたとき、だれもがぞっとした。

前にも触れたことだが、彼女たちのなかでゴム長靴を持っている者は少なかった。彼女たちは仙台や石巻からはいてきた革靴を制服とともに押入れにしまい、ふだんは下駄をはいて工場に通っているが、雨の日は惨憺たることになった。

二十五分で行けるはずなのに一時間以上もかかった。濡れ鼠となり、足の指の感覚がなくなり、精根尽きるという有様だった。やっとのことで工場に着いても、火工工場であれば、火薬を扱うから火の気があるはずはなく、体の震えはとまらなかった。

大事な革靴をはいて出れば、靴は泥にとられ、泥のなかの靴をひきだし、靴のなかに入った泥をだすといったことを繰り返し、激しい疲労感に打ちのめされることになった。広い工場内は、火工工場でなくても暖房はなく、燃えさかる炉ははるかに遠く、入口があけば、待ってましたとばかり海からの冷たい風が吹き込んできて、冷えきった体に刃のように突き刺さった。

そして下駄をはいた者たちがさらに哀れなのは、モンペから上着、髪の毛まで一面にはねがあがることだった。夕食のあと、吹きさらしの洗い場で指を真っ赤にして洗濯をしても、翌朝までは乾かず、よく見れば、はねは染みになって残っているのである。

第一高女の門沢よしは長靴を持っている。母親がゴム長を譲ってくれる人を見つけ、砂糖五キロと交換したのだった。だが、彼女も雨の日は嬉しくなかった。この長靴はぶかぶかで、足が擦れ、びっこをひいて歩くことになった。佐藤昭子は父の古い革靴をもってきた。雨の日にはこれをはけと言われたのである。かっこうが悪い上に、爪先がはがれてしまい、冷たい水が浸みこんできた。

昨十九年十一月末のことだった。前日からの雨は朝になっても降りつづいていた。福地田鶴子と同室の前田芳子は相談し、教師の部屋へ行った。ゴム長靴がないから休みますと切り口上で言った。こんなことを言っても、先生の長谷川健次はけっして怒鳴ったりはしないと見込んでのことだった。ところが、長谷川は押入れをあけ、ダルマ靴と呼ばれるゴムの短靴を二つだしてきた。これをはいて工場へ行きなさいと言った。みかけは悪かったが、はき心地はよく、田鶴子と芳子はご機嫌だった。そして二人が気がついたのは、生徒たちの行列のうしろからついてくる長谷川先生がはいているのはひびの入った革靴ということだった。

ダルマ靴は工場から配給されたものだった。数が少なかったから、工場側は教員にはいてもらおうとしたのである。第四寄宿舎で、福島高女の生徒たちだけは作業服のほかにこのゴム靴を支給されていた。

十二月に入って、ほかの女学校の起床は五時半となったが、福島高女の生徒は、空にはまだ無数の星が輝いている午前五時に起きた。ほかの寮の女生徒たちが食事の支度をし、各部屋の当番が烹炊所から御飯と副食物を入れた食缶を運んでくる午前六時半には、福女《ふくじょ》の一隊は谷あいのいちばん奥にある寮から坂道を降りてきた。そして日がとっぷりと暮れ、宮城県の女生徒たちの夕食時間の午後六時すぎ、あちらにひとつ、こちらにひとつと星が光りはじめたなか、福島の二百人は戻ってきた。

こうしたわけで、福女の生徒はいちばん遠くまで通勤しなければならないことから、彼女たちだけにゴム靴が支給されたのかもしれないが、靴は百足しかなかった。どういう理由からか、鋳造工場で働く者が優先的にゴム靴をもらった。

今年二十年一月に入ってから、幸いなことにずっと雨は降らなかったが、二月八日は朝から雪だった。畑谷直はどうしようかと思った。彼女は中下駄《ちゆうげた》しか持っていなかった。歯入れ下駄であり、高《たか》下駄より低いのを中下駄、あるいは中歯《ちゆうば》と呼ぶ。中下駄、高下駄をはいても、沼間の泥道は難渋をきわめたが、雪道では歯に雪がつまってどうにもならない。

彼女は教師の長谷川健次に訴えた。ダルマ靴を貸してくれて、もうひとつあるからぼくのことは心配しなくていいと先生は言ったのだが、かれがはいてでてきたのは革の短靴だった。もう一足のダルマ靴も生徒に貸してしまったのである。

そして二月二十二日には大雪が降った。第一高女、第二高女、第三高女の男の教師たちが先頭に立ち、ダルマ靴をはいた足で雪を踏み固めて一寸刻みに進み、生徒たちがそのあとを歩いた。二十五分で行けるところが二時間かかった。

雨の日、雪の日は辛かったし、いやだった。もちろん、辛いこと、いやなことはそれだけではない。風呂は週に二回しか入れない。それも多人数で入らねばならない。食事は毎度同じもので、量は少ない。

だが、いやなこと、辛いことばかりではなかった。家から届いた小包をあける者は胸をどきどきさせたし、休日の日曜日に、自分の名前を呼ばれ、面会よ、と廊下から大きな声が響いてくれば、これまた胸は破裂せんばかりだった。もっとも、小包と面会人は寮の全員を喜ばすことはできなかった。小包を手にしない生徒は親を恨むことになったし、面会人が来ない生徒はだれよりも自分は不幸なのだと布団をかぶって泣くことにもなった。

休みの日には

だれもが楽しむことになったのは、休みの日に同室の友達と連れだって外出することだった。

十一月の休みには、寮のだれもが東京へ行った。東京へ行ったからといって、買物や食事ができるはずはなく、弁当持参であり、訪ねるところは決まっていた。宮城の二重橋前、つぎに靖国神社、そして原宿まで行き、明治神宮に参拝した。午後四時までに帰らねばならなかったから、これだけだった。

はぐれたらたいへんとつねに仲間を振り返り、空襲のサイレンが鳴らないことを念じ、電車のなかでは自分たちのアクセントを気にして、小声で話し合うことになった。緊張のつづいた東京旅行を終えて、もう大丈夫、どこへだって行ける、つぎには銀座に行こう、横浜に行きたい、と語り合ったのだが、十二月には空襲が激しくなり、遠くへ行くことは禁じられてしまった。だが、鶴岡八幡宮、長谷の大仏、江ノ島と近くに行くところはいくらもあった。

雨の朝、工場に着くまでに寒さで足の指が凍りつきそうになることがあったし、火の気のない工場で働いて寒さに震え、二月に入って何度か雪が降ったときには、仙台から交代で来たばかりの教師が逗子はこんなに寒いのかとびっくりすることにもなった。だが、仙台の冬とちがって逗子では、風のない、太陽が明るく暖かく輝く日がつづき、そんな日には、湘南の冬は散策に快適なことを彼女たちは知った。

マサキとトベラの低木林がつづく海沿いの崖道で、平塚の工場で働いているのだという大学生に話しかけられ、どぎまぎした娘たちがいたし、砂浜で桜貝を拾い、てのひらにのせて日の光にあてると、かすかに貝の筋のあいだが虹色に光るのを見つめる娘がいた。

第一高女の十号室の女生徒たちは松竹の大船撮影所に行った。彼女たちのひとりが監督の原研吉に宛てた父親の手紙を持っていて、撮影現場に入れてもらった。高田浩吉と高峰三枝子の出会いのシーンを何回も繰り返して撮るのを、防空頭巾と救急袋を肩にして、下駄ばきの少女たちは飽きもせず、じっとながめていた。

四号室の女生徒たちは鎌倉山へ行こうと決めた。そこには田中絹代の家があり、同じ隣組に藤原義江、近衛さんの別荘もあるという話をだれかが聞き込んできた。彼女たちのだれひとり見たことはなかったが、絹代と上原謙が出演した「愛染かつら」が空前のヒットをしたということはみな知っていたし、その内容が医師と看護婦とのあいだの悲恋物語だということも承知していた。彼女たちは流行歌を歌うことはなかったから、その主題歌を歌ったことはなかったが、その歌詞もメロディも知っていた。よし、「絹代御殿」に行こうと衆議一決した。

鎌倉山の住宅地は昭和のはじめにできた。山の尾根に分譲地を造成し、山を横断する自動車道路をつくり、桜を植えた。政財界から芸能界の有名人が家を建て、開発業者がつけた鎌倉山が通り名となり、いっときはなかなか有名な高級住宅地だった。桜はまだ大木とはなっていないが、それでも花見時は見事だし、夏になれば、そこここの崖に山百合が花を咲かせることになる。

鎌倉山なら空襲はないだろうと東京から住まいを移した一家がいる一方で、鎌倉山と大船を結ぶバス路線が停止となってしまったことから、こんな不便なところには住んでいられないと山を降りた人もいる。

わかもと製薬のオーナーの長尾欽弥のように自家用車で鎌倉山の別荘に乗りつけることができる者はいなくなり、だれもが急な坂を降りて極楽寺まで歩くか、江ノ島電鉄の長谷駅へ行く坂をくだらねばならなくなっている。

四号室の女生徒たちは歩くのは平気である。ところが、鎌倉駅に降りたときに警戒警報のサイレンが鳴りだした。田中絹代の邸まで行くことはできなくなった。ぜひとも行きたいとはだれも思わなかったようで、この話は立ち消えとなった。

どの部屋よりも活発なのが七号室だった。部屋のひとりが事務室で神奈川新聞を読み、関行雄大尉の未亡人が鎌倉市雪ノ下の実家にいることを知った。弔問に行こうと相談がまとまった。

関行雄と体当り攻撃については、このさきで述べることになるが、ここで少し触れておこう。神風特別攻撃隊の敷島隊と名づけられた関行雄とかれの部下の一隊がフィリピンの水域で敵の軍艦に体当りしたのは昨十九年十月下旬のことであり、比島沖海戦のさなかのことだった。第一高女をはじめ、宮城の女学校の生徒が横須賀行きの準備をしていたときであった。福島高女の横須賀へ行く三年生はそれにならって自分たちを敷島隊と名づけたのだった。

そして横須賀で働くようになってまもなくの昨年の十一月十九日の日曜日、彼女たちは寮の食堂でニュース映画を見た。関行雄の敷島隊が出撃するシーンだった。言葉では知っていても、はじめて見る水盃の別れだった。司令官がまず水筒の水を汲み、自分の口にふくむ。つぎに士官のひとりが関とほかの隊員のひとりひとりに水筒の水をついでいく。どんな場所か、はっきりわからないながら、隊員のうしろには薄《すすき》のような草が生い茂っていて、その向こうの空には綿雲が浮かんでいる。女生徒たちは、二十歳前後の痩せた若者が腕をのばし、盃をしっかり見つめ、別れの水をついでもらっているのを見たとき、思わず手をぐっと握りしめた。そして涙があふれでて、画面は見えなくなったのである。

七号室の鈴木桂子、佐藤縫子、菅原礼子らは関未亡人の家を見つけだした。若く美しい女性が玄関にでてきた。こころよく招じ入れられ、洋間に通された。ピアノの上に写真が飾られていた。写真の大尉は飛行帽をかぶり、マフラーを首に巻き、激しい感情を隠している目と眉が印象的で、その目は動いて、いまにもこちらに向き直りそうだった。彼女たちは手を合わせた。未亡人にどのようなお悔やみを言っていいかわからず、なにかあいまいなことを口のなかで言い、心をこめて頭を下げた。

七号室の娘たちはまたも膝をかかえて話し合い、大和田大尉の下宿まで行ってみようと相談した。大和田悦郎は火工工場の年若い検査官である。ネービーブルーの軍服に白手袋をはめるか、もしくはオーバーオールの作業衣を着て颯爽と動きまわるかれは、久木分工場の幹部のひとり、石垣伝大尉とともに久木で働く女学生たちのあこがれの的である。作業衣のことを煙管《えんかん》服、ネービーブルーのほうを第一種軍装と呼ぶことを、彼女たちはじきに覚えた。そして彼女たちは横須賀ではまだ見たことがなかったが、純白の夏の制服を第二種軍装と呼ぶことも知った。

事務室に勤務する者が大和田大尉の住所を調べた。八幡宮の近くの閑静な住宅地の日の光が降りそそぐ道を、菅原礼子や佐藤縫子、丹治アイ子、鈴木桂子、佐々木和子らはそっと歩いた。目ざす家は見つかった。広い庭のなかでなにやら音がしている。ひとりが爪先立ちで塀に近寄り、隙間から覗いた。大和田大尉がいる、薪割りをしていると彼女が興奮気味にささやいた。皆はいっせいにキャッと声をあげ、ばたばたと逃げだした。

この噂がたちまちひろがり、口惜しがったほかの部屋の者たちに、なんて無鉄砲でばかなんだろう、と陰口をきかれ、美人揃いであることがひそかな自慢である七号室の娘たちは「七ばか」と呼ばれるようになった。

第四寄宿舎の女生徒たちはこぞって裏山を散歩した。山道をのぼり、尾根道を歩いて、春の香りが漂っていることを知り、あたりに透明感があふれていることを感じた。

福島高女の清野友子は植物好きだったから、日曜日ごとに裏の山を歩いてまわり、藪椿《やぶつばき》のつぼみが赤みを増し、咲きだすのを見て、故郷では三月末にならねば咲かないのにと思い、落ち葉のあいだの蕗《ふき》の薹《とう》の芽を見つけ、ここらあたりは年が明ければすぐ春なのだ、年賀状に迎春と書いても、なんの不自然もないのだと思った。

裏山に登った女生徒たちは畑のはしの葉の生い茂った大きな木の根元に小さなお稲荷さんの祠《ほこら》があるのを見た。タブノキの大木の下の赤い稲荷は丘を越えたさきにもあって、ここらあたりでは稲荷神を祀る風習があり、その上に枝をひろげる大きな木は御神木なのだと気づく娘もいた。

皆で歌をうたいながら山道を歩いていけば、いきなり麦畑が傾斜地にひろがり、その向こうに真っ白な富士山が姿を見せて、彼女たちは歓声をあげ、スダジイの林を抜けて振り向けば、おだやかで明るい海がきらめいていることもあった。

第一高女の十二号室の遠藤淳子と仲間たちは窪地に迷い込み、目を見張った。水仙の群れが花を咲かせていた。ひとりがここをシークレット・ガーデンと名づけようと言い、かがんで香りをかいでいた米野ミワや岩泉けいがそれはいいと賛成した。

彼女たちはフランシス・バーネットの小説「秘密の花園」を回し読みしたばかりだった。そして彼女たちはその原題が「ザ・シークレット・ガーデン」だということを知っていた。だれもがその命名に満足し、英国生まれのアメリカ人のその著者のほかの二つの物語「小公子」と「小公女」の主人公たち、セドリックのすばらしい気質について語り合い、セーラの魅力を話しながら山道を降りたのである。

沼間第四寄宿舎の女生徒たちの毎日は辛いことばかりではない。こんな具合に楽しいこともある。ところで、そんな感情とはべつに、彼女たちはときにふっとぼんやりした不安を抱くこともあった。どんな不安か。

信濃の運命

横須賀で働きはじめてまもなくの昨十九年十一月十八日のことだった。雨が降り、気温が下がり、皆が寒さに震えた一日だったが、寮に戻って女生徒たちは元気を取り戻した。翌日は働きはじめてから最初の日曜日だった。第一高女の鎌田よしにはさらに嬉しいことがあった。小包が届いていた。家に頼んでおいた啄木の詩集と蘆花の「不如帰」が入っていた。

そして彼女にはもうひとつ胸の躍る秘密があった。装塡場で働く彼女は火薬庫に行く途中で、班長から世界一の空母の話を聞いた。彼女は信濃のことは知っていた。二週間たらず前、レントゲン検査に行くために田浦からランチに乗ったとき、その空母を見ることができるかもしれないと教えられていた。けっきょく空母を見ることはできなかったが、班長の話によると、その世界一の空母がいよいよレイテに向かって出撃するというのだ。[10] やがて軍艦マーチが響き、大戦果の発表があるにちがいないと彼女は思った。

工廠内で、そして鎮守府傘下の数多くの軍機関内で、だれもが信濃の話をし、希望を語り合った。自分の知っている秘密を喋り、秘密を知らない人は臆測を語り、小耳にはさんだことを打ち明け合った。進水式に先立ち、事故があり、艦首を損傷したことは、たちまち噂となった。海上公式試運転がおこなわれるようになって、なにしろ図体が大きすぎるため、湾内での操舵、旋回、投錨がたいへんなのだと人びとは嬉しそうに語った。

「昨日は零戦と天山が着艦テストをおこなった。リフトに乗せ、格納するまでのテストもやった。問題はない。今日は紫電改《しでんかい》と彩雲の着艦テストをやった。すべてうまくいった。いいあんばいにB29の偵察飛行もなかった」こんな具合に語って、聞き手といっしょに微笑する者もいた。

そこで鎌田よしが十一月十八日に班長から聞いた話のことになるが、班長が語った信濃が出撃するという情報はまるっきり嘘ではなかった。信濃の引渡し式は翌十一月十九日におこなわれることになっていたのだし、そればかりか、信濃がある特殊な爆弾を搭載するといったことも班長は知っていたのであろう。

引渡し式は就役式でもある。軍楽隊が演奏するなかをマストに軍艦旗が掲げられ、艤装員長は艦長となり、艤装員といった肩書きの者たちは乗組員となり、信濃は就役することになった。

待望の引渡し式を終えて、工廠と鎮守府の幹部たちはほっとした。だが、工廠長の徳永栄が引渡し証書を艤装員長の阿部俊雄に手渡したとき、阿部の手が怒りで震えていたことは[11]、だれも口にしなかったにちがいない。

阿部俊雄は信濃に着任する以前に大淀の艦長だった。この巡洋艦の庶務主任の徳野治はいわゆる短現《たんげん》の主計科士官であったが、徳野はこの艦長こそ海軍の水雷屋の性格を代表する男だと思った。竹を割ったような気質であり、男のなかの男だと徳野は思ったのである。(12)

阿部はたしかに水雷屋だった。昭和十七年二月にバリ島上陸作戦を支援して、見事な戦いをやってみせた。こちらの泊地に突入をはかった敵部隊は軽巡洋艦二隻と駆逐艦七隻だった。対する阿部の駆逐隊は駆逐艦が二隻、遅れて二隻が来援したが、こちらが絶対的に劣勢だった。ところが、敵の駆逐艦一隻を沈め、一隻に損害を与え、軽巡洋艦一隻を大破させて敵部隊を敗退させた。こちらは一隻が損傷を受けただけだった。

司令の阿部の冷静さと勇気があっての勝利だったが、古典的な海戦であれば、こちらがどれだけ強いかを示した戦いでもあった。だが、海戦の主役が電波兵器となり、飛行機となって、かれはガダルカナル水域で苦しい戦いをつづけることになったのだった。

そしてかれの兵学校同期で艦長となっていた者たちが十月下旬の比島沖海戦で戦死してしまった。戦艦武蔵の艦長の猪口敏平《いのぐちとしひら》、空母瑞鶴の艦長貝塚武男、重巡洋艦筑摩艦長の則満宰次《のりみつさいじ》、軽巡洋艦多摩艦長の山本岩多はいずれも艦と運命をともにしたのである。

さて、引渡し証書を手渡されたとき、阿部が怒りを抑えることができなかったのは、艦政本部長が指示した海上公試が簡単にすぎ、機関部の最終検査がおざなりであり、保守設備のチェックがいい加減だったからだ。本来なら、各水密区画の気圧試験だけで一カ月はかかるはずだった。阿部が怒ったのは工廠長や艦政本部長にたいしてではなく、一日も早く引き渡せと命じた海軍省と軍令部にたいしてだった。

霞ヶ関の幹部が公試に時間をかけるなと命じたのは、横須賀にたいする空襲が切迫していると思ったからだった。十一月一日、五日、六日、七日とB29の偵察飛行がつづいた。より安全な瀬戸内海に一刻も早く信濃を移そうと考えたのである。

そこで信濃を呉《くれ》に回航したあと、まだ終わっていない艤装工事をつづけることにした。艤装工場主任の中川勝也が三百人の部下工員を連れていくことになり、信濃に乗艦することが決まった。

鎌田よしに信濃が出撃すると教えた班長は、その空母に、ある特殊な爆弾を搭載することを知っていたのではないかとは前に述べた。積み込むことになった特殊爆弾とは桜花《おうか》である。

桜花とは人間操縦のロケット体当り機である。頭部に爆薬をつめ、尾部に火薬ロケットを装備し、搭乗員一人が乗る。翼の長さ五メートル、全長六メートルである。これが爆撃機の下に吊るされる。母機との交話のために伝声管がつく。いよいよ敵艦に近づいたところで、桜花は母機から離れ、敵艦に突進する。

昭和十九年九月に横須賀に隣接する追浜《おっぱま》の航空技術廠で、この桜花一一型の一号機ができあがり、つづいて土浦にある霞ヶ浦第一航空廠で生産している。

信濃を呉へ回航するということが決まって、桜花を積もうということになった。瀬戸内海まで運んで、あとはほかの船を使い、台湾の新竹航空基地へ運ぶ予定だ。やがてはじまる比島決戦にこの桜花部隊を投入する計画であり、この戦いが桜花の初陣となるはずだった。横須賀航空隊の整備格納庫で桜花の組立て作業が昼夜兼行でつづいた。五十機の桜花と爆薬を充塡した桜花の頭部を信濃に積み込んだ。

十一月二十八日午後一時半、信濃は護衛の三隻の駆逐艦とともに横須賀を出港した。日没まで三浦半島の金田湾に仮泊し、夕刻に錨を揚げ、まっすぐ南へ下った。伊豆七島のあいだを抜け終わって、信濃と三隻の駆逐艦は進路を南東に変えた。午前三時三十分、遠州灘の沖合いで敵潜水艦の魚雷攻撃を受けた。四発が右舷にあたった。浸水範囲はしだいにひろがり、七時間あとに沈没した。千八十人が救助され、千三百人が艦と運命をともにした。

それから三時間あと、横須賀鎮守府、横須賀海軍工廠、横須賀航空隊、空技廠の幹部たちがこの情報を受け取った。昭和十八年四月、山本五十六司令長官が殺されたと知ったラバウル基地の幹部、あるいは昨十九年六月、あ号作戦が思いもかけない結果に終わったことを知った赤煉瓦の幹部と劣らぬ大きな衝撃をかれらは受けた。横須賀基地の幹部はだれもが顔色を変えた。こみあげてくるやり場のない怒りを抑えようとし、怒りを抑えれば、こんどは悲哀の感に打ちのめされることになった。

この報を聞いた工廠長の徳永栄は目の先が真っ暗になり、思わずテーブルの端に手をついたかもしれない。この船の寿命は長くないと徳永が思っていたのかもしれないとは前に記した。だが、処女航海から二十数時間あとに沈むなどと想像したことはなかったはずだ。

徳永の部下たちもいずれも信じがたいという思いに打たれ、呆然としたまま、真っ青な顔でたがいの顔を見つめ合ったのであろう。どうしてたった数本の魚雷で、あの不沈艦が沈んだのか。目に涙を浮かべる者もいたにちがいない。

武蔵は二百機にのぼる敵機に襲われ、二十発に近い魚雷と二十発に近い爆弾を受け、それでも四時間がんばった。信濃の工事に手落ちがあったのか。応急注排水装置は完全なはずだった。信濃の乗員の応急処置にミスがあったのではないか。

艦長から分隊士まで、だれもがあの巨大な軍艦に精通していなかったのだ。艦の転覆沈没を防止するための応急注排水装置の取り扱いの訓練が不足していたのだ。だが、機関科の応急訓練と減員操作訓練の不足は当然だった。それを言うなら、この回航計画自体に無理があったことをとがめるべきであった。東京湾口から紀伊水道まで、昼のあいだに航行すべきだったのだ。対潜哨戒機を飛ばせば、信濃の安全は確保できたはずだ。二機か、三機の対潜哨戒機をだすこともできないのか。

工廠の造船、造機、造兵部の部長と各工場の主任たちはこんな具合に考え、小声で語り合ったのであろう。しだいに声が大きくなり、だれかが制したのかもしれない。だれもが平静さを取り戻そうとした。ある者は会議室内にとどまり、テーブルに向かって両手で頭をかかえ、ある者は人気《ひとけ》のないところに行ったのであろう。悪戦苦闘の数々、精魂こめた努力がつぎつぎと思いだされてきて、叫びだしたい衝動に駆られた。そしてかれらは、希望はすべて消えたのであろうか、すべての望みは絶たれたのであろうかと自問することになったのだった。

ところで、かれらは自分たちが意気阻喪していることを露ほども表情、言葉にだすまいとした。工員、女子挺身隊員、勤労動員の生徒たち、そして自分の家族にたいして、いつもと変わらぬ態度をとろうとした。そして、そんな態度をとっているうちに、かれらの胸中の暗い不安や無力感は少しは薄れていったのである。

沼間第四寄宿舎の女生徒たちがぼんやりとした不安を感じるようになったと前に述べたが、空母信濃が撃沈されたという秘密を知ったからではない。

福島高女の植物好きの清野友子は広い造機部の一角にある作業場の二階の事務室で働いている。女学校の生徒は彼女ひとり、ほかの五人は女子挺身隊員で、ひとりは宮城県から、もうひとりは山形県から、残りの三人は地元の横須賀出身である。

友子は珍しい経験をしたことがある。進水式を見学したのだ。働きだしてまもなくの昨十九年の十二月十一日だった。よく晴れた日だった。進水するのは駆逐艦だった。艦尾に薬玉《くすだま》が飾られ、五色のテープが張られていた。第一種軍装の士官が指揮をとっていた。「進水掛り」というのだと教えられた。忙しそうに走りまわる人びとの動きに気をとられているあいだに船は動きだした。

軍艦は「かき」と命名されたと告げられた。友子はなるほどと思ったのだが、「かきとはどんな字」という声がうしろでして、「赤い実のなる柿の木だ」とべつの声が答えた。振り返れば、だれもが不思議そうな顔をしている。彼女はちょっぴり優越感を味わった。駆逐艦には草木の名前をつけるものがあり、桃、栗といった艦名もあることを彼女は仕事がら知っていたからだ。

彼女の主な仕事は修理伝票を修理原簿に記入することだ。壁際に書棚があり、原簿が並んでいる。友子は伝票の軍艦名を見れば、その原簿は書棚のどこにあるのかがすぐにわかるようになり、はじめての軍艦名を見ても、艦種の区別がつき、書棚のどこを探せばよいかがわかるようになってきた。そして工廠は軍艦を新しくつくるだけでなく、修理といった大事な仕事があることを彼女は知った。

ソロモン水域で数多くの駆逐艦が傷つき、その修理と二十五ミリ機銃を据えるための改造をおこなったことは前に記したが、損傷艦の修理が忙しくなったのは昭和十八年のはじめからだった。

赤錆で汚れ、艦腹に大きな穴を開けた軍艦、艦橋を破壊され、甲板が歪んだ軍艦をドックに入れた。被爆した屑鉄の山のなかに遺体が残っていることもあった。引き裂かれた外板は切り取らねばならなかったが、そのためにはまず不発の機銃弾を探すことからはじめねばならなかった。

油の尾をひいて戻ってくる損傷艦の修理だけでなく、横須賀に帰港した軍艦を改装する仕事があった。軍艦の沈没を防ぐためにハッチや水密扉を閂《かんぬき》で補強し、不要な水密扉を壁にしてしまい、使用の少ない通風管や水管を塞いだ。空母の揮発油タンクを二重にした。駆逐艦に水中探信儀をとりつけた。新たに開発した電波探信儀をとりつけ、舵の故障に備え、応急舵をとりつけた。

昨十九年の六月には、戦艦山城をはじめ、巡洋艦から駆逐艦、海防艦の計三十隻に二十五ミリ機銃と十三ミリ機銃を据え、各艦に大発、中発といった上陸用舟艇を搭載する突貫工事をやった。三週間の期限付きだった。サイパン奪回作戦を準備してのことだったが、作戦は中止となった。

潜水艦の船台では、電波を反射しないように艦橋の形を変え、特殊塗料を塗る工事がずっとつづいた。昨十九年九月からは、潜水艦に回天を搭載することになり、潜水艦と回天を結ぶ交通筒をつくる工事をはじめた。

こうして横須賀の船台や岸壁には、昨年の秋までは二十隻から三十隻の軍艦がいて、つねにあとが詰まっていた。

今年、昭和二十年二月のある日の午後だった。清野友子が働く事務室で、地元の横須賀育ちのぽんぽんと歯切れよくしゃべる女子挺身隊員が小さな声で話しはじめた。「去年の夏はずいぶんと原簿の出し入れがあってたいへんだったけれど、このごろはほんとうに少ない。この横須賀に入港してこない船は沈んでしまったのかしら」

ほかの者が、あれは六月だった、七月だった、あのときはほんとうに忙しかったと口々に言った。なかのひとりが唱うように軍艦の名前をあげていき、べつの者があとをつづけ、そして最後にはみな黙り込んだ。友子は書棚に並んだ原簿の背をみた。言われたとおり、出し入れする原簿はほんのわずかだった。触ったことのない原簿ばかりであることに改めて気づいた。柿は大丈夫だ。信濃はどうしたのだろう。彼女は原簿の背の軍艦の名前を読んでいった。戦艦山城、巡洋艦足柄、阿武隈、那智、長良、木曾、多摩、駆逐艦曙、潮、不知火、薄雲、霞、初春、若葉。いずれも美しい名前である。これらの軍艦はほんとうにすべて沈んでしまったのであろうか。体が震えてくるのを友子は感じた。[13]

たしかに清野友子が働く事務所の壁にずらりと並ぶ原簿の背に記した軍艦のあらかたが沈んでしまっていた。そしてわずかに残った満身創痍《そうい》の軍艦も横須賀に戻ってくることはなかった。

なぜ戻ってこないのか。福島高女の女生徒たちが横須賀で働くようになる二週間たらず前のこと、昨十九年の十月二十五日、軍令部第三課が各機関に損傷艦修理方針についての通達をだした。まさに比島沖海戦の悲劇の幕がおりようとしていたときだった。出撃した第二艦隊各部隊の軍艦はいずれも上空直衛機を持たなかったから、一千機を超す空母機を持つ敵艦隊と互角に戦うことができないのは自明の理だった。一方的に航空魚雷を打ち込まれ、爆弾を投下され、総崩れとなった。爆弾によって甲板に大穴があき、機銃掃射によっていたるところに孔があいた巡洋艦や駆逐艦がやがて内地の軍港に戻ってくる。それを見込んでの軍令部からの通達だった。

軍備計画をたてる軍令部第三課は、その通達のなかで、工廠、造船所における損傷艦の修理の優先順位を定めていた。駆逐艦、輸送艦、巡洋艦、空母、戦艦の順序にせよと命じていた。そして横須賀の工廠での損傷艦の修理はなるたけおこなわないようにと指示していたのである。

軍令部第三課の指示から一カ月たった十一月二十五日、信濃が横須賀を出航する三日前のことだった。比島沖で戦い、なんら戦果をあげることなく、そのあと五十余人の戦死者の水葬をすませた戦艦長門が横須賀に戻ってきた。六百もの孔をあけ、薄汚れた長門が繋留されることになったのは小海《こうみ》の艤装岸壁である。

福島高女の一部の女生徒が働く組立工場の前の入江が小海である。真正面から吹きつける北風に首をちぢめ、乱れる髪をおさえながら、彼女たちは対岸の小海岸壁に横たわる長門を見た。

長門は海軍第一の美男子と言われ、かつては横須賀の人びとの自慢の軍艦だった。長門こそ国の命そのものと多くの人たちに信じられた時代もあった。福島高女の生徒たちも長門の名前は知っていた。彼女たちのなかには、昭和十六年十二月八日には、あの軍艦に山本五十六司令長官が坐乗し、あの後甲板で軍楽隊が軍艦マーチを奏しながら、瀬戸内海の基地を出撃したのだといった話を聞いたことのある娘もいた。

だが、彼女たちは戦争がはじまってからの長門の武勇伝をなにひとつ聞くことがなかったし、長門が近く戦いにでるといった話を聞くこともなかった。ほうりだされたままのように見え、出航する気配のないその軍艦は、彼女たちに信頼感を与えることはなかった。

もちろん、彼女たちは戦艦なんか修理しなくてもいいといった命令がでていることは知らなかったし、戦艦を使うことができる戦場がもはやないといったことも知らなかった。そして横須賀でつくっている軍艦が、信濃竣工のあとは、わずかな数の駆逐艦と潜水艦だけだということも知らなかった。

いや、そうした事実を知っている娘もいた。石巻高女の鈴木玲子は田浦の木工工場で働いてきた。石巻を出発するときに、荷物のなかに道元禅師の「正法眼蔵《しょうぼうげんぞう》」を入れた。戦場に向かう年若い軍人がこの本を読んでいるのだと聞いてのことだった。夕食のあとにひろげたのだが、さっぱり理解できなかった。船台とドックが並ぶ工廠の中心部を見学に行ったときのことだった。彼女の職場の係長から信濃のことを聞いた。秘密ドックから進水したという話だったが、玲子がひどくとまどったのは、信濃をつくったあとは、横廠では軍艦らしい軍艦をつくる計画はもはやないのだとかれが語ったことだった。彼女は人のいい係長の心細げな表情をあとになって思い浮かべ、いったい帝国海軍はどうなるのだろうと思ったのだった(14)。

玲子が聞いた話はほんとうである。昨年十二月に駆逐艦柿が進水したことは前に述べた。今年三月には菫《すみれ》が竣工した。柿も菫も、小型で速力は遅い。投射器と爆雷を積み、輸送船の護衛が任務である。そしていまつくっているのはこの二隻と同じ型の駆逐艦である。信濃が進水したあとの第六ドックで四隻から五隻をつくっている。

水上艦はこれだけだ。ほかにつくっているのは潜水艦だ。昨年十一月に一隻が完成した。もう一隻がこの四月上旬に竣工したばかりだ。そして船台に一隻ある。

じつはこれら潜水艦も攻撃兵器ではない。丁型、あるいは潜丁《せんてい》の名で呼ばれる輸送潜水艦である。兵員、兵器、糧食を輸送する。この四月に完成した潜水艦も潜丁だが、途中で設計を変更し、航空揮発油を運ぶためのタンクを据えつけている。

では、横須賀海軍工廠は攻撃兵器をもはやつくっていないのか。マル兵器がある。マル兵器の名で総称される昨十九年から開発、製造されてきた数々の新兵器については、このさきで述べることになるが、横須賀でつくりはじめているマル兵器は特殊潜航艇である。

有翼の小型潜航艇であり、全長は十七メートル、最大の直径はわずか一・三メートルである。最初の計画では、両方の舷にひとつずつ魚雷の発射管をつけることになっていた。新しい魚雷をつくる余裕はないと説く光《ひかり》海軍工廠の主張を無視して決めたのだった。そのあと魚雷の供給ができないことをしぶしぶ認めるという手順を踏み、設計を変更して、艦首の燃料タンクをうしろへまわし、頭部には炸薬を装備することにした。敵艦に体当りすることにしたのである。体当り兵器といえば、前に桜花のことに触れた。どうして体当り攻撃をやることになったのかについては、このさきで述べる。「SS《エスエス》金物《かなもの》」の秘匿名で呼ばれるこの小型潜航艇は、試作艇がいくつかつくられ、本格的に製造をはじめたのは昨十九年十二月からである。

工廠長は昨年の十二月二十日に徳永栄から細谷信三郎に替わっていた。徳永の在任の一年間は、信濃竣工の全責任を双肩に担っていたのだが、後任の細谷はSS金物の生産を軌道に乗せることで頭がいっぱいだった。かれはSS金物をどのように大量生産するかの会議にかならず出席してきた。つくられた潜航艇を前にして、部品をどこでつくるか、各部、各工場の分担を定めた。そして四月からは月産五十隻とする予定をたてた。

二月に入って、艤装の場所を決め、艤装期間を二週間とする日程表をつくった。これらの会議にも細谷は欠かさず出席した。
造機部の鍛造工場で働く大石巳和がバネをつくっていることは前に記したが、このバネもSS金物の部品のひとつである。

女生徒たちの抱くぼんやりした不安

沼間第四寄宿舎の女生徒たちが抱くぼんやりした不安について語らねばならないのだが、海軍工廠がSS金物のほかにもうひとつつくるようになった航空機の部品についても見ておこう。

信濃の工事の総指揮をとった前田龍男は、昨年十二月はじめには造船部の設計主任の椅子に戻っていた。信濃が沈没したという知らせは、もちろんかれをひどく打ちのめした。しかも海軍中央につくられたS事件調査委員会にかれは呼びだされ、傷に塩をなすりこまれることにもなった。Sは信濃の頭文字である。

だが、前田は信濃建造の欠陥を追及されることはなかった。海軍省の幹部はかれが信濃の工事で見せた能力を評価し、すばやく問題を解決する力をかって、軍需省の鉄鋼課長に推そうとした。いや、軍需省なんかに送り込むよりは、さっぱりうまくいっていない高座《こうざ》海軍工廠の指揮をかれに任せるべきだという声がでて、だれもが賛成し、横須賀鎮守府司令長官がかれを高座へ行かせた。

高座工廠は厚木航空隊に隣接する大和町と座間町の桑畑や麦畑、雑木林のつづく台地百万平方メートルを切り開いて建設した飛行機製造工場である。組立工場が五棟並ぶ。ほかの棟の二倍の広さの第一組立工場を除いては、いずれも木造であり、これも木造の資材倉庫の前には相模線から引込み線が敷かれている。事務所と工員寮も建てられ、四苦八苦して旋盤、フライス盤、研磨盤が揃えられた。そして工員が集められた。

工員は台湾で募集するという新しい方式をとった。国民学校の卒業生は、工員養成所の二年制の実習科に入れ、中学校卒業生は選科に入れると宣伝した。昭和十七年末のことであり、そのときにはそうするつもりだったのであろう。

工廠の幹部職員が輸送指揮官ということで、交代で台湾へ行った。かれらが感銘を受けたのは、教え子が日本へ行き、工業教育を受けられることに大きな期待を寄せる校長や教員たちの熱意がひしひしと感じられることだった。だが、そんな約束を果たす余裕のないことは、高座の幹部のだれもがまもなく知るようになっていた。

昭和十八年五月から一年のあいだに台湾から八千人の少年が高座へ来た。幸いなことに沈められた船はなかった。簡単な授業と実習のあと、かれらは高座から各地の海軍機製造工場へ送り込まれた。高座では月に二百機をつくる計画だったが、この計画も紙の上だけのものとなったからである。三菱の名古屋航空機製作所、川西航空機の鳴尾製作所と姫路製作所、中島の小泉製作所、呉の第十一航空廠、大村の第二十一航空廠で、かれらは働くことになった。

高座が正式に操業をはじめたのは、昨十九年の四月からだった。台湾の少年は二千人だけがここに残った。つくることになったのは雷電である。発動機は三菱でつくり、主翼と機体は千葉の船橋に本拠を置く日本建鉄で製造されている。高座では総組立てをするだけだ。できた雷電を第一組立工場から隣の厚木航空隊の飛行場まで押していくのだが、これが月に一機だけだった。三千人が働き、五百台の工作機械があって、もう少しどうにかならないかという声があがり、前田龍男にやらせてみようということになったのである。

雷電について説明しなければならないが、その前に日本建鉄について触れておこう。もともとはビルのスチール・サッシやシャッターをつくる会社だった。空母の飛行機格納室のエレベーター口にとりつける防火鉄扉をつくることになり、加賀、赤城にはじまって、すべての空母の防火鉄扉をつくった。一一〇号艦の防火鉄扉も製造した。

船橋市郊外の台地の畑、六十万平方メートルを買収し、昭和十六年に工場を新設し、飛行機の部品を製造するようになった。翌昭和十七年には機体の製作もはじめ、三菱系の会社であることから、技術者と工員が三菱重工業の名古屋製作所で実習を受けた。発動機の覆い、翼、風防をつくり、雷電の機体生産をはじめることになったのだった。⑮

そこで雷電だが、海軍が呼ぶところの局地戦闘機である。防空戦闘機のことだ。その開発にとりかかったのは、もろもろのマル兵器と異なり、ずっと以前のことだ。中国との戦いがはじまって二年目の昭和十三年一月だった。南京の海軍航空基地の上空にエンジン音が聞こえてきたと思うまもなく、轟音が響き、格納庫が吹っ飛んだ。ソ連人パイロットが乗ったソ連製爆撃機による攻撃だった。そのあとも何度か同じような奇襲を受け、大きな損害をこうむった。

毎回、九六式艦上戦闘機が黒煙をついて急角度で上昇したが、すでに敵爆撃機は影も形もなかった。ドイツから慌てて買った戦闘機も役に立たなかった。上昇時間の短い、高空でスピードのでる戦闘機をつくらねばならなくなった。三菱がやることになった。零戦に装備する発動機よりも大きな馬力の発動機をこの局地戦闘機にとりつけることにした。ところが、このエンジンとプロペラが不調だった。火星一三型にはじまり、つぎに火星二三型、さらに開発した火星二六型をとりつけた。やっとのことで昭和十八年十月に量産第一号機ができ、部隊に配属されるようになったのは昭和十九年に入ってからだった。

さて、この雷電をつくる高座工廠を調べはじめて、前田龍男は驚いた。現状が一目でわかるしっかりした全部品のリストがなかった。一千機分の部品が倉庫にあふれているかと思えば、つくるのが面倒な部品は一機分もなかった。素人が経営する工場だった。

ところが、工廠幹部たちは造船屋の素人がなにを余計なことを言うと冷笑した。だが、その非難はお門違いだった。かれらが知らないだけのことで、造船所の管理者が飛行機製造工場の管理者となるのは、少しも珍しいことではなかった。

日本では造船と航空機の製造は親子の関係にあった。東京帝大に航空工学科ができる前には、造船学科に航空工学の講座が置かれていたのだし、三菱の航空機の製造は神戸造船所内ではじめられ、川崎航空機は川崎造船所内で飛行機の生産準備を開始したのだった。

そして三菱では、親子の仲はずっと密接だった。名航《めいこう》は長船《ながせん》の力でできたのだとは、三菱内の造船屋のだれもが語る自慢だった(16)。名航とは名古屋航空機製作所のことであり、長船とは長崎造船所のことである。昭和九年に社名変更をおこなって、三菱造船社から三菱重工業となったこの新会社の首脳は、航空機工場の増新設の計画にあわせ、神戸造船所や長崎造船所、横浜造船所の優秀な若手を航空機製作所に移し、新工場のための幹部見習いとした。こうしたわけで、いまの三菱の航空機部門の技師たちがいずれも大学の航空学科の出身ではあっても、管理者はあらかたが造船科の出身である。名古屋発動機製作所の所長の深尾淳二が前に長崎造船所の所長だったのは、その代表例である。

航空機の発動機と機体の生産が三菱と並ぶのは中島飛行機である。わずか十年たらずのあいだに百を超す大工場群と二十五万人を超す従業員を抱えるようになった中島の最大の障害は有能な幹部が不足し、上級幹部、中堅幹部の資質が落ちるようになっていることだ。このことが中島の生産があがらない理由だと行政査察使や軍需省が批判することになり、やがて国営にせよという主張に変わった。

国営に移管したからといって、現実にはなにひとつ変わるはずはないのだが、工場を国家管理してこそ、働く者のモラルと働く意欲は向上すると徳富蘇峰から岸信介までが説き、軍需生産を担当する役人や軍人は、すべての軍需工場を国営化しようと望み、なによりも航空機製造業を国家管理下に置こうと懸命になった。

そして今年の四月一日に、中島飛行機は第一軍需工廠となり、軍需大臣の直接管理のもとに運営されることになってしまった。

軍需省の首脳は中島飛行機にたいしてだけではなく、三菱重工業の幹部に向かっても、三菱の航空機部門を国営化したいと申し入れていた。これにたいして三菱側は、造船部門からの人材の補給があってこそ、三菱の航空機部門はなりたっているのだと言って国営案を軽く一蹴し、軍需省を引き下がらせたのだった。

高座工廠のことに戻れば、前田龍男は横須賀鎮守府司令長官の塚原二四三《にしぞう》の支持を得て、横須賀から造船部の藤野部員を高座工廠の部品管理主任にもってきて、造船部の白井部員を、これはいまだに操業できない板金工場の主任とした。そして前田は日本建鉄で部品の製造ができないとわかれば、横須賀海軍工廠にその生産を依託することにした。

こうして高座の雷電生産は月に一機ずつがやっとだったのが、四月には十機の生産が可能となり、五月には十五機と見込まれるようになっている。ソ連のＳＢ《エスベー》３双発爆撃機を撃墜しようとして開発をはじめた防空戦闘機が、六年のちになってアメリカのＢ29と戦うことのできる海軍唯一の戦闘機となり、海軍首脳は雷電の増産に望みをつなぐようになっているのである。

福島高女の生徒が鋳造工場で木型に砂を詰め込み、組立工場で部品のやすりがけをしていると前に述べたが、彼女たちがつくっているのはじつはこの雷電の部品なのである。

さて、沼間第四寄宿舎の女生徒たちが海軍工廠で働くようになって感じるぼんやりとした不安について述べよう。女生徒たちの不安は、ときどき仕事がとだえ、こんなのんびりしたことでいいのだろうかと思うことである。

久木分工場で高角砲弾に炸薬や発射薬を入れる作業をしている第一高女の生徒たちは、工場に着いてから、今日は防空壕掘りの手伝いをしてもらいたいと言われ、はじめは工場の人たちが空襲を警戒して、一日も早い壕の完成を望んでいるのだろうかと思ったのだが、やがて弾頭がなく、薬莢がないために、仕事をしようにもできないのだと気づくようになった。

昨年十二月中旬には、昼休みを延長して、バレーと卓球の試合があった。各職場と一女、二女、三女のチームが対抗試合をした。応援の人垣ができ、歓声があがり、拍手が湧き、なかなかの盛況だった。つづいては素人演芸大会をやった。材料がなく、仕事ができないため、工員や女学生たちの士気が落ちるのを恐れた工場幹部の苦肉の策だった。

弾頭と薬莢がないため、工場の幹部は女生徒たちに砲弾の錆落としの仕事もさせた。重い砲弾を転がしながら、赤錆を落としていく作業は単調であり、だれもがうんざりした。

前に述べたように横須賀に入港する軍艦のなかには損傷艦が多かった。敵の魚雷や砲弾を受け、弾庫に注水し、あるいは転覆沈没を避けるために、注排水を繰り返し、バランスを保ちながら戻ってきた軍艦である。水びたしの艦内から運びだした高角砲弾や対潜水艦弾が倉庫に入れてあった。

この砲弾をだしてきての錆落としだった。とりだした火薬を乾燥させる作業もやった。重油のついた火薬は再生できないので、広場で燃やした。火薬が燃える色は異常に明るく、目に悪いと言われながら、皆は花火でも見物するようなつもりで集まった。砲熕工場から薬莢が届かないから、結合の仕事は午前中で終わってしまい、午後からは火薬をとりだして空になった薬嚢を洗濯することもあった。

もちろんのこと、材料、部品がなくて、仕事がとぎれるのは久木分工場だけではなかった。ほかの工場でも、仕事がとだえることが多くなった。信濃を完工させるために残業がつづき、日曜日も休みなしに働いていたときには、工員たちが不平たらたらだったことは前に記したが、仕事がとぎれるようになって、今度はのんびりできていいと言う者もいなかった。こんなことでどうなるのだろうとだれもが不安を抱いた。そして工場の幹部たちは予定計画の修正を繰り返し、溜息をつくことになった。

ところが、原料や部品の不足に悩まされることのない新しい仕事がとびこんできた。完工までに向こう数カ月はかかる大きな仕事である。工場の主任、部員、班長や工長が奮いたち、生き生きとした顔となった。新しい仕事とは工場疎開である。

前は海、うしろは丘が迫っている工場は、背後の崖に横穴を掘って、そのなかに待避所を設け、事務所やいくつかの施設をつくっていることは前に述べた。だが、地下工場はとるに足りず、ほんのお飾り程度のものだった。

造船部、造機部、造兵部の各工場、さらには実験部の名前をつけた電池実験部、機雷実験部といった機関が疎開計画をたてた。船台と船渠の背後の丘につくる地下工場は、造船部の動力場を筆頭に、旋盤、中ぐり盤、ボール盤、歯切盤を入れることにした。造機部、造兵部、実験部の各工場は、大部分を工廠外に分散して疎開することになった。

各工場の幹部は手分けをして、葉山や逗子、久里浜、戸塚の谷戸《やと》を歩いてまわった。この丘は傾斜が緩すぎる、地質はどうだろう、地下水がでることはないだろうか、この杉林のはずれに作業場を建てる、解体した廃材を利用すればよい、使っていないあの鶏舎を事務所に借りる、もう二箇所ほど探さねばならない、どの機械をどこへ運ぶか。こんな論議を重ね、人びとは駈けずりまわることになった。

こうしてSS金物と雷電の部品づくり、小さな駆逐艦と輸送潜水艦の建造が、材料と部品の不足から遅延を重ね、少なからずの人びとが手持ち無沙汰でいたところへ、工場疎開が大きな仕事となったのである。

もちろん、工場疎開は横須賀海軍工廠がはじめただけではなかった。これまでの巻で述べたことだが、航空機工場を筆頭に、少なからぬ軍需工場がすでに疎開にとりかかっている。トンネル、採石場跡に機械を運び込んでいる工場があったし、中学校の校舎を借り、事務部門が移っているところもある。山あいに何棟も飯場が建ち並び、地下工場の建設をはじめている。

ところが、宮城第一高女、第二高女、第三高女の二百五十人が働く久木分工場では、疎開の計画はなかった。それどころか、久木と彼女たちの宿舎がある沼間はほかの工場の疎開地とされた。沼間のいくつかの谷戸には、造兵部の砲熕工場の一部が疎開することになり、これも造兵部の無線工場が資材を移すことにしているし、電池実験部が設備を運び込むことになっている。

そして田浦にある久木の親工場の火工工場が一部施設を久木分工場へ移すこととした。田浦前面の入江を囲んださきにある長浦の光学実験部が機械を久木へ疎開することにした。

こうしたわけだから、久木分工場の部員や班長たちは、ほかの工場の幹部のように、疎開がさきだ、生産が遅れるのはやむをえないと言って、自分を瞞し、他人を瞞すことができなかった。高角砲弾の組立てに取り組むしかなく、砲熕工場から予定量の弾頭と薬莢が届けば、だれもがほっとする毎日となっている。

もちろんのこと、女生徒たちも、弾頭と薬莢が並んでいるのを見れば、にっこりする。ところが、黒い色の薬莢が送られてくるようになった。説明を聞かなくても、これは真鍮の薬莢が不足したための代用品だと生徒たちは気づいた。銅が不足して、砲熕工場では鉄製の薬莢の研究、開発をおこなった。そして昨十九年のなかばから、下請工場に鉄製の薬莢をつくるように指導してきた。

この厚さ一ミリほどの鉄の薬莢を結合する作業は、その呼吸が難しい。門沢よしは何回も失敗した。ハンドルをまわす力の加減がわからず、締めすぎて継ぎ目にひびが入り、つぎつぎと不良品をだすことになり、彼女は涙をこぼした。そして、こんな鉄の薬莢で大丈夫なのだろうかと思いもした。

ほかの第一高女の生徒たちもときにふっと不安に駆られることがあった。こんな手作業でのんびりと高角砲弾をつくり、日に百発、二百発をつくるだけで、支障はないのだろうか。呉工廠と呉のさきの山口県の光工廠で高角砲弾をつくっているという話だが、そこでは日に何千発とつくっているのだろうか。

むろんのこと、年若い娘たちがこんなことをいつもずっと思いわずらっているわけではなかった。原簿の背の軍艦の名前を読み、これらの軍艦はみんな沈んでしまったのだろうかと思い、体が震えた福島高女の清野友子にしても、そんなことがいつも頭に浮かぶわけではなかった。

彼女たちは仕事に神経を集中し、仕事量が充分にあるときには、最高の目標を達成しようとがんばった。そして昼近くになれば、今日のおかずはなんだろうと話し合うことにもなり、部品をとりにでかけるときは、ひそかに思いをよせる士官と行きあいますようにと願った。一日の仕事が終われればほっとし、今日は家から手紙が届いていないだろうかと思った。風呂場で些細なことから喧嘩となったほかの学校の生徒のことをまだ怒っている女の子がいるとか思えば、寮の隣の班といざこざを起こしたことを後悔している娘もいる。彼女たちの日常とは、こんな毎日だったのである。

どうして女学校生徒が働くことになったのか

宮城県の女学生が工場で働くようになったのは、これまで見てきたように昨十九年の十一月からである。東京や神奈川の女学校の生徒はそれより前の六月か、七月から働くようになっている。それより前から全国の女学校の昨年三月の卒業生、ほかに就職しなかった者、できなかった者が勤労挺身隊に加わって、昨年の四月から工場で働いている。

すでに犠牲者もでている。最初の多人数の犠牲者は昨年十二月七日午後一時の大地震によるものだった。知多半島にある中島飛行機の海軍機を生産している半田製作所が倒壊し、半田高女と豊橋高女の五十人近くの女生徒が死んだ(17)。

さて、どのようにして年若い女性が鋲打《びょう》ちをするようになり、フライス盤で丸材を削るようになったか、ここで振り返ってみよう。

昭和十八年十月はじめ、大学、専門学校、高等学校、大学予科の文科系の学生の徴兵延期が停止となった。このことは前に触れた。総理大臣のラジオの演説を聞き、新聞をひろげて、だれもが大きなショックを受けた。それほど戦局は悪化しているのかと人びとの気持ちは暗く沈んだ。

ところで、それより一週間前、徴兵延期が停止された十万人の若者たちより、はるかに多くの人びとの生活を変えることになる政府の告示が発表された。

厚生省からの発表であり、昭和十八年九月二十三日の新聞がこれを掲載した。十四歳から四十歳の男子が就業を禁止される十七職種を掲げ、同時に女子を徹底して勤労動員すると告げていた。

十四歳から四十歳までの男子の就業が禁じられた職業は、事務補助者、現金出納係、小使、給仕、売子、行商、外交員、出札係、車掌、踏切手、番頭、理髪業、料理人などだった。

職種によって二カ月から六カ月の猶予期間が認められていたが、昭和十九年三月から五月までには、これらの職種の男子はすべてその職をやめねばならなかった。

そして、十四歳以上の未婚の女性で職業に就いていない者は、女子勤労挺身隊に参加し、人手を必要とする工場、作業場で働くこととした。この告示は「促進」といった表現を使い、まだ強制的なものではなかった。ところが、昭和十九年三月、女学校が卒業式をおこなう直前になって、政府は女子挺身隊制度強化方策要綱を定めた。女学校の卒業生は女子挺身隊を結成し、向こう一年、工場で働かなければならなくなった。

長いあいだ、女子の職場はごくごく限られていた。ところが、男子の応召がつづいたため、女子勤労挺身隊ができる以前から、しだいに女子の働く数は増え、女子の働く職場は拡大していた。

たとえば、銀行は女子行員の採用を増やし、女子の仕事の範囲をひろげるようになっていた。住友銀行は昭和十二年はじめに女子を四十五人採用した。昭和十三年には二百二十四人を雇った。三菱銀行は昭和十四年に二十人を採り、昭和十六年には百九十人を採用した。銀行内で女子のする仕事が拡大するにつれて、準行員であった女性に行員としての資格を与え、男子と同じように停年を五十七歳とする銀行もでてきた。

そして前に触れた昭和十八年九月の男子の就業禁止職種の発表と女子の勤労促進の二つの新措置が、銀行の女性の職場をいっきょに拡大することになった。

銀行は四十歳までの男子の事務補助者や現金出納係、給仕、受付を置くことができなくなった。女子にたいする勤労動員が同時に発表されて、家にいた娘たちが慌てた。というよりは、彼女たちの親が慌て、このままでは工場で働かせられることになると心配した。私はお国のためにつくします、飛行機工場で働きますと言った娘もいなかったわけではない。しかし、多くの母親はとんでもないと言い、父親は銀行支店長に娘の就職を頼みに行くことになった。

三菱銀行では、就業禁止となる職種の該当者を三菱重工業や三菱電機に転籍させ、大量の若い女性を採用することになった。昭和十八年三月に女子の総計は六百人だった。九月に一千九百人、昭和十九年三月には二千七百人となった(18)。

さらに昭和十九年五月になって、政府は金融機関の男子従業員数を二月末の実働従業員総数の四割にするようにと定めた。こうして男子行員の数をさらに圧縮しなければならなくなり、女子に頼らねばならなくなった。

図書館では、四十歳未満の男子は図書分類整理と出納事務をすることができなくなった。市や大学の図書館は女性を採用することになった。ところが、若い女性を採用しても、軍需工場で働いてもらいたいと役所から声がかかり、地区別の挺身隊に加えられてしまう例が多かった。図書館の人手不足は変わらず、わずかな人員で細々と運営するようになっている。

昨年春のことになるが、床屋に行った人は、若い女性の理髪師に髪を刈ってもらうことになって、甘酸っぱい思いをすることになった。戦争がはじまってから、理髪師の夫が召集されて、細君が鋏を持つようになった店は少なくなかったが、それでも床屋はいぜんとして男の職業だった。ところが、昭和十八年の末から昭和十九年の一月にかけて、どこの都市でも理髪師の養成所が設けられるようになり、三月になって、たちまち理髪師は女性の職業と変わってしまった。

そしてだれもが気づいていたのは、駅の出札係、改札係が若い女性となってしまったことだった。昭和十八年九月の男子の就業職種の制限が発表される以前から、国鉄は一部の駅で出札や改札といった仕事に女性を使うようになっていた。

鉄道も深刻な人手不足に悩んできた。原料、製品の輸送量が増え、貨物列車を増発しなければならなかったが、徴集と応召があって、機関士と機関助士、検修要員は慢性的に不足してきている。配置転換をおこない、ほかの職場の者を教習所に送り込み、機関車乗務員や整備人員を養成しようとした。

その穴埋めに女子を採用することになり、教習所では、女子駅務科と女子電信科を新設した(19)。女子の駅員をどこよりも多く置いたのは、東京の有楽町駅だった。昭和十八年八月にすでに三十人の「娘駅員」がいて、これが駅の自慢であり、新聞に取り上げられ、ニュース映画でも紹介された。

昭和十九年はじめには、鉄道省と各鉄道局の女子職員の総数は五万人となった。今年のはじめには十一万人となり、有楽町駅で働く女性の数は六十人となった。今年一月二十七日、銀座が盲爆されたとき、有楽町駅にも爆弾が落とされた[20]。死者は全体で三百八十人といわれ、このうち有楽町駅では、すさまじい爆風に吹き飛ばされ、モルタルや石に埋められ、七十人が殺された。駅の中央改札口での死者がほとんどだったが、駅員の死者は八人、重傷者は四人だった。

二月三日の新聞の二面に載った「殉職駅員進級　国鉄異数の処遇」という小さな記事を読んだ人は、八人の殉職駅員の名前のなかに、田辺しん、秋山節子、五十嵐梅、村田静枝、小林利子と五人の女性の名前があるのを見て、有楽町駅で爆死した「娘駅員」だと気づいたのである。

出改札、車掌だけではなく、踏切手も女性に替わっている。そして電車の運転手も女性となっている。

京成電車軌道では、昨十九年八月十四日に三人の女性運転士が登場した[21]。駅にとまったときには、彼女たちは目深に冠った戦闘帽のひさしの下から真っ直ぐ前方を睨みながらも、運転士が女性であることにびっくりしてこちらを凝視しているプラットホームの男たちの視線を、いやというほど感じたにちがいない。

小田急電鉄でも、昨年の暮れから、若い女性が運転席に坐っている。潤滑油が代用品のために、寒い朝には凍ってしまっていることがたびたびあったが、女性運転士は慌てることなく、車体の下に潜り込み、丸めた新聞紙に火をつけ、これをかざして潤滑油を温めた(22)。東京急行電鉄でも、昨年末から、五反田と蒲田とのあいだの池上線で女性が運転をするようになっている。

また、この四月には、清水と静岡を結ぶ静岡鉄道で、車掌から選ばれた三人の娘が二カ月間の運転の見習いをはじめている(23)。六月はじめから彼女たちが運転することになっている。

バスの運転手も女性に替わっている。栃木県の関東バスでは、昨年の三月から若い女性がバスを運転している(24)。栃木県で最初の女性運転手だ、いや関東地方で最初だと新聞の地方版に書きたてられて、彼女たちは鼻高々だった。

川崎鶴見臨港バスでも、女性運転手がいる。バスのあらかたが代燃車となっているのは当たり前として、百台を超す木炭車のほかに、二十台ほどの電池車がある。だれもが電気車と呼んでいる。

木炭車はすべてに手がかかる。車体の後部につけた直径五十センチの釜にガス用の木炭を入れて、下から火をつける。エンジンがかかるまで、三十分から一時間かかる。煙でむせかえり、ときには一酸化炭素中毒をおこして、倒れることもある。バスが動きだしても、めんどうはつづく。平坦な道路を走っているあいだは問題ないが、急な坂道をのぼることができない。乗客に降りてもらわねばならない。停留場でとまれば、ガス欠のために調子が悪くなり、しばらくは人の歩くぐらいの速度しかでない。さらにめんどうなのは、一回の木炭で四十五キロメートルしかもたないことだ。一日に何度も木炭の補給をしなければならない。

ところが、電気車のほうはそんなめんどうがないから、養成所をでたばかりの二十人ほどの女性運転手は電気車に乗るようになっている[25]。車内にいやな匂いがたちこめることもなければ、途中でとまってしまうこともないので、なにも知らない乗客のなかには、女の子のほうがずっと運転が上手だとほめる者もいる。

銀行員、改札係、運転手について述べ、工場で働いている女性についてはふれなかったが、旋盤で丸棒を定められた直径に削りだしたり、エア・ハンマーでリベット打ちをしているのは、もちろん、女学校の生徒と女子挺身隊員だけではない。彼女たちが働く以前から、多くの娘たちが工場で働いてきている。

いうまでもなく、若い女性が働く工場は、明治以来、製糸、紡織、縫製といった繊維工場だった。現在も、いぜんとして女性がいちばん多く働く職場なのである。昭和十六年、十七年には、国民学校高等科の卒業生を中心に毎年五万人が就職し、やっと昭和十八年になって二万人に減ったが、昨十九年二月には、総計五十六万人が働いていた[26]。これらの繊維工場はいずれも飛行機の部品工場、組立工場に転換しているから、彼女たちの仕事もそれに応じて変化してきている。

前の巻に記したことを例にあげれば、東洋紡績の大曾根工場が三菱の名古屋発動機製作所の傘下に入って、紡毛、織機のベテランだった若い娘たちがボルト、ナット、ネジをつくることになった。彼女たちはたちまちのうちに各種の旋盤を使いこなすようになり、さらに日本毛織の岩塚工場で働いていた娘たちも加わり、名発各工作部が必要とする小物のすべてをまかなうようになった。この疎開騒ぎがはじまるまで、大曾根工場では一千人以上の娘たちが一日三交代で働いてきたのである(27)。

つづいて女性が多く働いているのは、陸軍造兵廠と海軍工廠を中心とする兵器工場である。これも昨十九年二月の調べになるが、十万人の女性が働いていた。この五年間、国民学校高等科の女子卒業生が毎年一万人就職してきている(28)。

兵器工場よりもずっと多くの女性が働いているのが航空機工場である。航空機工業の増強はつづいて、四千人が働く機体工場ができ、二万人が働く発動機工場が新設され、星の数ほどの協力工場が設立されて、つねに労働力は不足していたから、積極的に女子を雇用するようになっている。毎年五万人の新卒の娘を採用し、昨年二月には、四十一万人の女性が働くようになっている(29)。

ところで、外国では女性はどのように働いてきているのか。

ソ連の女性が男と同じ仕事をしているのは、東京とモスクワとのあいだを往復する外務省や陸軍の伝書使が見てきていることだ。駅の構内にいる兵士たちが女性であることは珍しいことではない。機関車から降りてきた真っ黒に汚れた顔の機関士と機関助士が女性だった。大きな作業箱を肩にかつぎ、機関車に乗り込む交代の機関士と機関助士も女性だった[30]。線路脇でレールを持ちあげている何人もの作業員がすべて女性であり、鶴嘴をふるっているのも、これまた女性だった。

　外務省の役人や軍人は溜息をつきつつ、ソ連の女性の職場進出は、男女同権のお国柄というよりは、男と同じ重労働ができる彼女たちのたくましい腕、いかにも強靱そうな腿があってこそだと思ったのである。

　ドイツはどうなのか。ヒトラーは「女性は家庭を守るべきだ」と説き、女性のいるべき場所は家庭であり、その目的は子供を育てることだと主張した。そこでかれは女性の勤労動員には乗り気ではなかった。

　じつはヒトラーが女性の徴用に反対したのは、それだけが理由ではなかった。一九一八年、大正七年のドイツの敗戦が国民の士気の失墜によるものであることは、かれの胸中に深く刻まれていた。そして、かれは国民にパンと仕事を約束して、権力を握ったことを忘れていなかった。かれは国民のあいだに不満が起きないようにしなければならないと考えた。国民に充分な消費財を供給しようとし、出征した兵士の妻には充分な扶養家族手当をだし、戦死した兵士の妻への補償金を十二分に支払った。そして、かれは自分のおこなう戦争を短期間で終わらせ、支払う代価はわずかなものとすることに成功した。

ところが、ソ連との戦いはかれの思いどおりにいかなかった。戦いはつづき、二年目の一九四二年、昭和十七年に入ってしまった。軍需生産に全力を投入し、航空機と戦車の製造工場を増設、新設しなければならない、総力戦体制にしなければならないと説く主張がかれの周辺で強くなった。

そして女性をもっと工場で働かせるようにという声があがった。二枚の写真がナチ党の幹部たちのあいだをまわされた。一九一八年と一九四二年に同じ兵器工場から仕事を終えてでてくる人びとを撮した写真だった。一九一八年の写真には女性の姿が圧倒的に多かった。ところが、現在の写真には女性の姿はわずかに見えるだけだった[31]。これにたいして、手に入る英国やアメリカの写真雑誌は、軍需工場で働いているのが女性であることを示していた。

軍需工場に女子を動員しなければならないと説く主張にたいし、不足する労働力は外国人労働者で埋めるべきだと反論がでた。この案をヒトラーは支持した。

余計なことをつけ加えるなら、ナチ党の幹部は外国人労働者を工場へ送り込むよりも、べつのことをいちばんにやった。五十万人のウクライナ人女性をドイツへ連れてきて、党役員の家庭のための家事使用人とした。

一九四二年に女性を工場で働かせねばならないと主張したナチ党の幹部は、英国の動員ぶりを見習わねばならないと説いたのだが、徹底的な総力戦体制をとっていたのは、まさしく英国だった。

一九四一年のはじめから、英国政府は十八歳から五十歳までの女性にたいして、家庭をでて男性に替わって働くように呼びかけた。そしてその年の末には女性の徴用を定め、三十歳未満の未婚の女性、子供のいない女性が軍、民間防衛、軍需産業のいずれかを選び、戦時動員に応じることを義務づけた。こうして一九四三年末には、二百万人の女性が働くようになった。既婚女性も多かったから、政府は彼女たちの就業時間を短くし、託児所をつくり、学校給食を実施した。

軍機関で働くことを選んだ若い女性は、兵士となり、高射砲部隊に加えられることになった。彼女たちは対空照準器を扱い、レーダーを操作している。隊員すべてが女性だけの照空灯の連隊も編成されている。

そしてまた、航空機の輸送といった仕事にも女性が進出している。航空機の輸送は、どこの国でも手を焼いてきたが、日本でも頭が痛い問題だった。新田丸、八幡丸、春日丸といった豪華客船は多大の労力と資材を投じて空母に改造されたのだが、これら改造空母はなんの働きもせず、もっぱら航空機の輸送に使われたのだった。

ところが、英国の女性は飛行機の操縦を学び、空輸補助部隊に加わり、練習機の輸送ばかりか、第一線機の輸送もやってきた。アメリカ軍のP51のパイロットが英国南部のある飛行場で燃料の補給を終え、飛び立とうとした。そのとき同じP51が上空に現れ、着陸姿勢をとり、鮮やかに着地し、誘導路を滑走して、かれの乗機のすぐ近くにとまった。風防をあけてでてきた操縦士がヘルメットを脱いだ。若い女性だった。あんな娘でも、この最新鋭機を操縦できるのだと知って、アメリカ人パイロットは自慢の鼻をへし折られることになった(32)。

地味な女性部隊もある。農村の農業労働者の不足を補い、海外からの食糧輸送をできるだけ少なくしようとして、五万人の女性農業労働部隊が働いている。開戦前には五万台しかなかった農業機械は二十万台に増えている。彼女たちはこれらの大きな耕耘《こううん》機に乗り込んでいる。

飛行機、耕耘機運転だけではなく、日本では想像もできないような部署で英国の女性たちは働いている。ある護送艦の艦長が護送船団の戦闘を指揮するための講習を受けることになった。兵棋《へいぎ》訓練もしなければならない。床に船団と護送艦、そして敵の潜水艦の模型が置かれ、夜間戦闘という設定で、「レーダー接触三百度、三マイル」「水中聴音機接触三百六十度、一マイル」と告げられた。受講生の艦長は船団側面を守る二隻の護送艦に指示し、命令をださなければならなかった。かれの言葉どおりに女性の士官が棒で船の模型を動かした。かれの背後で、船団の右側に空白ができてしまいましたと注意する声がした。振り向けば、まだ二十歳を超えたばかりの若い女性だった。こんな小娘に教えられるのか、何十年も船に乗ってきた自分はもはや時代遅れなのかと、五十に近い艦長は気落ちすることにもなったのである[33]。

英国政府の総力戦の宣伝に一役かってきた女性についても述べておこう。英国首相チャーチルの娘、メアリーである。彼女は高射砲部隊にいる。入隊したのは一九四一年八月のことだ。

彼女はロンドンで軍務をつづけてきたから、休日には父親の晩餐会に出席できた。砲兵であることを表す白い締め索《づな》を肩につけた制服姿の彼女がパーティに出て、自分の部隊がやっていることを外国からの客に話せば、英国の戦争努力について強い印象をアメリカやほかの同盟国の幹部に与えることができたのである。

そしてもちろん、高射砲部隊にとってロンドンは最前線なのであり、彼女の軍務は指導者の娘のお道楽ではなかった。昨年の三月、父親はハイドパークへ行き、娘の活躍ぶりを見学した[34]。彼女は中隊長だった。

霞ヶ関の女子理事生

電波標定機を操作できる年若い女性、あるいは船団の護衛艦が敵潜水艦と戦う方法を教えることのできる女性は、もちろん日本にはいない。とはいっても、陸海軍の中央、地方の機関は数多くの女性を採用してきている。

重松二郎はいわゆる短現出身の海軍主計科士官である。早稲田の政経学部から海軍経理学校補修学生として五カ月の訓練を終え、昨十九年三月に主計中尉となった。皆と同じように、「第一線艦隊勤務」を志望したが、海軍航空本部の会計部に配属された。がっかりしたが、ちょっぴりよかったという気持ちもなかったわけではない。

海軍航空本部は、海軍省、軍令部、艦政本部といった海軍中枢機関のあるコンパウンドのいちばん奥、日比谷公園寄りにある。この広い構内を、ここの住人は「大構内」と呼んでいるが、重松が目を見張ったのは、大構内にあふれる女子理事生と呼ばれる若い女性たちだった[35]。

重松と同様、実戦部隊へ配属されず、呉の経理部、札幌や横浜・名古屋の監督官事務所、大湊《おおみなと》の軍需部、あるいは東京浜松町の施設部に勤務するようになった者は、これまた重松と同じように、職場に若い女性が多いことにまず驚いたのである。

まもなく新米の主計士官は、彼女たちが女子挺身隊に入れられるのを避け、工場で働くことになるのを嫌って、このような海軍の機関に就職していることを知った。さらに娘の親たちが地域の名士、実力者であることを聞くにおよんで、つまり海軍は影響力をひろげようとして好んで有力者の娘を採用しているのだなと気づいたのである。

こうして霞ヶ関の構内で見かけるのは、あらかたが女性である。大構内に海軍大臣、軍令部総長以下四千人がいるのだと聞いて、女子理事生の数は二千人にのぼるのではないかと重松二郎は思った。

煉瓦建ての海軍省庁舎の中庭で、昼休みに軍楽隊の演奏があった。中庭、そして庁舎の窓は肩を寄せあっている人でいっぱいとなった。すべて女子理事生だった。赤煉瓦の窓という窓を埋めた色とりどりの色彩がリズムに合わせて揺れ動くさまは、魅惑の国にいるかのようだった。美人であふれたであろうローマのコロシアムはこんな具合ではなかったかと重松は考えた。

山本博も大構内に勤務している。かれも短現主計科士官である。重松は十期生だったが、山本は八期生であり、昭和十七年五月の卒業である。相模野航空隊から昨十九年九月に軍令部第二部に勤務替えとなった。それからかれはずっと軍令部にいるのだが、このあいだに女子理事生の数がぐんと増えたことに気づいている。かれが気づいていることはもうひとつある。女子理事生の数が増えるにつれて、彼女たちの唇がまちがいなく赤みを増してきていることだ(36)。

口紅は特別配給がある。女子挺身隊員向けの配給がある。たとえば資生堂は五品種の日用化粧品をつくっている。バニシングクリーム、化粧水、口紅、ヘアオイルである。割り当てられる原料はわずかだから、統制外の物資を利用しなければならない。資生堂では茶の実から澱粉をとり、アルコールをつくっている。

茶の実は子供たちが集めている。愛知でも静岡でも千葉でも、農村の国民学校では毎年十二月から一月のあいだ茶の実を集めることが年中行事となっている。少年少女たちが拾い集めた茶の実は、ひとつの学校で八俵から十俵ほどになる。

さらに化粧品会社は彼岸花の根や落ち蜜柑からアルコールをとっている。こうしてできる化粧品はわずかだから、配給は抽選になり、二十人にひとつ、三十人にひとつが当たるだけだ。

それでも娘たちはどこからか口紅を手に入れている。交易営団の手持ちの口紅を闇で買った女性がいる。大量の口紅を交易営団が買い込んだ時期がある。昭和十七年のことだ。フィリピンやマレー、ジャワに輸出するためだった。ところが、口紅の輸送どころではなくなり、口紅は倉庫に放りっぱなしになっている。

交易営団といえば、ひとつ余計な話をしよう。資生堂は、女子挺身隊員向けとはべつに、交易営団の注文を受けて、現在、かなり大量の香水とローションを製造している。この製造には原料の特別割り当てがあるから、茶の実や彼岸花の根を使う必要はない。ただ化粧品会社の悩みは原料の不足だけではなく、容器の不足もそうだ。このため、ずっと以前から小売店に頼んで容器の回収をおこなってきたし、くずガラスの収集までしてきた。ところが、この高級化粧品製造のためには、これまた原料の割り当て、いわゆる官給資材の交付があるから、見栄えのする容器をつくることができる。

資生堂側は、なんのためにこのような高級化粧品をつくるのかの説明は受けていない。勝手な推測をするだけだ。対ソ友好のためかもしれない。ソ連大使の奥さんや武官の細君など、ソ連大使館員は家族持ちで女性が多いから、ソ連側の希望に応じたのだ。かれらはこんな具合に考えた(37)。

資生堂は交易営団に製品を収めることになっているが、じつは化粧品のほんとうの注文主は海軍航空本部であり、実際に受け取るのは児玉誉士夫である。海軍航空本部の会計部に重松二郎という主計中尉が勤務していると前に述べたが、かれは紺色のスマートなユニフォームを着込んだ毬栗《いがぐり》頭の児玉を知るようになった。児玉のビジネス・パートナーの吉田彦太郎も知った。月に一度、この二人は海軍航空本部の会計部に現れたからである。

児玉の「テロと入獄の経歴には、だれもが一目も二目もおいた」とは第1巻で書いたことだが(38)、かつてテロリストであった児玉と吉田は、カネ回りがいいのでは日本で一、二の機関の海軍航空本部のために働いてきている。航空機のエンジンをつくるのに必要な非鉄金属を中国奥地で買い入れるのが仕事だった。海軍がこうした買付け機関をいくつもつくったのは、中央で陸海軍が物資の割り当てを決めても、中国占領地が陸軍の管理下にあったため必要物資がなかなか手に入らなかったからである。

児玉は上海に本拠を置き、銅銭や退蔵の非鉄金属を集荷してきた。買い付けのためには、地方軍やゲリラの首領と話をつけねばならず、交通路の安全を確保することも必要である。その資金として持ち運ぶのにかさばらず、いちばん効果があるのは当然ながら阿片であるが、児玉は新しい通貨を思いついた。化粧品である。こうして資生堂が香水をつくることになったのだった。

中国現地では、フランス製か、それともアメリカ製に化けるはずの化粧品はまだできあがっていない。そして児玉と吉田は、じつはすでに中国での非鉄金属の獲得に見切りをつけている。海軍航空本部から莫大なカネを稼いできたこの二人は、これまた海軍航空本部の力をバックに今度は国内のタングステン、鉛の鉱山の買収をはじめている。

外国製の化粧品に目がないのは、中国の地方軍首領の夫人や娘、二号夫人だけではない。児玉たちが中国で使わないからといって、資生堂がつくっている高級化粧品がむだとなることはないだろう。海軍はほかの利用法を考えるだろう。

霞ヶ関の大構内の女子理事生のなかにも、南方土産のアメリカ製、フランス製の口紅を大事に使っている娘がいる。出張でシンガポールへ行った造船官の兄や連絡業務でマニラに飛んだ従兄の土産である。それこそ交易営団が口紅を買い入れたのと同じ時期、昭和十七年の頃の話だ。

マニラ土産のマニキュアの瓶を鏡台に置いている娘がいる。キューティックスと読むのだと教えられ、その音がしゃれているし、容器の形がとてもいいと思い、敵国の化粧品などと考えたことはない。そっと足の爪に塗ったこともある。

金に黒の幾何学模様の化粧ケースをもらった娘もいる。蓋をあけたなかには、頬紅と白粉と口紅が収まっている。ウビガンという名前の響きが異国的だと彼女は思いながら、ときどきそっとあけてみる。

だれもがレブロンの口紅やキャロンの口紅を宝物のように大事にして、ほんのちょっぴり使うだけだったのだが、困ったのは石鹸だった。すこし使って、ふたたび包み紙にしまい込んだのでは、形が崩れ、値打ちがなくなってしまうと思い、これをもらった娘たちは鏡台の引き出しにしまい、ときどきとりだしてはその香りを楽しみ、ふたたび引き出しにしまったのである。

さて、大構内の女子理事生が増え、互いにおしゃれを競うようになって、彼女たちの唇の紅が濃くなってきているのだが、彼女たちの仕事はといえば、いずれも事務の手伝いである。彼女たちにかぎらず、軍の機関で机に向かっている女性の仕事はみな同じである。

例外がある。大和田通信隊の若い女性たちである。大和田通信隊は埼玉県北足立郡の野火止《のびどめ》にある。広大な構内に本館と宿舎が散在し、アンテナが櫟林のあいだを抜けて聳《そび》えている。

この海軍の基地では、ホノルルにある敵の太平洋艦隊司令部から艦隊への通信、航空機の対地通信、潜水艦の索敵電報、これら錯綜する厖大な量の通信を傍受し、暗号電報を解読し、平文《ひらぶん》電報を翻訳し、発信する敵艦船の方位を測定している。

暗号電報を解読するといったが、敵の重要度の低い航空気象暗号を解読するのが精いっぱいであって、作戦暗号にはまったく歯がたたない。だが、通信を解読できなくても通信解析によって敵の行動をある程度まで予測できる。

敵の通信の発信の位置を測定すれば、どこの泊地に敵艦船が集まっているかがわかる。その通信量が異常に大きければ、経験則から敵が上陸作戦の準備をしているのだと見当がつく。ほかの軍事情報と照合すれば、敵がどこを狙っているのかも予知できる。そして敵の通信がぴたりと止まれば、上陸作戦開始のときまで、敵は無線封鎖したのだと見当がつき、積極的に索敵をおこなうことができ、攻撃実施の準備に取り組むことができる。

もちろん、このような通信解析によって、毎回、敵の意図がつかめるわけではなかった。敵側も抜かりはなかった。大きな作戦をはじめようとするときには、艦隊旗艦から発するすべての命令書を特別機で艦隊泊地からずっと離れた陸上基地へと輸送し、そこから発信したのである。

ところで、敵のほとんどの暗号電報は解読できないが、敵の航空機は肉声で交話しているから、聞き取りさえできれば、先導機の指揮官と二番機のパイロットとの会話、機長と管制官との会話を傍受できる。

敵の交信を傍受すれば、その意図がわかることもあるし、その方位から敵空母部隊の位置も見当がつく。こうして敵の無線電話傍受のために、艦隊司令部と戦隊司令部に特務班を置くことになった。

だが、符牒だけで繋げる短い会話を聞き取ることができ、理解できる者は、軍学校の卒業生、大学、専門学校の卒業生にはいなかった。日本に留学し、アメリカに帰らなかった日系二世が少なからずいることに軍令部は目をつけた。すでに徴集されていたかれらにこの任務をあてた。四月八日、戦艦大和は二千余人の乗組員とともに沈んだが、そのなかに敵無線電話の傍受の任務を負っていた海軍予備学生出の太田孝一がいた。広島出身の移民の両親のあいだに生まれたかれは、カリフォルニアのハイスクールを首席で卒業したあと、日本に留学し、慶応大学に学んでいたのだった。

さて、それより前のことになるが、昨十九年十月、サイパン、テニアン島がB29の基地となり、日本への空襲が間近となり、マリアナの敵第二十航空軍の無線電話を傍受しなければならなくなった。大和田通信隊に傍受班を置くことにした。日本に留学している二世の若い女性を使うことを考えた。二十人ほどを集めた。大和田基地内に彼女たちのための寮をつくった。こうして地上基地との交信、敵機同士の会話を傍受できるようになった。

大和田通信隊の中牟田研市は昭和十六年に東京商科大学を卒業し、予備学生特信班の第一期生だった。ずっと通信諜報畑を歩き、通信解析の方法を手探りで開発したひとりであり、大和田を支えているのは自分たちだと自負している。そしてかれは大和田の女子部隊を誇りに思い、作戦戦力となっている女性は彼女たちだけだと思っている[39]。

さて、若い女性が高角砲弾を火薬につめ、電車を運転し、海軍省内で事務を手伝ってきている。彼女たちが働くようになったのは、すでに述べたとおり、昨年からであり、せいぜい昭和十八年末からである。これはなぜだったのか。

ドイツの勤労動員については前に記したが、もういちど振り返ってみよう。ドイツの指導者は総力戦体制をとることを嫌った。それも道理、ヒトラーが戦おうとしたのは、総力戦ではなかった。国の力に見合い、国民に大きな負担をかけない限定戦争だった。ヒトラーがソ連との戦いを決意したのも、電撃戦が成功するものと信じ、戦いは四カ月で終わると思っていたからだった。

戦いは、二年、三年とつづくことがわかり、してはいけない戦いをはじめてしまったと気づいてからも、ヒトラーは総力戦の体制をつくらねばならないと国民に呼びかけることをしなかった。前に述べたとおり、かれは女性を動員しようとはしなかったのだし、贅沢品や戦争に不必要なものをつくっている人びとを軍需工場で働かせようとしなかった。

かれが徹底した労働動員をおこなうようになったのは、昨十九年の七月からだった。かれにたいする暗殺事件が起きたあとのことだった。つぎつぎと法令をだした。十四歳以上の男子学生の授業を停止した。五十歳までの女性の勤労動員を定めた。一般家庭が使用人を置くことを制限した。劇場とレストランは閉鎖された。探照灯部隊は女性隊員で編成されることにもなった。

総力戦だと口では言いながら、実際には限定戦の用意しかせず、このさきおこなう戦いは限定戦なのだと思い込んでいたのは、日本の指導者もドイツの指導者と同じだった。昨年の春のことであったか、そのとき首相だった東条英機が部下に向かって、昭和十七年になにもしなかったことが悔やまれると語ったことがあった。首相をやめたあとにも、かれは昭和十七年を無為に過ごしてしまったと口惜しがった。

昭和十七年になにもしなかったのはなぜだったのか。なにもしなかったのではなかった。ほんとうはなにもできなかったのである。

東条はもちろんのこと、参謀総長の杉山、そしてかれらの部下の幕僚たちは、陸軍は速戦即決の限定戦争をやるだけだと思い込み、限定戦が終わったあとは持久戦になるだろうが、それは海軍の戦いだとたかをくっていた。ところが、陸軍の戦いが終わるはずの昭和十七年の後半になり、ガダルカナルの一大消耗戦がはじまって、たいへんな思い違いをしていたとかれらは気づくことになった。深夜、ひとりでいるときに、かれらは自分の浅はかさが国を滅ぼすことになるのかと思い、肩で息をすることもあったはずだ。

東条は肚《はら》を決めて、国民に戦いの真実を告げ、国民にさらに大きな負担を求めねばならなかった。男子の職業制限をおこない、女子の勤労動員をしなければならなかった。それこそ大学、高専生の徴集延期制度を撤廃しなければならなかった。だが、それができなかった。杉山は東条に向かって、国民に相当な犠牲が必要であることをはっきり言うべきだと説かねばならなかった。しかし、かれはそれが言えなかった。

なぜだったのか。この戦いは相手が仕掛けた戦いではなかったからだ。理由はなんであれ、こちらの先制攻撃ではじめた戦いだった。国民の戦勝気分に水をかけ、じつは容易ならぬ状況になっているのだと正直に言ってしまったら、議員から新聞の論説委員、宮廷の高官までが驚愕し、軍部はわずか十カ月さきのことも予測できずにこの戦争をはじめたのかと批判、非難の声をあげるのはまちがいない。そして、軍部への信頼は地に落ちてしまうことになり、国民の信頼を失ってしまえば、日本は内から崩れることになると東条と杉山は思ったのである。

こうして東条は、すべてのことははじめの計画どおりに進んでいる、うまくいっているという態度をとることになった。だからこそ、昭和十七年にかれはなにもしなかったのだし、昭和十八年に入っても、なにもできなかったのである。

昭和十八年七月から九月、人びとははじめて胸中の不安が大きくふくれあがり、このさきどうなるのだろうかと懸念を抱くようになった。枢軸陣営の一員、三国同盟の一角だったイタリアがまことにあっけなく米英に降伏してしまった。東条内閣は国民のあいだに生じた外国が原因によるこの危機感を利用しようとした。つづいて昭和十九年二月にマーシャル群島を敵に奪われてしまい、政府は戦争の状況をはっきりと説明することを避けながらも、容易ならぬ事態になったと繰り返し説くようになった。だが、そのはじまりはイタリアの脱落だった。そのときから国民に大きな犠牲を求める措置を矢継ぎ早に公表することになったのである。

前に述べたとおり、昭和十八年九月に政府は男子の就職の制限を発表し、女子勤労挺身隊をつくると告げた。根こそぎ動員のはじまりだった。つづいて十月はじめには、文科系の大学、高専生の徴兵猶予を停止すると発表した。

昭和十七年半ばからはっきりわかっていたことだが、陸海軍ともに飛行機の搭乗員が足りなかった。これまたとっくにわかっていたことだが、中隊、大隊クラスの下級指揮官が不足し、専門職、管理職の士官が足りなかった。てっとり早い解決の方法はただひとつしかなかった。徴集した大学、高専生を六カ月間訓練することだった。十万人の初級士官を生みだすことができる。

士官だけでなく、兵士も不足していた。昭和十八年十二月、徴兵年齢を一年繰り下げると発表した。徴兵年齢が二十歳だったのを十九歳とする。昭和十九年中に、満二十歳になる者と満十九歳になる者を合わせて徴集することができるようになる。七十万人ずつ、百四十万人の徴兵適齢者のなかから、合格率を八十パーセントとして、最低百十万人を徴集できることになる。

そして政府が計画し、おこなうことにした根こそぎ動員はもうひとつあった。中学校と女学校、双方合わせて中等学校と呼ぶようになっていたが、これら学校の生徒を働かせることだった。

こういうことだった。昭和十九年五月から十月までのあいだに、十九歳と二十歳の若者百十万人を徴集してしまったら、工場と農村はがたがたになってしまう。その大きな穴を埋める必要があったからだ。

もう少し詳しくみよう。昨年二月に航空機製造工場で働く者は、男女合わせて百九十五万人いた。このうち男子は百五十四万人だった。かれらのうちで、満二十歳、満十九歳となり、徴兵検査を受けねばならない者が二十万人いた。かれらのあらかたは身体検査に合格して、入営、入団することになる。熟練の機械工、メッキ工、仕上げ工、組立工が、こちらの班でひとり、隣の班で二人といなくなったら、昭和十八年九月にあげた生産量を一年のうちに二倍にしようという目標は達成できるどころではなくなる。

銃砲、弾丸、兵器製造業では、同じように昨年二月に四十八万人が働いていた。このうちの六万人が昭和十九年末までに抜けてしまう。造船工場では四十九万人が働いていた。このうち八万人が徴集される。

さらに昭和十九年中には、工場、農村に残っている二十代、三十代の男子をさらに応召しなければならないことになろう。

就業禁止となる職場から軍需工場へ移ることになる男子、国民学校高等科の卒業生、女学校新卒者の女子挺身隊員では、この大きな穴を埋めることはできなかった。中等学校、大学、高専生を勤労動員するしかなく、これこそが切り札だった。

もちろん、中等学校の生徒や大学の学生は昨十九年までまったく働かなかったわけではなかった。昭和十三年から十四年、集団勤労作業という呼び方で、草刈りをしたり、土運びをしたりすることではじまった。中等学校の低学年は一年に三日、高学年から大学高専生は五日だった。一年のうち三十日働くことになったのが昭和十六年だった。

昭和十八年十月、中等学校以上の学徒の勤労動員を一年のうちの三分の一にすると定めた。つづいて昨十九年一月、その四カ月の勤労動員は「継続シテ」おこなうものとした。ところが、それからわずか一月たらずあとの昨年二月の閣議で、中等学校程度以上の学徒は「今後一年、常時之ヲ勤労其ノ他非常勤務ニ出動セシメ得ル組織体制ニ置キ必要ニ応ジ」動員すると定めることになったのである。

マルフと八号

　この根こそぎ動員がおこなわれるようになって、前に見てきたとおり、宮城県の女学校生徒たちが横須賀の海軍工廠で働くことになったのだが、陸軍造兵廠で、ある特殊な兵器をつくってきた女学校生徒、女学校卒業生たちについてつぎに述べよう。

　彼女たちがつくってきたのは巨大な風船だ。直径十メートルの風船である。この風船に水素を詰め込み、焼夷弾を吊るし、太平洋岸から放つ。冬の日本上空の強い西風に風船がのれば、二日あとにはアメリカの西海岸から内陸部にまで到達しよう。

　気球に目はないのだし、かりに目があったとしても、わずかな焼夷弾で、ワシントン州にあるボーイング社のレントン工場やシアトル工場を焼くことはしょせん不可能だった。だが、森のなか、低木地帯に焼夷弾が落ちれば、山火事をひきおこすことができるだろう。山火事をいくつか起こせば、消防隊は人手を増やさざるをえなくなるだろう。だが、そんなことで、戦局をわれわれに有利にすることはとてもできそうにない。

　費用対効果を考えれば、風船をアメリカに飛ばすといったことは、ばかばかしいかぎりの試みだった。当然ながら陸軍首脳にも、そんなことはわかっていたはずであった。にもかかわらず、女学校の生徒を大々的に動員して、風船をつくることにした。なぜだったのか。

女学校の生徒たちがどのように働いたのかを述べる前に、いったい、どうしてこの作戦をおこなうことになったのかを振り返ってみなければならない。

はじまりは気象専門家の思いつきだった。昭和十七年九月、そのとき中央気象台調査課長、三十五歳の荒川秀俊がラバウルに出張した。気象観測について助言するためだった。荒川はデング熱に罹《かか》った。夜にはきまって来襲する敵のB17に悩まされながら、アメリカ本土を爆撃することはできないなら、風船を利用したらどうであろうとベッドのなかでかれは考えた。

昭和十七年十一月に帰国した荒川は中央気象台長の藤原咲平《さくへい》にこのアイデアを語った。なかなかの政治力の持ち主である藤原は陸軍にこの案を説明し、つづいて海軍の幹部にもこれを語った(40)。

陸軍幹部が乗り気になった。じつをいえば、陸軍は海軍の助けを借り、風船爆弾をアメリカ本土に飛ばそうという計画をたて、それがだめになったばかりのときだった。カリフォルニア沿岸に一千キロほど接近した潜水艦から風船爆弾を放そうとしたのである。気球なんか飛ばすより、潜水艦がさらにアメリカ本土に近づき、浮上して砲撃するほうがまだしも有効なはずだった。じつはこれもやったことがある。昭和十七年二月にウルワット油田を砲撃した。潜水艦はカリフォルニア州南部の沖につらなるサンタバーバラ諸島のあいだを抜け、サンタバーバラの町に接近し、その近くにある精油所を狙った。

また同じ年の六月にはバンクーバー島にある米海軍の航空機のための電波標識施設を砲撃した。敵の哨戒機を警戒しての短時間のあいだの攻撃であり、いずれも失敗に終わった。夜間の沿岸砲撃は難しかった。それより少し前、昭和十七年一月にドイツの潜水艦がアメリカの大西洋岸にある石油タンクを砲撃したが、これも失敗に終わった。

敵の哨戒はさらに厳重となり、アメリカ本土への砲撃はそのあとできなくなった。こうしてアメリカ本土から一千キロの沖合いで潜水艦から風船を飛ばそうと陸軍が言いだしたのである。そんなことをやろうと考えたのは、陸軍には旧態依然たる気球隊があったからである。砲撃の精度をあげるためには、観測用の飛行機を利用しなければならなかったのだが、観測員を乗せた気球で充分だと陸軍幹部は考えていた。ノモンハンの戦いで、気球は敵戦闘機の恰好な餌食となってしまったにもかかわらず、なんといっても予算が乏しかったから、陸軍幹部は気球になおも執着を持ちつづけることになったのである。

そして気球に焼夷弾をとりつけ、潜水艦から放つという新しい利用方法が見つかり、陸軍は気球の製造に一所懸命となった。陸軍側が準備を整えたのは、昭和十八年三月だった。ところが、いよいよやろうというときになって、潜水艦の余裕がないと軍令部次長が言いだした。

陸軍の幹部はいずれも怒った。海軍なんかを信用したのがまちがっていたと大声をあげた。自前の潜水艦を持たねばならないと前に何度か論じてきた問題を蒸し返すことになった。大臣の東条もやろうと言って、昭和十八年四月に、潜水艦を建造することが決まった。大阪陸軍造兵廠が担当し、日本製鋼と日立造船所で潜水艦をつくることになった。

もっとも、これは風船を飛ばすためではなかった。陸軍幹部はソロモン、ニューギニアへの兵站《へいたん》補給をつづけることの困難さを骨身にしみて知った。海軍の護衛は頼りにならなかった。自分のところで潜水艦をつくり、米、薬、弾薬を水中輸送しようということになったのである。

前に述べたことに戻れば、陸軍の首脳陣は藤原咲平のアイデアに関心をもった。荒川秀俊が書いた「偏西風による風船爆弾の研究」をおもしろいと思った。なによりも海軍に頭を下げる必要のないことが気に入った。アメリカまで風船が到達するのかどうかを研究して、それが可能なら兵器として開発しようということになった。

海軍側はどうであったか。藤原の提案にはたいした興味を示さなかった。ところが、陸軍が気球をあげていると知り、高層気象の研究をはじめたという情報がかれらの耳に入って、例によって陸軍にたいする対抗心が湧き起こった。

昭和十八年九月三十日、軍令部総長官邸に海軍の幹部たちが集まった。総長官邸は以前に貴族院議長の官邸だった。明治時代につくられた木造の感じのいい建物であり、日比谷公園に隣接し、海軍省庁舎の隣のブロックにあるから、海軍内で重要問題を討議するための集まりはかならずここで開かれてきた。現在は軍令部の作戦部員たちが寝泊まりしていることは、前に述べた。

気球作戦をやろうということに決まった。気球は相模海軍工廠で製造することにし、気象状況の研究は海軍気象部でやることにした。官房機密第一二八号訓令であることから、一二八研究と名づけ、末尾の数字をとり、八号兵器と呼ぶことになった(41)。

陸軍側は風船兵器の秘匿名をマルフ、フ号兵器とした。フウセンのフをとったのである。東京造兵廠をはじめ、多くの機関がフ号兵器の開発に取り組むことになった。そして全体の指揮をとることになったのは陸軍第九技術研究所だった。だれもがその研究所を地名で呼んでいる。登戸《のぼりと》研究所である。

昭和十七年に出張所から研究所に昇格した。小田急線の稲田登戸駅のさきにひろがる丘陵地の三十万平方メートルの構内には、二十棟の建物があり、理工科系の大学、高専出身者を集め、二百人に近い技術将校がいる。諜報員が使う写真機材や身分偽造のためのさまざまな小道具の製造をおこない、破壊活動の工作員が使用する毒薬や爆発物、偽造紙幣、殺人兵器の研究、開発をおこなってきている。

ところで、市谷台の幹部は海軍の八号兵器のことを聞き込み、霞ヶ関の幹部は陸軍のマルフ兵器の情報を得て、双方がこれは妙だと思い、これはおかしいと首をひねることになったはずであった。どうして相模海軍工廠なのだと陸軍の軍務課長が疑問を投げかけ、軍令部の部長が部下に向かって、なぜ登戸研究所なのかと尋ねたにちがいない。

こういうことだった。陸軍の幹部は、海軍が平塚にある海軍火薬廠内で毒ガスの研究をしていたことを承知していた。そして昭和十八年にその研究機関を母体としてつくられた相模海軍工廠で、毒ガスの製造をはじめたことを知っていた。海軍の幹部はといえば、陸軍の登戸研究所が破壊工作の一環として細菌兵器の研究、開発をやっていることを聞き知っていた。

そこで東条英機や杉山元が海軍は気球に毒ガスを搭載するつもりではないかと疑ったのは間違いないところであったし、永野修身や嶋田繁太郎が陸軍は風船に細菌を積もうとしているのではないかと想像したのは、これまた疑う余地のないところであった。

陸軍はたしかに細菌戦をやろうとしていた。

陸軍の風船爆弾の開発には、細菌の専門家が加わっていた。陸軍軍医学校防疫研究室の内藤良一だった(42)。かれは昭和十二年から十三年にかけてベルリンのロベルト・コッホ研究所に留学したことがあった。ドイツ留学を終えたあと、かれはアメリカに立ち寄った。ニューヨークのロックフェラー医学研究所で黄熱《おうねつ》のウイルスの株を入手しようとして失敗した。

内藤がニューヨークでやろうとしたことは厚い秘密のベールに覆われ、わからないままだが、アメリカの情報機関は、日本陸軍が細菌戦準備のために黄熱ウイルスを入手しようとしているのではないかとの疑問を抱いた。内藤は昭和十七年に陸軍技術有功章を与えられた。ワクチンの量産に成功した功績を認められてのことだった。

陸軍の作戦部長や軍務局長がアメリカへ気球を飛ばすことができると聞いて、即座に思いついたのは、石井部隊の長い研究の成果を利用すべきだということであったにちがいない。石井四郎の名を冠した石井部隊は満洲のハルピンに本拠を置き、細菌戦の実験をおこなってきていた。そして市谷台の幹部は内藤良一の顔を思い浮かべたのである。

参謀次長や作戦課員は炭疽《たんそ》菌をばらまけばよいと思ったのであろう。野生動物に感染し、つづいては牛、馬、豚に感染し、二十四時間内に急死していく。ミシシッピ川流域のウィスコンシンからルイジアナまでの農民は恐慌状態に陥るだろう。そしてさらに、感染力が強く、潜伏期間の短い黄熱菌を風船で運べばよい。黄熱はアメリカでは過去に何度か大流行したことがあり、恐れられてきた。重症なら、人は一週間で死ぬ。内藤良一は黄熱菌をアメリカでは入手できなかったが、そのあとドイツから手に入れていた。

おそらく陸軍次官あたりが登戸研究所の草場季喜を呼び、風船による細菌戦をおこなうための技術問題を解決するようにと命じたのであろう。こうしたわけで細菌戦を研究する内藤良一を草場研究団の一員に加えることになったにちがいない。

では、海軍側はどうだったのか。気球に毒ガスを搭載する計画をたてていたのか。

相模海軍工廠はたしかに毒ガスの製造をおこなってきた。その工場は、茅ヶ崎駅から相模線に乗り換えてしばらく行った寒川駅の近くにある。昭和十八年に化学工場を買収し、新たに工場を増設し、催涙剤、くしゃみ剤、イペリットを生産し、わずかながら青酸も生産してきた。

女学校の卒業生の女子挺身隊と女学校の生徒は相模海軍工廠でも働いている。

女子挺身隊は、甲府高女卒業生の挺身隊がいちばん多い。十九人にのぼる。つぎは伊東高女卒業生の十七人、御所見《ごしょみ》高女の十二人、都留《つる》高女の十人がいる。ほかに上溝高女、平塚高女、厚木高女の挺身隊が数人ずついて、横浜第一高女の挺身隊も二人いる。いずれも昨十九年三月に学校を卒業して、ただちに相模工廠に勤めることになったのだから、すでに一年になる。

女学生の現役組はといえば、平塚高女の五年生の二組がここに勤務している。正確には一組五十人ともう一組は半分の二十人である。昨年の六月一日から働いている。

五年生のほかの二組は平塚の第二海軍火薬廠と茅ヶ崎の日華航空機で働き、四年生と三年生の全員は日本国際航空工業へ行っている[43]。

相模海軍工廠には、静岡県の伊東高女四年生三クラス、百七十数人も働いている。平塚高女より二カ月遅れ、昨年七月末からの勤務だ。伊東高女の生徒は寮から通い、平塚高女の生徒は最初の一週間は寮生活だったが、そのあとは通勤である。

平塚高女の女生徒たちは防毒面と防毒衣を袋に収める作業をやった。防毒衣は羽二重にゴム引きだった。たたんで、袋に入れるだけの単調な仕事だったが、なかなかうまくいかなかった。防毒面、上着、ズボンはいずれもよそでつくられたもので、やがて蒟蒻《こんにゃく》糊で貼り合わせた和紙の上着とズボンに変わった。

焼けただれた防毒面からアイピースを取りはずし、眼鏡にへばりついた焼けたゴムをベンゾール液で洗い落とす作業もやった。防毒面はシンガポールの英国軍の倉庫にあったものだった。照明弾につけるパラシュートづくりをしている女生徒もいたし、それに紐をつける仕事をしている者もいる。

竹の骨に羽二重の布を貼った飛行機型の凧《たこ》をつくることもした。防空気球の代用であり、凧であれば、水素を必要としないから、めんどうがないということだった。防空凧には爆弾をとりつける計画だった。ところが、どんな小さな爆弾でも、爆弾を結びつけた凧は上がらなかった。この点については、さらに研究をつづけようということでごまかし、爆弾をつけなくても、航空基地の周囲にあげれば、敵艦載機に対する威《おど》しになるだろう、オレンジ色の警戒色にしようということに決まった。

まるで平塚高女の女学生たちの想像力が生みだした兵器のようにも思えたが、れっきとした相模工廠第二火工部の幹部たちが考えたアイデアであり、廠長はもちろん、軍令部総長も承認した新兵器だった。(44)

凧づくりの腕があがった平塚高女の生徒たちは指導員となり、昨年の十二月、久しぶりに母校へ通うことになった。嬉しかったし、得意だった。竹で組み立てた飛行機型の翼にオレンジ色の羽二重を貼りつける作業を二年生と一年生に教えた。黒板に各クラスの成績を記し、クラスごとに競争をさせ、なかなかの指導員ぶりを発揮したのである。

ところで、平塚高女、伊東高女の生徒たちは、工廠内で見たこと、聞いたことを喋ってはいけないと言われ、外で語ることはなかったが、工廠内で毒ガスをつくっていることは彼女たちのだれもが承知してきた。

彼女たちは工廠に勤めるようになって、昼に食堂に集まる一団の工員たちがほかの男たちと違うのにすぐに気づいた。長靴をはいたこの男たちの顔は赤黒かった[45]。喋るのを聞けば、しわがれ声であり、ときどき咳をしている。かれらは食堂を出入りするとき、構内を歩くとき、周囲を睨みすえる。気の弱い女の子は震えが体を通り過ぎるのを感じた。

彼女たちが工廠のなかにある医務室に行けば、黒く焼けた顔のかれらがかならずいる。喉に包帯を巻き、ゴホンゴホンと咳をする口にもっていく手も黒かった。鼻緒擦れの化膿で足をひきずりながら医務室に通う女生徒のひとりは、この人たちは呼吸器、それとも喉を悪くしているのだろうかと思うことになった。

そして、彼女たちは黒い顔の人たちが第一火工部の第二工場で働いていることも知っている。そこでつくっているのが毒ガスで、皮膚にちょっぴりついただけで、水膨れしてただれるということも聞かされてきた。毒ガス缶を砲弾に詰める工場がある。そこで働いているという中学生から、作業のあとはカルキを使って丁寧に手を洗うのだといった話を聞かされた少女もいる。

相模工廠には女学生だけでなく、中学生も働いている。湘南中学、相洋中学、豆陽中学、日川中学の生徒が働いている。東京帝大、名古屋帝大の学生もわずかながら働いているし、平塚国民学校、寒川国民学校の高等科の生徒、正しくは児童というのであるが、こうした地元の少年たちも働いている。

毒ガスや毒ガス弾をつくっていることを知っている平塚高女の生徒たちは、工廠内では毒ガスとは呼ばず、「特薬《とくやく》」と呼んでいることを知っているし、その特薬がどういう毒ガスなのかも承知している。色の黒い工員に殴られた湘南中学の生徒たちがかげでかれらのことを「イペ公」と呼んでいることを彼女たちは知った。イペリット野郎ということで、つくっている毒ガスはイペリットという名前だと教わった。

コークス炉で竹をあぶり、曲げる作業をしていた少女は、コークスを運んでくる中学生と皆の目を盗んでそっと話し合った。イペリットはマスタード・ガスともいうんだ。カラシの臭いがするからだという。皮膚につけば皮膚がただれ、目につけば失明し、肺に入れば肺が焼ける。第一次世界大戦では、フランスとドイツの兵士がその毒ガスで何万人も死んだ。少女はこんな話を聞かされた。

さて、前にも述べたとおり、市谷台の幹部たちは海軍が気球を相模工廠でつくると聞いて、海軍は毒ガス戦をやる気ではないかと疑った。

たしかに海軍幹部は毒ガス戦を考えたことがあった。陸軍と海軍がそれぞれ大型の気球にラジオゾンデを積み込み、飛翔実験をおこない、風船爆弾の開発を開始した昭和十八年十月のことだ。相模海軍工廠の化学実験部の技術士官と館山砲術学校の化兵班の教官の一団がトラック島へ向かった。太平洋の小島にたいして、毒ガス攻撃をおこなった場合、どれほどの効果をあげるかを探ろうとしたのである。(46)

トラック島はひとつの島ではない。直径五十キロの大きな堡礁《ほしょう》内に、春、夏、秋、冬の四季諸島、月曜から日曜までの七曜諸島、ほかに小さな島が散在している。毒ガス戦の実験は無人島のひとつでおこなった。

使用した毒ガスは三号特薬である。イペリットだ。イペリットの粘着性を高めるために塩化ビニール樹脂の粉末で溶解した。この毒ガス爆弾の静止爆発をおこない、実験員は防毒マスクと防毒服に身を固め、前もって配置した検知板を調べてまわり、何日間、毒性がつづくかを探った。つぎに除毒剤の高度晒粉《さらしこ》を散布し、ふたたび毒ガス検知剤を使って残留ガスの処理ができたかどうかを調べた。

小さな島だから、海から吹いてくる風と強い日射で、イペリット・ガスはたちまち消散してしまうものと実験前にはだれもが思っていた。ところが、島に生えている低木は地面近くからびっしりと枝分かれして地表を覆い、海からの風を防ぎ、毒ガスはいつまでも島内に滞留した。高温で、しかも多湿だから、防毒マスクをつけ、ゴム引きの防毒上着とズボンを着込み、防毒手袋に防毒長靴をはき、そんな恰好で作業することはたいへんな苦痛だった。毒ガスを浴びたら、洗浄用に大量の水が必要だったが、太平洋の島はどこも水は貴重品だった。

苦しい実験がやっと終わり、戦艦大和に乗せてもらって帰ってこられたことが、なによりもかれらにとって嬉しかった。灼けつくような広い甲板に立ち、真っ青な空にそそり立つはるかに高い檣楼《しょうろう》トップの方位盤室を仰ぎ、大和を負かすことのできるものなどこの世にありはしないと、かれらは思ったのである。昭和十八年十二月十六日に大和は横須賀に入港した。

ところが、かれらがトラック島で実験をおこなっているあいだに、とてつもないことが起きていた。十一月の下旬、ギルバート諸島の二つの環礁、マキンとタラワの守備隊が全滅してしまった。大本営がそれを正式に発表したのは、かれらが寒川に戻ったあとの十二月二十日だった。あるいはトラック島にいたあいだに、かれらはそのことについて聞き知っていたのかもしれない。だが、かれらが間違いなく、知らなかったことがあった。ギルバート諸島に敵軍が来襲する直前の十一月一日、ラバウルの陸上基地に進出した連合艦隊の空母飛行機隊が大打撃を受け、飛行隊長、分隊長をはじめ、搭乗員の三分の二以上を失ってしまったことだった。

軍令部第一部を中心に、戦況のすべてを把握している海軍の幹部たちはどうしたらいいかと頭をかかえることになった。敵の艦隊が、占領したギルバート諸島の環礁のひとつを泊地とし、これらの島のいくつかに爆撃機部隊のための飛行場を建設してしまったら、敵はつぎにマーシャル群島を攻略しようとするにちがいない。

ところが、連合艦隊は予備の空母飛行機隊を持っていない。航空機なしには、連合艦隊はないも同然だ。艦船航空兵力の再建と基地航空隊を建設するためには時間が必要だ。一年、せめて半年の時間が欲しい。このさき半年のあいだ、マーシャル群島を防衛する方法はないものか。潜水艦部隊に敵艦隊を阻止する力はまったくない。陸軍航空を海軍に合併吸収したとしても、明日の戦いには間に合わない。どうすればよいか。

エニウェトクからミリまで一千二百キロのあいだにひろがるマーシャル群島の戦いを化学戦としよう。だれもが考えたことを、だれかが口にしたのであろう。そして、だれもがトラック島における毒ガス攻撃の実験報告書を読み、海図を睨み、敵味方の航空基地の攻撃圏を測り、これでいこうと思ったのであろう。

つぎのような議論になったのではないか。イペリット爆弾を投下すれば、マキン、タラワの奪還も可能であろう。いや、取り戻す必要はない。わが外郭防衛線の外縁にある小さな珊瑚礁を汚染地帯にしてしまえばよい。ひとつの環礁の最大の島を狙い、一カ月に二回爆撃すればよい。それで充分だ。こうして無人地帯をつくってしまえば、半年から一年の時間を稼ぐことは可能となる。

だが、化学戦もただちにおこなうことができなかった。海軍が貯蔵していたのは、くしゃみ剤と催涙剤の砲弾だった。対米戦がはじまる前、艦隊決戦に備え、くしゃみ剤と催涙剤の小缶を中口径の砲弾に充填し、三万発ほど製造した。海軍用語でいえば、くしゃみ剤は二号特薬、催涙剤は一号特薬である。だが、無人地帯をつくるとなれば、数時間の持久度しかもたないくしゃみ剤や催涙剤では役に立たない。

こうして艦政本部は相模工廠にたいしてイペリット爆弾を十万発つくるようにと命じることになった(47)。そして防毒面、防毒衣、除毒剤となる高度晒粉、ガス探知器の大量生産を指示した。

十万発製造を命じた直後のことになるのだろう。昭和十九年一月末のことだ。マーシャル群島に敵艦隊が来襲し、クェゼリン、ルオット島に地上部隊を上陸させてしまった。こちらはなんの反撃もできず、守備隊が全滅するのを放置することになった。

このとき、敵の前進基地となってしまったクェゼリンとエニウェトクの環礁に毒ガス攻撃を敢行することを海軍首脳は考えなかったのだろうか。化学戦の準備はいまはじまったばかりで、どうにもならなかったのである。

マルフは炭疽菌を積むのか

ここで気球のことに戻る。海軍首脳は気球に毒ガスを搭載することを考えたのであろうか。だれもが一度は考えてみたにちがいない。だが、どれだけ知恵をしぼっても、この作戦はどうにもなるはずがなかった。気球は風任せ、毒ガスも風任せなのだから、作戦と名のつくほどの確固たる計画になる見込みはまったくなかった。

艦政本部が気球の開発と製造を相模工廠に命じたのは、じつをいうと毒ガスとはなんの関係もなかった。前に触れたとおり、そこで前に気球をつくったことがあったからであり、気球の球皮をつくるための羽二重と生ゴムを、防毒衣の材料としてわずかながらも保有していたからだった。

では、陸軍の風船爆弾のほうはどうなのか。陸軍軍務局長が風船爆弾の責任者である草場季喜に向かって、細菌搭載の研究をするようにと命じ、これは秘密にせよと伝えたのは、前に記したとおり、間違いのない事実であったろう。

ところで、細菌戦を敢行するといっても、ことは簡単ではなかった。ペスト菌はどうか。ペストは鼠の流行病である。これがノミやナンキンムシの媒介によって、ヒトに感染する。そこでペスト菌のついたノミを細菌兵器に利用することにしたのが石井部隊である。だが、一万メートル上空の低温のなかでノミが生きていることはできないから、ペスト菌による細菌戦は不可能だった。

作戦が冬のあいだとなって、黄熱菌も使用が難しくなった。黄熱は、マラリアと同じように蚊が中間宿主であり、黄熱の病原体をもった蚊に刺されて感染するのだから、蚊のいない冬ではどうにもならなかった。

炭疽菌が頼りとなるが、これを使ってはたしてうまくいくのか。ほかに使うことのできる病原菌はあるのか。至急に結論をくださねばならなかった。

そこで風船爆弾のことになるが、風船爆弾をアメリカ本土の沖合いに浮上した潜水艦から飛ばすのではなく、千葉、あるいは茨城から飛ばすとなると、わからないこと、解決しなければならないことがいくつもあった。

気球をあげるためには水素をつめる。気球の皮膜から水素は透過していくから、できるだけ早く飛ばす必要がある。時速二百キロの強い偏西風が吹く冬のあいだ、しかも一万メートルの高空を飛ばさなければならない。この高度で飛ばせば、二昼夜でアメリカ本土に到着するだろう。

気球は、一万メートルの高さでは、体積が膨張し、内圧を増す。気球の破裂を防ぐために排気パイプをとりつけ、気球内の水素を放出しなければならない。ところが、夜は水素ガスが収縮し、気球はしぼみ、浮力は落ちる。気球にバラストとして砂を積み込んでおき、その砂を捨て、浮力を調整しなければならず、さらに一定の高度を保持する装置をとりつけねばならない。ところで、一万メートルの高さでは、夜はもちろんのこと、昼間でも太陽光線の当たらぬ側はマイナス五十度の低温である。北部満洲、シベリアにおける冬季の戦いに備え、陸軍は兵器の耐寒試験をおこなってきていた。だが、それもマイナス三十度までだった。マイナス五十度、しかも低圧の状況下で、電池、電管、ゴム、スプリングが作動するかどうか、ノズルからバラストの砂が決められた量だけ流下するかどうか、耐寒性をもつはずの潤滑油の調子がどうなのかを調べねばならなかった。

そこで必要となったのがドライアイスだった。なにもかも不足していたが、ドライアイスも奪い合いとなっていた。日本でドライアイスの生産をはじめたのは、昭和九年からで、アイスクリームを冷却するためであった。しかし、昨十九年のはじめに町にアイスクリームがあるはずがなかった。航空機の生産が増え、低温槽内で耐寒性を試験しなければならない航空計器の数が増え、ドライアイスの需要は激増していたのである[48]。

ドライアイスをつくっているのは、日本炭酸工業と三菱化成工業の二社である。とても足りないということで、昨年三月に新たに設立された昭和炭酸という会社が昭和電工の川崎工場内に新工場の建設をはじめた。だが、完成の見込みはたっていない。

フ号兵器の最高責任者の草場季喜はドライアイス取得の優先順位第一位のお墨付きをもらい、ドライアイスの大部分を押さえた[49]。そのドライアイスの一部は牛込区河田町の内藤良一の研究室にも届けられたのではなかったか。

牛込区若葉町の兵器行政本部の講堂にフ号兵器の各部門の責任者全員が集まったのは、昨十九年の五月半ばだった。零下六十度の低温のなかで、風船は裂けもしなければ破れることもないと報告があって、だれもがほっとした。陸軍では球皮の材質は和紙である。

海軍が球皮をゴム引きの羽二重としているのと比べ、和紙の原料は楮《こうぞ》だったから、原料面で心配することはなにもなかった。陸軍軍需品本廠はすでに楮の集荷をはじめていた。兵器行政本部の会議は、七月末までに研究中の問題をすべて解決し、八月に製造をはじめると定めた。

六月十一日、敵機動部隊がサイパン、テニアン、グアムのマリアナ諸島を襲った。二日間にわたる爆撃がつづき、三日目には敵の戦艦部隊がサイパン島に接近して砲撃を開始した。そして六月十五日に敵はたちまちのうちに二万人の戦闘部隊を上陸させてしまった。

これにたいし連合艦隊が出撃し、敵空母部隊を粉砕しようとした。この戦いはこちらの一方的な敗北で終わった。敵に損害を与えることができないまま、四百数十人のパイロットを戦死させ、五百機に近い航空機を失い、三隻の空母を失う羽目となった。それより前、マリアナ諸島、硫黄島に送り込んだ基地航空隊も潰滅してしまっていた。

霞ヶ関と市谷台の幹部はいずれも色を失った。サイパン島を失ってしまったら、このあと戦いの目処《めど》がたたなくなる。サイパンを奪回する、増援部隊を送り込むといった計画をたて、陸海軍はその準備をはじめた。海軍がY号作戦計画、陸軍がイ号、ワ号作戦計画をたてた。だが、基地航空隊と空母飛行機隊が潰滅してしまっているのだから、サイパンへ二個師団を送ることはどのみち不可能だった。奪回作戦は中止しようということにずるずると変わった。

陸海軍の統帥部総長、東条と嶋田の二人は天皇に向かって、サイパン奪回作戦はおこなわないと申し述べた。天皇はうなずかなかった。サイパン放棄の是非を元帥府で審議するように求めた。

元帥府は天皇の最高の軍事諮問機関だが、いまや形ばかりの存在である。その構成メンバーのうち、永野修身と杉山元は元帥になって八カ月あとに詰め腹を切らされるかたちで統帥部総長の座をおりていたのだし、昭和七年に元帥になった伏見宮は、対米戦の前までは海軍の大御所的存在だったが、いつしか天皇の信頼を失い、かつての海軍にたいする影響力は薄れていた。そして伏見宮も、ほかの元帥たちも、陸海軍の部局長や課長の話をときたま聞くことしかなかったから、耳にする情報はつねに遅れていた。

サイパン島に敵軍が上陸してから十一日目、マリアナ海戦が終わったときから数えて七日目の六月二十六日に元帥会議が開かれた。天皇、伏見宮、梨本宮、杉山、永野、そして東条と嶋田が出席した。永野と杉山がサイパンの奪回は難しいと言い、統帥部の案を支持し、伏見宮、梨本宮も同意見だった。

天皇は失望したが、全員が奪回作戦に反対なのではどうにもならない。天皇が退席したあとのことになる。伏見宮が口を開き、アメリカと戦うためには特殊兵器を考究しなければならないと説き、これを急がねばならないと述べた。

嶋田繁太郎は新兵器を二、三研究中だと答えたが、具体的にはなにも言わなかった。東条英機のほうは、はっきりと語った。陸軍は風船爆弾を考案しているのだとかれは言い、本年冬から三万個を放つのだと述べた[50]。

伏見宮は、風船爆弾にはなにを積載するのかと尋ねなかったのだろうか。伏見宮がこれを問うていたなら、東条はアメリカ国内を攪乱する作戦をおこなう予定だと答え、いまの段階ではこれ以上説明することは控えさせてほしいと言ったにちがいない。

こんな質疑応答があったかどうかは別として、東条が自信たっぷりに風船爆弾による攻撃計画を語ったとき、かれは風船に焼夷弾を搭載することなど考えてはいなかった。フ号計画に石井部隊が参加していることをかれは承知していたし、海軍が毒ガス戦をやりたいと思っているようだとも聞いていたのであろう。そしてかれは、ルーズベルトやチャーチルが自分と同じ立場に追い詰められたら、かならずや化学戦、生物戦に訴えると思ったにちがいない。かれは部下に、フ号計画の研究開発を急げと命じたのである。

元帥会議から一週間あとの昭和十九年七月のはじめ、サイパン島では残存する守備隊が最後の戦いをつづけていたとき、ふたたび陸軍のフ号兵器の各部門の責任者が集まり、会議を開いた。解明できない問題が残っていたが、かれらは、かまわず生産をはじめることにした。予定の三万個をつくることはとても無理だった。二万個はどうか。二万個も見込みがなかった。とりあえず一万個を目標とすることにした。

つぎに、放った風船のどれだけがアメリカ本土に到達するのかを検討した。なんの根拠もなかったが、三分の一は到達するものとした(51)。

風船になにを搭載するかの議論はしたのだろうか。風船には焼夷弾、爆弾を積むことがあらかじめ決まっていた。このためロッキー山脈の山火事の記録を探した者がいたし、林業専門の大学教授の意見を尋ねた者もいた。焼夷弾の搭載のほかにべつの計画があり、そちらが本命であることをだれもがひそかに承知していた。そして自分の仕事以外のことに口出しは無用とだれもが思っていた。

じつはこのとき、風船爆弾に細菌を搭載しようという計画とはべつに、細菌戦を敢行しようというもうひとつの作戦計画があった。

こういうことだった。前に述べたことだが、昭和十八年末、海軍幹部はギルバート諸島の島々を毒ガス攻撃して無人地帯にしてしまったらどうかと論議したことがあったが、似たような案は陸軍内部にもあった。このさき多くの部隊をほかの戦線へ送りだし、関東軍の戦力が先細りとなることが予測されるようになって、興安北省に細菌の汚染地帯をつくったらどうかというアイデアが生まれた。ソ連が満洲進攻作戦を開始したら、首都新京に近い寛城子に本拠を置く防疫が任務の一〇〇部隊を使って、北部満洲に炭疽菌を散布し、ソ連軍の南下を阻止するといった着想だった。

ところが、マリアナ諸島が敵の手に渡ってしまうというとてつもない事態に直面し、ときもとき、東条内閣が退陣するということが重なって、市谷台の幹部たちは歯ぎしりをし、苛だちを深め、過激な思いつきを語るようになった。興安北省を細菌汚染地帯にするといった計画があるが、サイパン、テニアンでも生物戦をやるべきだという主張になったのである。

そのさなか、ひとつの出来事が起きた。

マリアナ諸島に敵軍が来襲したとき、中国大陸では、京漢作戦につづいて志那派遣軍が衡陽、桂林を攻略しようとする湘桂《しょうけい》作戦をはじめていた。第十一軍は六月十八日に長沙を占領し、つづいて南下突進し、衡陽に迫り、六月二十八日には衡陽郊外の飛行場を占領した。

だが、アメリカの第十四航空軍の戦闘機に妨害されて、火砲と弾薬の追送が遅れ、敵の大軍の反撃にあい、先頭部隊は包囲される気配となった。最前線の部隊は投射機を使って赤筒《あかづつ》を撃った。赤筒とは、直径十センチ、長さ十七センチほどの金属円筒であり、中央に赤線がまわっているので、この名がある。なかに入っているのはくしゃみ剤である。

市谷台の次長や第一部長は敵の反撃を阻止したとの報告を読み、ほっとした。その直後、これはまずいぞと顔色を変えた。次官、軍務局長、そして参謀総長兼任の陸軍大臣の東条は、皆が皆、これは由々しい事態になると思った。

サンフランシスコ放送が日本軍は毒ガス攻撃をおこなっていると告げた。ストックホルムとリスボンの駐在武官からの電報も、これについてのアメリカの新聞の報道を送ってきたはずだ。

日本軍はイペリットを使用し、同じ糜爛《びらん》性ガスのルイサイトをも使っているとアメリカ側は報道していた。そして市谷台の幹部はつぎのようなUP電をも読むことになったはずであった。

はじめてアメリカの陸軍将校が現地調査をおこない、日本軍の毒ガス攻撃を確認したという報道だった。調査をおこなったのは、重慶政府の支配地域に航空基地を置く第十四航空軍所属のラルフ・F・トンプソンという大尉だった。化学戦が専門だというこの情報将校は日本軍が衡陽の戦場で毒ガス攻撃をおこなったと述べ、犠牲者の半ズボンの裸の足の火傷と水疱は、マスタードとルイサイトを混合したガス弾によるものだと言い[52]、さらにかれは二年前のアメリカ大統領の声明を引用していた。

昭和十七年、一九四二年七月のことになるが、ルーズベルトは、アメリカとその同盟国にたいして毒ガス攻撃がおこなわれたら、同様の、そして充分な報復をおこなうと日本とドイツに警告していたのである。

第十一軍はほんとうに黄弾《きいだん》を使ったのか。そんなはずはない。赤筒か、赤弾《あかだん》だろう。ただちに調べよ。もしかしたら、アメリカはそんな嘘を口実にして、毒ガスを使うつもりではないのか。市谷台の幹部たちは心配しながら、そう命じたのであろう。

つけ加えるなら、黄弾とは、赤筒、赤弾の名称と同じく、陸軍の毒ガス弾の秘匿名であり、イペリットのことである。前に述べた海軍の三号特薬にあたる。

重慶政府の広報機関がここぞとばかりに日本軍の毒ガス使用をアメリカに向けて宣伝し、アメリカのラジオと新聞が得たりや応とこれを非難していたとき、アメリカ軍はマリアナ諸島のテニアンとグアム両島にはまだ上陸作戦をおこなっていなかったが、連日にわたって砲爆撃を繰り返していた。あらためていうまでもなく、撃ち込むことのできる砲弾の数と投下できる爆弾の数は、アメリカ側が圧倒的に多いのだから、ひとたび敵が化学戦をはじめたら、勝敗はいっきょについてしまう。

アメリカの陸軍将校による日本軍の毒ガス使用確認といったニュースがアメリカの新聞に載ったのが七月七日だった。その報道を市谷台の幹部たちが読んでから数日あとの七月十五日、参謀総長の東条は漢口の前進基地にいる志那派遣軍総司令官の畑俊六と長沙で指揮をとる第十一軍司令官の横山勇に宛てて赤筒使用の禁止を命じた(53)。

そんな弱腰でどうすると不満をぶちまける者たちがいたにちがいない。敵はテニアン島のわが軍にたいして、新しい爆弾、ガソリンにナパームを混ぜた火焔爆弾を使いはじめていた。五十メートル以上の致死半径をもち、そのなかの掩蔽壕《えんぺい》や蛸壺に潜んで待つ将兵をいっきょに焼き殺し、窒息死させてしまう爆弾だ。赤筒なんかとその残虐さは比較にならないとかれらは言ったにちがいない。不平を並べる課長や課員たちはさらに言葉をつづけ、赤筒を使うことができないのなら、はじめから人を殺すことを目的とした黄弾なんかとても使えない、なけなしの原料を使って役にも立たない黄剤《きいざい》なんかつくるのはやめにしたらどうだとまくしたてることにもなったのであろう。

どうしたらよいのか。なるほどイペリット弾の撃ち合いになったら、こちらに勝ち目はない。だが、細菌戦をやるとなれば、こちらが格段に優勢である。しかし、敵は不得意な細菌戦で対応することはあるまい。毒ガス攻撃にでよう。こちらは生物戦、敵は化学戦にでて、相討ちとなり、長期戦に持ち込むことができるか。

東条英機、そして七月十八日にかれに代わって参謀長となった梅津美治郎、つづいて七月二十日、東条に代わって陸軍大臣となった杉山元、かれらはどう考えたのか。ほんとうに相討ちになり、敵の攻撃を粉砕し、その士気を挫《くじ》くことができるのか。化学戦、そして生物戦の勝敗を決めるのも、生物爆弾、化学爆弾を搭載する爆撃機と護衛戦闘機の優劣ということになる。航空戦力は敵が圧倒的に有利だが、その差を風船爆弾によって埋めることができるのか。東条も、梅津も、杉山も、溜息をついたのであろう。

はっきりいえば、細菌戦が敢行できないことは、市谷台のだれもが最初から承知していた。やるぞといった構えをみせたのは、勇ましいところをみせただけのことだった。そこで敵側の報道にあわてながらも、細菌戦をやらないとはまだ決めなかった。市谷台がどのようにして細菌戦をやらないと決めることになったかを述べる前に、海軍の気球計画がどうなっていたのかについて記さねばならない。

前に触れたことだが、海軍が太平洋を横断する気球の開発をはじめたのは、陸軍の気球計画を知り、陸軍にたいする対抗心が働いてのことだった。

陸軍が風船の放球基地に福島県の勿来《なこそ》と茨城県の大津を選べば、海軍もまた放球基地を勿来とした。海軍は抜け目がなかった。勿来の近くの錦町にある工場にいち早く目をつけた。錦工場は昭和人絹という会社の工場だった。繊維産業の全国規模の統廃合が昭和十七年から十八年にかけておこなわれ、呉羽紡績が錦工場を買収した。海軍は呉羽紡績に向かって、その工場の電解設備を利用し、水素を製造してもらいたいと申し入れた。気球の放球基地のすぐ近くに水素製造工場をつくれば、水素輸送の問題に頭を悩ますことはなくなるからだった。

そこで搭載兵器はなんにするのか。焼夷弾とするしかなかった。風船がアメリカ大陸の上空を何百キロメートルと飛びつづけるあいだ、ときどきパラパラと数枚の自然発火するカードを落としていくことにしたらどうかということになった。カードは五センチぐらいの孔あきセルロイド板に黄燐を滲ませた硝化綿を挟み込むことにした。

どこで実験をやろうかと場所を探した。技術大尉の小池栄二は多摩川の二子橋のたもとにある落下傘塔に目をつけた。塔にとりつけた落下傘で降下訓練をおこなうことができるのだが、読売新聞社がそれをつくろうとしたときには、なにが航空国策への協力だ、そんな遊びに鉄材を配給できないと商工省につっぱねられ、軍が口をきいてくれて、やっと建設できた鉄塔だった。

節電のためにエレベーターを動かすことができなくなり、昭和十五年に開業した落下傘塔はすでに閉鎖してしまっているが、このあいだのただひとつの自慢は、昭和十七年二月にスマトラのパレンバンの飛行場と精油所に降下した将兵がここで最初の訓練をしたことであり、読売新聞社は同じ年の五月に陸軍航空総監から感謝状をもらったのだった。

小池は丸ビルの二倍の高さがあるということが自慢の七十メートルの塔にのぼり、腕木のところからセルロイドのカードを落とし、実験を繰り返した(54)。

技術士官のなかには、アメリカ森林警備隊の機関誌を見つけだした者もいた。冬のあいだは降雪が多く湿度が高いため、山火事は夏の乾燥期に多いことがわかり、相模工廠の八号関係者はがっかりした。森林火災がどのように起きるかを調べようとして昭和十八年十一月には、長野県の菅平で山火事の実地試験をおこなうこともした。白樺と唐松の木の根元に枯れ草代わりの火のつきやすい枯れた蕎麦の茎を敷き、火をつけた。ところが、木は一本も燃えなかった。延焼を防ぐために協力した警防団の老人が「四月、五月でなければ、どんなに火をつけても、山火事にはならない」と喋るのを聞いて、皆はもう一度がっかりすることになった。

飛行実験は同じ昭和十八年十一月にはじまった。小田原海岸にある海軍気象部の訓練基地から放流した。自爆装置が作動し、千葉県の太東崎《たいとうざき》沖に落下した。つづいて山東の青島航空隊、大分航空隊の基地から放流して、ラジオゾンデを搭載し、気球の飛行経路と各種の装置の作動状態を調べた。

さて、錦町の呉羽紡績の工場のことに戻るが、つねに張り合ってきた海軍航空本部と艦政本部の双方の担当官がともに呉羽を説得するという熱の入れ方だった。水素製造工場をつくるように要求した。呉羽側は錦工場を独立させて呉羽化学工場をつくることにした。(55)

これが昨十九年六月末のことであった。だが、そのときは海軍の幹部は八号兵器にたいする関心を失ってしまっていた。はじめからわかっていたことであったが、気球爆弾はあまりにも不確定要素が多すぎ、有効な軍事手段になる見込みがなかった。

そして軍司令部と海軍省の首脳は毒ガス戦にたいする熱意も失ってしまっていた。敵の手に渡ったギルバート諸島に毒ガスの雨を降らせ、絶対国防圏の外郭線を守り抜くといった構想は、束の間の希望にすぎなかった。最低六カ月のあいだは確保すると見込まれたマーシャル群島をわずか二カ月たらずのあいだに失い、つぎにマリアナ諸島を奪われ、絶対国防圏奥深くに侵入されてしまって、こちらが絶対に有利な足場を確保して化学戦をおこなうといった構想は瓦解してしまったのだ。

もはやどうにもならなかった。イペリット爆弾十万個をつくるといった計画も、六万発に切り下げてしまった(56)。

そして海軍幹部は陸軍の責任者に毒ガス戦と細菌戦の問題を持ちだすことになったのであろう。

これを語る前に、風船爆弾の開発をめぐって陸海軍のあいだの争い、つづいての話し合いについて説明しなければならないだろう。

ドライアイスの大部分を登戸研究所が独占してしまったことは前に述べた。ドライアイスの供給が突然減って、慌てたのが東京航空計器、田中計器製作所、東京計器製作所といった航空計器の会社だった。陸海軍航空機の水平儀、コンパス、ジャイロ・コンパス、高度計は、この三社が生産している。

陸軍軍務課長は陸軍航空本部が航空機の生産が遅れると文句を言うのを押さえることができても、海軍側からの抗議を馬耳東風と聞き流すわけにはいかなかった。このドライアイスの配分をめぐっての陸海軍の争いがきっかけとなり、陸海軍の責任者は、マルフ計画と八号計画について情報交換をおこなうことを定めたのではなかったか。そして風船作戦、気球作戦を実施するに先立ち、陸海軍はこの作戦について中央協定を結ぶことにも合意したのであろう。

風船に積むのが、三十キロの焼夷弾か、焼夷カードのたぐいなら、陸海軍はこんな作戦のためにわざわざ中央協定を結ぶ必要はなかった。だが、イペリットを使うのではないか、黄熱菌を散布するつもりではないかと陸海軍双方がそれぞれ相手を疑っているのであれば、お好きにやって下さいと言うわけにはいかなかった。だからこそ、双方はばかに協調的な態度をとり、相手はほんとうに細菌戦をやる計画をたてているのか、毒ガスを搭載するつもりなのかを探ろうとして、互いの実験に相手方の参加を認めることにもなったのである。(57)

そこで昨十九年七月末か、八月はじめのことであったと思うが、陸海軍幹部が膝を突き合わせての会議で、海軍側が毒ガスと細菌の問題を提議したであろうという話に戻る。参謀次長と軍令部次長が顔を合わせたのではないか。そして軍令部次長がつぎのように語りだしたのであろう。

われわれは化学戦を想定し、毒ガス爆弾と防毒装備の増産に努めてきた。ところが、マリアナ諸島を失う事態となり、毒ガス戦にすべてを賭けることができなくなった。こちらが毒ガス戦を敢行すれば、敵は五倍、十倍の毒ガス弾を撃ち込んでこよう。そして硫黄島、父島、八丈島にガス攻撃をおこなうだろう。まったく一方的な戦いとなり、いかに小笠原兵団が勇敢であっても、戦うことができないまま全滅してしまう。これらの島がB17爆撃機とP38戦闘機の基地になってしまったら、東京、名古屋、大阪は、敵の爆撃機、戦闘機の航空圏に入ってしまう。

軍令部次長はこのように語ったあと、海軍は化学戦をやるつもりはないと言明したのであろう。かれは言葉をつづけ、外電は日本軍が湖南省の戦いで毒ガスを使っていると宣伝しているが、これは事実なのかと、参謀次長に説明を求めたにちがいない。

参謀次長はうなずきながら、くしゃみ剤の使用は禁止したと語ったのか。そして陸軍は毒ガスの生産を停止しているのだと軍令部次長に説明したのか。

赤筒、つまりくしゃみ剤の使用を禁止するなら、赤筒はもちろんのこと、黄弾、つまりイペリットをつくるのは無駄ではないかという声が市谷台にあがっただろうということは前に述べた。こうした声は忠海《ただのうみ》の毒ガス生産をやめてしまえという主張にもつながったはずである。

忠海とは、東京第二陸軍造兵廠の管轄下にある忠海製作所のことだ。つけ加えるなら、火工廠から昭和十五年に改編されたのが東京第二陸軍造兵廠であり、同じときに東京工廠から改編されたのが東京第一陸軍造兵廠である。広島県豊田郡忠海村の沖合い四キロの小さな島にある毒ガス製造所が忠海製造所である。赤剤と黄剤はここでつくり、これらの毒ガスを砲弾に充塡する作業もおこなってきた。使うことのできない毒ガスをつくりつづける余裕はなかった。けっきょくイペリットの生産をやめ[58]、代用火薬の製造に切り替えることになったのである。

そこで軍令部次長が参謀次長に向かって、海軍は毒ガス戦をやらないと言明した話に戻るなら、軍令部次長はさらにつづけて、気球に毒ガスを搭載する計画があったかのような含みをもたせたうえで、海軍は気球作戦の準備を打ち切る、八月いっぱいでやめると言ったのではないか。

軍令部次長はなおもつづけたのだろう。海軍でこれまでにつくった気球と情報のすべてを陸軍側に提供したいとかれは語り、参謀次長がなにか尋ねようとするのを遮りながら、陸軍のフ号計画は焼夷攻撃をおこなうことになると理解しているが、生物兵器の使用には反対だと言ったのではなかったか。

海軍のこの申し入れを聞き、参謀総長の梅津と陸軍大臣の杉山はどう考えたのか。渡りに船と思ったはずだ。細菌戦をおこなえば、こちらがやったのだという証拠はやがて相手に握られる。敵は毒ガス攻撃の報復にでる。これがどんな結果をひき起こすかは、海軍側の説明を聞くまでもなく、前にも見たとおり、梅津にも、杉山にもはっきりわかっていたことだった。

おそらくは陸軍次官と参謀次長が部下たちに向かって、海軍が細菌戦に反対していると告げたのであろう。海軍は肚が据わっていない、だらしがないと海軍にたいする悪口を口にしながら、部課長たちはとっくに断念していた細菌戦の計画をもっともらしくこのときお倉入りすることとしたのであろう。

大臣と総長、次官と次長、その下の部局長から課長まで、かれらは部下にたいし、あるいは天皇、そして上官にたいして、戦いに自信を失ってしまったことを知られまいとつねに注意を払い、戦いに勝つための努力をつづけているとのイメージづくりをしてきた。かれらは考えの筋道をつぎのようにたてたのだろう。

連合艦隊にもはや期待がもてず、マリアナ諸島奪回が不可能というとき、私はしっかりした作戦計画をたてた。ところが、毒ガスと細菌の使用を禁止するジュネーブ議定書があってそれに拘束されているのだとか、人道上、問題があるとかいった理屈をこねる人たちがいて、細菌戦をやらないことにするのなら、それもやむをえない。だが、私は勝利を得るために、あらゆる手だてを考え、ちゃんと手を打とうとしたのだ。かれらはこんな態度をとり、このように説いたのである。

そしてかれらは、陸軍大臣と参謀総長も含めて、できもしない細菌戦のことをとりあげるのをやめ、またべつの秘密兵器に大きな期待をかけるようになった。このさきで触れねばならないが、これこそ決勝兵器だとかれらが考えた新兵器である。

八月八日に陸海軍の幹部はマル八の運用に関しての中央協定を結んだ。このあとのことであろう。陸海軍はべつの協定を結び、海軍がすでに生産した気球三百個と研究資料のすべてを陸軍に移譲することを定め、そしてまた、陸軍フ号兵器に積載するのは焼夷弾と一般爆弾にすることを確認し合ったのではなかったか[59]。

陸海軍のあいだで協定を結んだマル八について述べておこう。これも、このさき述べることになるが、マル八とは陸海軍がそれぞれ生産をはじめていた爆弾搭載の体当り舟艇、肉迫攻撃艇の陸海軍のあいだの統一名称である。海軍はマル四兵器、マル四艇、あるいは四号兵器と呼んでいた。陸軍はマルレ、レ号と呼んできた。連絡艇と呼ぶ秘匿名の頭文字をとっての呼称である。

なお陸軍省と参謀本部の軍需動員の関係者はマルレのことをＶⅠと呼んだ。ドイツのロケット部隊が六月半ばからロンドンに撃ち込むことになった飛行爆弾をＶⅠと呼んだのをまねてのことだった。

そしてＶⅢと呼んだのが風船爆弾だった。ＶⅠ、ＶⅢとあって、もうひとつ、ＶⅡがあるわけだが[60]、陸軍幹部が大きな期待を寄せ、決勝兵器と呼ぶようになったと前に記した開発中の新兵器がＶⅡである。これについてはこのさきで説明する。

楮の皮を剝ぐ

海軍の艦政本部が相模工廠にたいして正式に八号兵器の生産の中止を命じたのは、昨十九年の九月一日である(61)。

陸軍のほうはどうであったか。風船に焼夷弾を載せることが正式に決まって、市谷台の部局員のなかには、三十五キロの焼夷弾を投下したところで、うまくいって牧草地か、荒地を少しばかり焼くだけのことだ、やめにしたらどうかと言う者もいたにちがいない。だが、フ号兵器をつくったからといって、ほかの兵器の生産に不可欠な原料を奪うことにはならない、必要な材料と労働力はすべて揃っている、つづけようということで意見が一致したのではなかったか。

前に触れたとおり、風船の球皮は和紙であり、その原料は楮《こうぞ》である。楮はいたるところに植えられている。徳川時代の日本の書籍の出版と文書記録が世界で稀なほどに多かったのも、豊富な楮と漂白のための清流があり、紙を容易につくることができたからである。

楮は桑の仲間である。植えて三年目から収穫できる。根元から刈り取ってもふたたび芽をだす。雑草を抜かなくても、肥料をやらなくても、よく育ち、一年に一回の収穫ができる。

楮はいたるところで栽培されていると述べたが、多いのは、なんといっても四国だ。高知と愛媛で七割を占め、埼玉、鳥取、福岡、福井といった県がつづく。

マルフの原料の和紙をつくるために、楮の枝を刈るのは、どこでも国民学校の高学年の少年たちの仕事となった。高知の土佐郡、吾川郡、長岡郡では、子供たちが楮の枝を刈り、これを束ねて背負い、山から降りてきた。楮の枝の切り口からでる乳液は指に粘りつき、泥がついて、どの子の指も、あかぎれだけでなく、真っ黒によごれていた。

楮の枝は七十センチほどの長さで揃え、これを直径四十センチほどの束にして藤蔓で縛る。つぎに蒸気を通し、蒸熱するのは大人の仕事である。大きな竈《かまど》に大釜を置く。釜の口に簀《す》の子《こ》を置き、楮の束を立てる。その上から大きな桶をかぶせる。こうして一時間ほど蒸熱する。このあと楮の束に水をかけ、まだ熱いうちに皮を剝く。これまた国民学校の子供たちの仕事だった。

じつをいえば、似たような皮剝きを、これまた農村の子供たちがやってきている。楮は桑の仲間だと前に述べたが、剝いているのは桑の皮だ。

農家が養蚕をやめ、桑畑が不用になり、麦、芋への作付け転換が奨励されてきているが、農家に人手がないから、放置したままの桑園がどこにも残っている。

桑の皮剝きは、昭和十五年にはじまった。少年少女は十二月から一月のあいだに茶の実を集めていると前に記したが、桑の皮剝きは五月から六月のあいだに一週間やるのがいつか決まりとなっている。授業を早く終えて、全校でこの作業に取り組む。

たとえば昭和十八年、愛知県の一宮市に近い木曾川村では、木曾川西国民学校が五月三十一日から、黒田国民学校は六月二日から一週間にわたって桑の皮を剝いた。(62)

神奈川県中郡の伊勢原国民学校は、昨年五月二十六日から一週間桑剝きをした。部落ごとに班をつくっての競争だった。各班の上級生が桑畑に行って、長くのびている桑の枝を切った。これを集め、三年生以上の子供が皮を剝いた。(63) 楮とちがって、蒸熱したりする必要はない。簡単に剝くことができる。剝いた皮を日に干す。

福島県相馬の大野国民学校では、昨年六月に集めた桑の皮が二万二千キログラムにものぼった。今年はさらに増加し、三万二千キロの予定である。(64)

梱包した桑の皮は駅まで運ぶ。このあとのことについて述べておこう。

大和紡績は昭和十六年に島根県にある出雲工場の近くに工場を新設した。ここで桑の皮を綿状に加工する。これを出雲工場で桑綾木綿につくり、陸軍被服本廠と海軍衣糧廠に納入している。(65)

桑の皮といっても、ばかにならない。綿花の輸入はとだえてしまい、苛性ソーダと石炭の不足からスフの生産も減少するばかりで、紡績会社は紡機と織機の八割を鉄屑として供出してしまい、あらかたの工場は航空機の組立てや部品の製造をするようになってしまって、わずかに残った工場は桑の皮を頼りとしているのである。

桑の皮のほかに、イチビ、大麻の皮も混ぜている。たとえば倉敷紡績では、桑の皮と亜麻、藺草《いぐさ》を原料としている。(66)

じつは全国農業会も桑の皮を原料とする紡織工場を持つようになっている。原料も人手も農村に依存しながら、製造した衣料の農家への還元がないのはおかしいと全国農業会の幹部がいきまいた。全国農業会が工場を持つようになれば、農業会支部に桑の皮を割り当てることができ、桑の皮の生産を倍増してみせると説いた。

日清紡績の高圧精錬釜四基を譲り受け、さらにはスクラップとなっている紡織機を運び込み、長野県の屋代《やしろ》と明科《あかしな》、宮城県の鳴子《なるこ》、さらに三重県に工場を建設した。(67) これが昭和十八年から十九年にかけてのことだった。

楮のことに戻れば、少年少女が剥いた皮を黒皮と呼ぶ。この黒皮を川か桶の水に一昼夜ほど漬ける。これをとりだし、外皮を剥く。するすると指で剥くことができず、小刀で外皮を削りとらねばならない。外皮を除いた内皮を白皮と呼ぶ。黒皮にする作業より、ずっと多くの時間がかかり、多くの人手が必要である。

白皮としたあとは製糸業者の領分となる。陸軍が和紙を原料とする風船の開発をはじめた当初は、もっぱら埼玉県の小川町の紙漉き業者に頼んだ。

一万個の風船をつくるとなれば、もちろん小川町だけではとても足りなかった。高知を中心に、愛媛、福岡、鳥取、石川、岐阜の和紙製造業者を総動員することになった。

各地の和紙の製品は、障子紙、型紙原紙、温床にかける覆いの油紙の原料紙、傘紙とばらばらだったから、風船用の和紙をつくるためには、手漉き道具をつくりかえねばならず、原液を入れる水槽、簀の子を新たにつくることになった。モデル工場となっているのが小川町にある製紙試験場であり、風船用の和紙をつくるように命じられた業者は池袋から東上線に乗って秩父連峰の山すそにある小川町をたずねた。

真っ先に小川町に見学に行ったのは高知市旭町にある輸出和紙という和紙メーカーだった。(68) 社名どおり、輸出用のタイプライター原紙をつくり、戦争前には手漉きの漉き舟が二百四十槽あり、一千人が働いていた。

さて、輸出和紙の工場には吉野川上流地域の楮産地から黒皮の山が運び込まれてきた。農村に人手がなく、白皮にすることができなかったからだが、手がないのは高知市の工場も同じだった。やがて若い女性の華やかな一団が工場の門を出入りするようになって、行き交う人々が目を見張った。

市内上町の玉水《たまみず》新地、下町の稲荷《いなり》新地、吸江《ぎゅうこう》新地の大楼、小楼の女中や芸妓たちだった。県の勤労動員課が彼女たちを黒皮剝きの作業に動員したのだ。彼女たちもまた、挺身隊を結成し、護国神社で壮行式を挙行し、輸出和紙へ通うようになったのである。(69)

ところで、三大新地の白粉の匂いが残る女性たちだけでは、黒皮の山はいっこうに減らなかった。黒皮は市内の町内会にも運び込まれた。家にいる女や老人が黒皮を剝くことになった。台所の包丁でやってみたり、子供の鉛筆削りを持ちだしたりしたが、はじめてやることで、なかなかうまくいかなかった。割当て分の黒皮剝きがやっと終わり、水洗いして庭の物干しに真っ白な内皮を掛け終え、人びとがほっと息をついたときには、つぎの黒皮の束が町内会事務所に山積みされた。

そこで和紙づくりとなるが、科学加工紙と社名を変えた輸出和紙、さらには高知県内の高岡、安芸、伊野、久礼田《くれだ》、香宗《こうそう》の和紙工場がいずれも風船用の和紙の生産をはじめた。これらの手漉き工場は昭和十年代に入って人手不足から機械漉きをやるようになった工場も多かったのだが、これら和紙製造工場のすべてが風船用の和紙をつくっても計画量の四分の一にも達しなかった。そこで洋紙を製造している工場の設備を転用して、和紙の機械漉きをすることになった。

兵庫県の加古川の河口にある三菱製紙の高砂工場は昨十九年の五月から和紙の機械漉きの試作をおこない、規定どおりの強度の和紙ができるようになった。本格的な生産をはじめて、今度は黒皮剝きがボトルネックとなった。従業員の家族が総出で手伝い、加古川女学校の三百人が働くことになった。

一人一日の黒皮剝きは、三・五キロが精いっぱいだった。そこで皮剝きも機械化しようとした。

ぼろ洗滌器のなかに黒皮とともに小石を入れて回転させた。一台を一昼夜動かして、黒皮五百キロを処理できるようになった[70]。あとはわずかに残る黒皮をそぎ落とせばよかった。高砂工場には毎日のように見学者が来た。簡単な機械だったが、つくろうとしても紙漉き工場では無理だった。資材が手に入らなかった。

高知と愛媛の楮の黒皮は小田原製紙にも送られてきた。工場は小田原市の北隣の足柄村にあり、大正末期につくられた。マルフ用の和紙をつくるようになったのは、昭和十九年八月からである。ここでも黒皮の山に音をあげた。小田原高女の女生徒にやってもらうことになった。

小田原高女は小田原城内の高台にある。昭和五年に創設された。大木に囲まれ、屋根の切妻《きりづま》に破風《はふ》のついた美しい意匠の校舎は、生徒、教師たちのひそかな自慢である。学校に残っていた二年生と一年生が黒皮を教室に運び入れた。三人、四人で押しあげ、引っ張って天井近くまで黒皮の束を積み上げた。体育館へつづく渡り廊下も黒皮の束の壁ができあがった。体育館の入口の外側には大きな水槽がつくられた。黒皮をここに沈めた。翌朝、生徒たちは二人で声を合わせ、満身の力をこめて引き上げた。水をきってから、体育館に運んだ。[71]

彼女たちは円陣をつくり、座布団を敷いて坐った。前掛けをしめ、膝の上に板をおき、その上で黒皮の外皮を小さなナイフで剝いた。黒皮はぬるぬるして持ちにくく、上手に剝けなかったが、やがて慣れ、話をしながらも手は動くようになった。小刀が切れなくなれば流し場で自分で研いだ。

水洗いした白皮は校庭に干した。乾いてから、それを秤《はかり》にかけた。各班の仕上げた量が体育館の前の黒板に書きだされ、最高の成績の班の者たちがよかったねと言い合った。

教室のひとつに積まれた白皮がいっぱいになると、トラックがとりにきて小田原製紙に運んだ。小田原製紙の工場でも、小田原高女の三年生が低い椅子に腰掛けて黒皮を剝いていた。

いくつもの製紙工場がつぎつぎと風船用の和紙づくりに取り組むようになり、畳ほどの広さの和紙を漉きはじめた七月から八月のことだ。和紙をつくるだけでなく、和紙から風船の「原紙」をつくるようにと命じられた製紙工場の責任者、各地の造兵廠のマルフの担当者が国産科学工業で実習を受けることになった。

国産科学工業は東京蒲田《かまた》にある。原紙を裁断し、これを貼り合わせ、風船をどのようにつくったらいいか、その方法を決めたのがここだったし、実験用の風船をつくっていたのもここだった。すでにここでは本格的な生産をはじめ、作戦開始までに一千個をつくろうとしていた。高知の科学加工紙、三菱製紙の高砂工場、これも三菱製紙の大阪此花《このはな》区にある浪速《なにわ》工場の担当者はいずれもここで原紙づくりを学んだ。学校工場を開設するように命じられた女学校でも、責任者として選ばれた教員がここへ行った。

外が暑いのに工場のなかは、それに輪をかけ、息が詰まるような暑さであり、思わず足がとまった。働いている娘たちの前の機械に蒸気が通っているからだと見学者は知った。乾燥器だった。流れる汗をシャツの袖口でぬぐいながら、いっときも手を休めず、和紙を二枚、三枚と貼り合わせ、風船の原紙をつくっている女子挺身隊員の仕事ぶりにだれもが感動した。

　女学校の教師たちは蒸気の通っていない乾燥器を使って、自分たちもやってみることになった。学校工場では、ボイラーを据えつけることはできず、天日乾燥に頼り、干し板を使うことになるからだった。作業は刷毛《はけ》で糊をつけるだけのことだったが、なかなかうまくいかなかった。

　造兵廠から派遣されたフ号要員はべつの大きな建物に連れて行かれた。なかに入った人びとは息をのみ、立ちすくんだ。暗い大きな空間を埋めているのは、巨大な風船だった。直径十メートルと教えられていたが、その大きさに圧倒された。

　満球試験をやっているのだと言われ、見学者はその新しい言葉を覚えた。空気を吹き込み、加圧したまま二十四時間放置して、空気がどれだけ漏れるかを測定し、合格か不合格を決めるのだといった説明を聞かされた。

　合格した風船には空色のラッカーを塗る。風船の下には自動高度保持の装置をつけるが、これは東京第一陸軍造兵廠の第二製造所でつくる。

　このような話を耳にしながら、風船を見上げた人たちは、太平洋を一飛びしたこの風船はアメリカを一泡ふかせるにちがいないと思い、胸のすくような気分となり、首筋を流れる汗のことを忘れたのである。

　山口市の山口高女の二人の教員は、昨年六月末に国産科学工業で技術講習を受けた。

つぎにかれらが講師となり、山口高女でマルフ技術指導の補助員を養成することになった。学校に資材と和紙が運び込まれた。山口高女、同じ山口市内にある中村高女と野田高女、小郡《おごおり》町にある小郡高女の百人の生徒と三十人の教師を集め、四日間の実習をおこなった(72)。

山口高女では全校生徒に風船づくりをさせる計画をたてた。そうすれば生徒を光や徳山の軍工場へ行かせずにすむと思ったのである。ところが、県の勤労動員課から五年生三クラス全員は神戸製鋼所の長府《ちょうふ》工場で働いてもらう予定だと言われた。こうして学校工場は四年生と三年生だけとなった。総勢三百八十余人である。

四年生と三年生が仕事をはじめるにあたっての壮行式は八月十五日におこなわれた。式辞、告辞、祝辞と退屈な儀式がつづいた。まだ長府工場へ動員されていない五年生の神田美恵子が在校生総代として送辞を読みあげ、四年生の河野美芳子が答辞を読んだ。そして全員が「海ゆかば」を斉唱したときには、だれもが涙ぐむことになった。

作業をはじめたのは八月十八日だった。四年生と三年生は新兵器の生産に参加できるということで意気盛んだった。ところが刷毛をぐっと握りしめ、和紙に糊をつけていき、和紙を三枚重ねて貼るだけの仕事をさせられて狐につままれたような気持ちとなった。アメリカまで飛ぶ風船爆弾をつくるのだと教えられ、やっぱり秘密兵器なのだと彼女たちは安心した。

干し板は一人当たり三枚、千枚を支給するということだったのが、たった三十八枚しかなかったから、作業は交代でのんびりやることになり、だれもがじれったく思った。

ところで、作業を開始した日の朝、校庭の大銀杏《いちょう》に鋸《のこぎり》が入れられた。貼り合わせた原紙を校庭で干すのに日陰があっては困るというのが理由だった。ズシーンと地響きがしたときには勉強していた者も原紙づくりをしていた者も、どきりとした。その大銀杏の遠景は彼女たちに安心感を与え、新芽を吹きだした枝々を見上げれば強烈な生命感を肌で感じたものだった。少女たちは倒れた銀杏の木から緑の葉をとり、教科書のあいだにそっと挟んだ。

和紙の貼り合わせをはじめた女生徒たちは九月のはじめに大きなショックを受けた。彼女たちがつくった原紙の九十パーセントは不合格になったというのである。こんな調子ならやめてもらうしかないと叱られたのだと言って、教師は元気なく下を向いた。校庭に並んだ彼女たちの不安をかきたてるように蟬《せみ》の鳴き声がしだいに甲高くなっていくなか、先生をこんな目にあわせて申し訳ないと生徒たちは思った。つづいて彼女たちをカーッと燃えあがらせたのは、「中村高女とは較べものにならない」と係官に言われたと聞いたときだった。

悪いところ、注意の足りなかったところを改めたため、九月中旬の山口高女の成績は上々だった。合格率は八十パーセントを超え、一位と称賛されて彼女たちは自分たちの実力はこんなものだと胸を張った。

各学校をまわる係官は女学校間の強い対抗意識と自尊心を刺激する術策を巧みに使っていたのである。

マルフ作戦の開始

船津静代は小倉陸軍造兵廠で働いてきた。

小倉に兵器製造所ができたのは大正五年である。小倉市の中央を北に流れる紫川の左岸につくられた。昭和八年に造兵廠東京工廠が小倉に移転し、造兵廠が新たにつくられ、兵器製造所もこの新工場に合併され、巨大な兵器製造工場となった。第一製造所では戦車、大砲をつくり、第二製造所では銃器、第三製造所では砲弾をつくるといったよろず屋であり、それが大の自慢だったが、じつはそれが欠陥で、大量生産ができる仕組みとはなっていなかった。

船津静代は昨年三月に直方《のおがた》高女を卒業した。明治末、そのときは鞍手《くらて》郡直方町であったが、そこにつくられた県立高女である。直方高女の卒業生で編成された女子挺身隊に彼女は加わり、小倉造兵廠で働くことになった。直方高女の挺身隊は三十人だった。福岡県、そして大分県、佐賀県、熊本県の女学校卒業の挺身隊員、一千人以上が働いている。

彼女たちは最初の一カ月は養成所に通った。そのあと静代が配属されたのは第一製造所第一工場だった。彼女の仕事は航空機のエンジン部品の鋳型をつくることだった。陸軍航空工廠だけでなく、造兵廠でも航空機の部品をつくるようになっているのだが、これは海軍でも同じことで、横須賀海軍工廠が航空機の部品をつくるようになっていることは前に述べた。

静代は木型、枠、定盤《じょうばん》といった道具類を手にとり、中子《なかご》取りといった作業を教わり、道具が上と下にわかれたり、真っ二つに割れることを知り、なるほどうまくできていると感心した。枠のなかに木型を置き、砂を入れる。突き棒でまんべんなく突き固める。木型が入り組んだ形をしているところは、指を使ってすみずみに砂を押し込む。このあとそっと木型を引き抜く。

検査員にのぞき込まれると、はじめのうち静代はどきりとした。「だめだ、やり直し」と意地の悪い声で言われ、たちまち壊されてしまい、泣きたい思いだった。だが、慣れてくれば、なかなかおもしろい仕事だった。砂がなくなれば空のバケツをぶらさげ、砂をとりに行った。工場の片隅でミキサーに砂を入れ、油を加え、鋳物砂をつくっているのは、小倉師範学校のかわいい男子生徒だった。静代と仲間たちにとっては、楽しいひとときだった。

彼女がなんとなく古くさく思えた自分の仕事に自信をもつようになったのは、ときどき彼女の職場に来る若い技師が彼女のやっている鋳造とはどういうものかを説明してくれてからだった。

金属を加工するには、鍛造・溶接とあるが、鋳造という技術をつかえば、どんな複雑な形状のものでもいっきょにつくることができるし、一個だけをつくることも、数万個をつくることも可能だ。これよりはるかに大きなものをつくることもでき、そしてつくられたものは長い期間、安定した性能を発揮できる。この鋳造という金属加工法があってこそ、航空機、艦船、自動車、機関車をつくることができる。こんな具合にていねいに教えてくれたのである。

静代が出張実習の命令を受け取ったのは、昨十九年の九月だった。いっしょに行くことになったのは、直方、山鹿《やまが》、本渡《ほんど》高女出身の三十人だった。出発にあたって、「君たちはフ号作業の基幹要員となる」と分隊長から告げられ、「このさき習う仕事は重大だ、見たこと、習ったことを部外者に喋ってはいけない」と念を押された。

彼女たちが連れていかれたのは福岡県の手漉き和紙の工場だった。裏手にはきれいな川が流れていて、なにかを晒しているのが静代には珍しかった。旅館から毎朝、ここに通い、和紙を蒟蒻《こんにゃく》粉からつくった糊で貼り合わせることを学んだ。こんな作業をどうして秘密にしなければならないのかと彼女は不思議に思い、ほかの者も同じ疑問を抱いた。

実習は一週間の予定だったが、三日目に静代を加えて五人の者が久留米の工場へ行くことになった。これまた小さな工場だった。二階は畳敷きで、女子工員の宿泊室になっていて彼女たちはここに二晩泊めさせてもらった。この工場で教わったのは原紙の強化処理と軟化処理だった。

実習が終わって小倉へ帰る日になり、引率してきた分隊長から一泊の帰宅が許され、三十人はとびあがって喜んだ。行った工場、学んだことを口外してはいけないと重ねて注意されているあいだも、彼女たちは喜びの表情をつづけていた。

静代は夕刻に家に着いた。奥から出てきた母はけげんそうな顔をしていた。つぎの瞬間、喜びが顔いっぱいにひろがった。母は坐って話そうともせず、御馳走しなければとあわてて出ていった。座敷をのぞいてみた。静代の目に写ったのは、床の間に飾られた兄と自分の写真だった。陰膳《かげぜん》が供えてあった。兄は軍医となって出征していた。静代は胸がつまった。

何カ月ぶりかで、父と母と弟と静代の四人が食卓を囲んだ。静代は出張したことについて言葉を濁し、父と弟の問いにあいまいに答える不自然さが母を不安にさせた。なにか危険なことをさせられているのではないかと母が心配し、そんなことはないと娘が答え、父が笑いながら母に向かって、女子挺身隊ともなれば男子が戦の庭に立つのと同様、いざというときに命はお国のために捧げる覚悟がなければならないと諭した。(73)

造兵廠に戻った静代ら三十人はフ号生産の先頭に立った。鑢《やすり》がけをやっていた女子挺身隊員やプレス加工の手伝いをしていた女学校の生徒が原紙づくりをすることになり、つづいて風船づくりもはじまった。

同じ九月には、大阪、名古屋の造兵廠、そしてあらゆるところでいっせいに原紙づくり、風船づくりをはじめた。

千葉の市原高女の三年生百人は五井《ごい》町にある製紙会社で原紙づくりを開始したのだし、和歌山市内にある宮国民学校と和歌浦国民学校の高等科の女生徒たちは市内の捺染《なっせん》工場で原紙の生産をはじめ、東京の日劇、宝塚、有楽座、国技館などでは、客席に板が張りわたされ、満球試験場になろうとしていた。

高知第一高女や土佐高女の学校工場の原紙づくりも軌道にのり、山口高女の学校工場はどうなっているかといえば、三十八枚しかなかった干し板は、十月中旬には三百枚となっていた。

そして昨十九年十月二十五日のことだった。参謀総長の梅津美治郎はフ号作戦実施の責任者となる気球連隊長の井上茂に攻撃開始の命令をくだした。

この命令書のなかで、作戦を「富号試験」と呼ぶと定めていた。富号とはフ号のことだった。「試験」と名づけたのは、試験をしばらくつづけたあとには、本物の「富号作戦」をおこなうことになるといった含みをもたせてのことだった。

細菌戦をおこなわないのであれば、フ号作戦はとても胸を張って自慢できる作戦ではなかった。子供の遊びのようなことになってしまっては情けないと市谷台のだれもが思ったのであろう。こうしてかれらはまずは自分をだまし、わずかな焼夷弾や爆弾を搭載するのは、試験を重ねるあいだだけのことだと見せかけたのである。

命令書には、「攻撃開始ハ概ネ十一月一日トス」とあった。[74] ところが、十一月一日には準備が整わなかった。その日の午後一時すぎ、敵の四発機が東京上空に侵入した。陸軍の百式司偵と海軍の雷電、零戦が迎撃した。だが、一万メートルの高空を飛ぶ敵機を捉えることができなかった。敵機は勝浦の上空から木更津、東京、そして立川の上空まで侵入し、そこで旋回して、ふたたび東京の上空を通り、勝浦の沖の空に消えた。

市谷台の幹部たちは、混乱状態が終わって冷静に戻ると、東京から立川の上空を二時間以上にわたって飛んだ敵機が、工場と軍基地のすべてを撮影していったことに気がつき、まもなく空襲がはじまると覚悟を決めることになった。そしてだれもがはっきりと口に出すことはなかったであろうが、フ号作戦について過去に何度か繰り返した論議を思い浮かべ、これでほんとうにおしまいだ、「富号作戦」は試験のまま終わってしまう、細菌作戦をおこなうことはできないと諦めることになった。

ところで、宮城県の一千人の女学校生徒が貸切り列車で仙台を出発したのが十九年十一月二日の夕刻だったことは前に述べた。

もういちど振り返ってみよう。いつか静かになってしまった女生徒たちを乗せた列車は常磐線を南にくだっていた。一号車に乗っている第一高女の畑谷直が目を覚ました。仄暗い光のなか、車内のだれもが眠っていた。ことりとも音がせず、車輛が揺れていないのに彼女は気づいた。鎧戸《よろいど》をほんの少し開けてみた。駅にとまっていた。まだ暗かった。平《たいら》駅だった。直はそのあともうつらうつらしては目を覚ました。またも停車している気配なので外をのぞいた。水戸駅だった。依然として真っ暗だった。腕時計を持たないから、時刻はわからなかった。

彼女も、そして眠っている同級生も知らなかったが、陸軍の気球連隊が「富号試験」を開始しようとしたまさにそのとき、彼女たちを乗せた列車はそのすぐ近くを通ったのである。

なにも知らなかったのは、列車の機関士と車掌も同じだった。だが、平をでて、錦から勿来、大津の沿線に陸海軍の基地がつくられていることを、かれらは承知していた。相馬駅から水戸駅までのあいだ、客車のブラインドを下ろすことを乗客に告げるように命じられているのも、勿来、大津の軍施設を乗客の目に触れさせないためだということを、かれらは知っていた。

勿来駅から海と反対側に引込み線が突貫工事でつくられたことも、かれらは気づいていたし、引込み線の周辺の丘陵、そのあいだの狭い田圃が買い上げられ、立入り禁止地区となっていることも、聞き知っていたのではなかったか。

その引込み線のさきには、兵舎と材料倉庫が建てられた。そして引込み線の貨車から降ろされたセメントを使って、山あいの水田は円形のコンクリート台に変わった。貨車からは水素ガスを詰めたボンベも降ろされた。気球連隊の将校と下士官は、九月には登戸研究所で風船爆弾の仕組みを学び、放球を自分たちで試みもした。

そこで十一月二日の夜のことになるが、参謀本部、陸軍省、登戸研究所の幹部たちは発射基地に近い磯原の旅館に泊まった。発射基地ではなく、放球基地と呼ぶべきであろうが、連隊の将兵は発射基地と呼んでいた。

風船爆弾の発射基地は、福島と茨城との県境の海岸だけではなく、もう一箇所、千葉県九十九里浜の南の端の一宮にもあった。勿来と大津に二大隊、発射基地は三十、一宮は一大隊、発射基地は十二だったから、主陣地は勿来と大津だった。

そして一宮で放球するのは、海軍製の気球だった。約束どおり、海軍は完成していた気球を陸軍に譲渡していた。市谷台と登戸の幹部たちが一宮に行かず、自分たちの風船が飛び立つのを見ようとしたのは、当然のことだった。

そしてその夜、水素ガスの充塡を受け持つ兵士たちから市谷台の幹部までが少なからず興奮していたのは、仙台を出発した宮城県の女学校の生徒と同じだった。

翌十一月三日の朝三時、空には雲がひろがっていたが、発射することに決まり、隊員たちは準備にとりかかった。放球をはじめるのは午前五時だった。ところが思いがけぬことが起きた。

一号車内でただひとりうつらうつらしては目を覚ましていた畑谷直は爆発音を耳にしなかったのか。これまた眠っていない列車後尾の車掌はその爆発音をはっきり聞いたのではなかったか。いまの音はなんだったろうと車掌が考えていたとき、もういちど、爆発音を聞いたのかもしれない。かれは窓から顔をだし、雲間の月の光で半暗闇の車外を見まわし、列車の前方を見つめたのではなかったのか。

爆発は匆来の資材置場で起きた。その直後、大津の発射基地のひとつで、べつの爆発が起きた(75)。

発射基地はどこもたいへんな騒ぎとなった。各放球台で水素ガスの注入をはじめていた。風船はふくらんだり、しぼんだりしながら、ゴワゴワと音をたて頭をもちあげようとしていた。ひとつの風船に水素を詰めるには、いちどに八本のボンベの口を開ける。水素ガスに引火爆発するのではないかと恐れた士官は、爆発を防ぐため、「とめろ」と叫び、あわてて兵士たちが積み上げたボンベの山にのぼり、栓をひとつひとつ締めにかかった。

八本のボンベに繋げられたゴム管は一本のパイプにまとめられ、風船のバルブに繋げられている。士官がこのパイプをナイフで切断した。風船と同じく、パイプも和紙を貼り合わせてつくってある。風船の側のパイプの端をしっかり押さえた士官は、ボンベの山から遠い方向へ引っ張っていった。

この爆発事故は、だれもが敵の破壊工作だと思った。敵の潜水艦から小人数の切込み隊が上陸したのではないか。海岸に捜索隊を派遣せよと命令がでて、うかつに砂浜に入り込むな、砂に残っている足跡を探せと指示がでたのであろう。

爆発の原因は、十五キロの炸裂爆弾の安全装置の不備と取り扱いの不注意だったらしいとわかったときには、雨が降りだし、夜が明けていた。勿来と大津で四人が死に、十人近くの兵士が負傷していた。一千五百人の将兵はがっくりと気落ちし、東京から来た高級将校たちは腹を立てていた。

一宮ではどうだったのか。海軍から譲渡された気球は羽二重にゴムびきで重く、風が少しあればあがらず、一万メートルの高さまであがるのに二時間もかかり、一日に二個か、三個あげるのがせいぜいで、こんなまどろっこしいことでどうすると悪評さくさくだったのが、この日の朝は、放球になんの故障もなかった。しだいに明るさを増していく一宮の太平洋の沖の空に気球は消えた。

フ号作戦は再点検され、安全装置を二重とした。十一月七日に放球を再開した。事故は起きなかった。陸軍の幹部は戦果を待った。だが、アメリカの放送には、山火事のニュースはなかったし、それを仄めかす報道もなかった。

じつをいえば、市谷台の大臣と総長、そしてかれらの部下たちの関心は、前に触れたとおり、とっくにべつの新兵器に移っていた。VⅡと呼ぶ兵器であることは、これも前に述べたが、VⅡこそが市谷台の新しい希望の星となっていた。

陸軍大臣と参謀総長、そしてかれらの部下たちは、さすがにVⅡなどと呼ばず、マルケ、ケ号と呼んできた。決戦兵器、決勝兵器の頭文字をとってのケである。

ケ号は目標が放射する赤外線を捉えて突進する爆弾である。爆撃機は一万メートルの高空から敵の空母、戦艦におおよその照準でこの爆弾を投下する。落下する爆弾は二千メートルの高度のところで、タイマーの作用により、照準装置が作動をはじめ、目標の発する熱線を探し、捕捉する。操舵機能が働き、有翼爆弾は左右の舵を切りながら、敵艦船へ向かっていき、命中炸裂する。

マルケの研究がはじまったのは、昨十九年の五月下旬だった。七月には兵器行政本部内に、大学、研究所、関係メーカーを網羅したプロジェクト・チームがつくられた。統轄者となったのは第二陸軍技術研究所の野村恭雄だった。

野村はマルフ開発の元締めだった草場季喜と同じ役割を果たすことになったのだが、研究科学と工学の成果利用は、風船の開発とは比べるべくもなく広範囲に及んだから、研究者と技術者を大動員しなければならず、完成までには長い時間が必要のはずであった。ところが、野村は十一月はじめには試作爆弾の投下実験をおこなうという計画をたてた。急げ、急がせよ、一日も早く完成させねばならぬとせきたてた市谷台の幹部たちは、熱線を追っていく爆弾が年内にできるのなら、すばらしい、たいへんなことだと思った。もちろん、かれらは疑いも抱いた。百発百中のそんな新兵器がほんとうにできるのか。だが、十発のうち六発、いや、十発のうち三発が命中しても、たいしたものだ。これこそ決戦兵器となり、決勝兵器となる。マルケの実戦配備を待とう。陸軍航空が太平洋作戦正面の最大最強の敵を叩きのめしてみせる。だれもがこんなふうに考えるようになった。

マルケについてもう少し説かねばならないし、市谷台の幹部たちが胸の奥底でなにを考えているのかを説明しなければならないが、これらについて語る前に、まず陸軍航空について述べねばならないだろう。陸軍航空について語るなら、海軍航空についても述べねばならない。

敵艦船をどうやって沈めるか

陸軍航空は太平洋正面の敵と戦う力をもたなかった。要するにアメリカの空母や戦艦を撃沈する力をまったくもっていなかった。

アメリカと戦いをはじめたとき、陸軍の戦闘機の主流は九七式戦闘機だった。格闘戦法に固執し、相手より小さい旋回半径で戦うことを重視し、一キロでも軽いことを主眼とした軽戦闘機だった。ところが、軽戦闘機はすでに時代遅れになろうとしていた。大きな機体に大きなエンジンを積み、攻撃力と防禦力を充分なものにしなければならなかった。これはノモンハンの戦いで陸軍が学んだ教訓のひとつのはずであったが、陸軍幹部は旧式な格闘戦法にこだわり、九七式戦闘機の改善のほうに力を注ぎ、軽戦闘機に重戦闘機の長所を採り入れようとした。軽戦闘機ではだめだ、重戦闘機でなければならないとかれらが気づくことになるのは、ノモンハンの戦いから二年あと、対米戦の直前になってだった。

軽戦闘機の九七式戦闘機は四百キロの行動半径をもつだけだった。海軍がすでに使っていた零戦は一千キロの行動半径をもっていた。九七式戦闘機に代わる一式戦闘機にしたところで、行動半径は六百キロから七百キロどまりだった。

爆撃機はどうかといえば、海軍の爆撃機と比べて、ずっと劣っていた。アメリカの爆撃機と比べたら、これはとても比較にはならなかった。B24やB17は戦闘機の護衛をつけることなく、独力で攻撃できた。陸軍の戦闘機はもちろんのこと、海軍の戦闘機も、B17を撃墜するのは至難の業だった。ところが、防弾、防火、装甲、いずれも劣悪な陸軍爆撃機の九七式重爆や一〇〇式重爆は、有力な戦闘機隊の掩護が必要であり、その掩護も役に立たないことがしばしばだった。

そして陸軍の爆撃機は、昭和十九年半ばに四式重爆撃機飛龍が登場するまで、爆弾搭載量も少なかった。

海軍の九七式艦上攻撃機は八百キロの大型徹甲爆弾を搭載できた。昭和十六年十二月八日、真珠湾でアリゾナやオクラホマといった戦艦を沈めたのが、この徹甲爆弾だった。陸軍にこんな爆弾はなかった。陸軍の破甲弾では、装甲鋼板と鍛造品で包まれた敵艦に命中できたとしても、わずかな手傷を負わせることしかできなかった。

もちろんのこと、陸軍は艦船に爆弾を投下するといった訓練をしたことがなかったし、魚雷など見たこともなかった。しかも陸軍航空の搭乗員は海上航法の訓練を受けたことがなかったから、遠く洋上を飛ぶことができなかった。

当たり前といえば当たり前だった。陸軍航空の戦いは、交戦中の味方の地上軍を支援し、敵軍を爆撃、銃撃することであり、敵の後方補給を叩くことだった。そして偵察の仕事があり、もうひとつ、これらの仕事をよりうまくやるために、敵の空軍力を破壊するもっとも肝心な任務があったが、どれもこれも陸の上の空での話だった。

前に何度も述べたことであり、このさきも取りあげねばならなくなろうが、陸軍首脳はアメリカとの戦いは海軍がやってくれるものと決めてかかっていた。そこで参謀総長から作戦課員までが、戦え、負けはせぬ、持久戦となる、百年戦争だと気勢をあげていたとき、陸軍の飛行隊が太平洋で戦うことを真剣に検討した者はただのひとりもいなかった。

ところが、アメリカとの戦いがはじまって一年のちの昭和十七年十二月には、陸軍幹部は開戦前にはまったく考えたこともない南太平洋の戦いに、不承不承ながら陸軍航空部隊をださねばならなくなった。

こういうことだった。昭和十七年の後半、ガダルカナル島とニューギニア東部にあるブナ周辺で激しい地上戦がつづくようになった。この戦域の空の戦いは海軍航空が受け持っていたのだが、攻撃と反撃を繰り返すなか、じりじりと搭乗員と航空機を失っていった。

これに反して、敵側は着実に航空機と搭乗員を増やしていた。昭和十七年十二月にブナの周辺を飛ぶ搭乗員は黒っぽい緑色の絨毯のひろがりのなかに赤っぽい裸地ができるのを毎回発見した。敵の新しい飛行場である。何機ずつかの戦闘機を配置した小飛行場が四日にひとつの割でつくられていくのだ。海軍幹部は陸軍幹部に陸軍航空の応援を繰り返し求めた。こうして陸軍航空部隊もこの戦場に進出することになり、地上部隊の支援をおこない、敵の後方基地を爆撃したのだが、海軍航空と同様、たちまち航空撃滅戦にひきずり込まれることになった。

陸軍の幹部はアメリカ空軍と戦うまで航空撃滅戦がどういうものかを知らなかったわけではなかった。これもノモンハンで学んだことだった。陸軍航空はノモンハンで地上協力の戦いと哨戒、制空の戦いをつづけていくあいだに、つぎつぎと航空機と搭乗員を失っていった。とぎれなく搭乗員を補強し、航空機を増強していかなければ、この戦いに勝つことはできなかった。

ノモンハンの戦いがはじまったのは昭和十四年の五月だった。そのときに投入された飛行戦隊は九月の停戦のときまで交代されることがなく、搭乗員の補充があるだけだった。だれもが四カ月目には心身ともに疲れ切っていた。停戦の知らせを聞いて、よかったと息をつき、どうやら死なずにすんだと搭乗員のだれもが思ったのだった。

南太平洋の航空戦でも、それこそ敵機に撃墜されるまで、搭乗員に終わりはなかった。敵側の搭乗員はどうだったか。六週間の前線勤務のあとには一週間の休暇があり、オーストラリアのシドニーに行って、好き放題ができたのである。

陸海軍は熟練のパイロットを失っていった。新米のパイロットはかれらの代わりとはならなかった。訓練時間は短く、飛行時間はわずかであり、なによりも編隊を組んでの訓練を受けたことがなかったから、敵の戦闘機隊と互角に戦うことができなかった。そして優位にたって戦うことができなかったから、戦いをしながら、編隊戦闘を覚えるということもできなかった。

新人の搭乗員は以前の搭乗員よりも早く戦死した。ひとたび、この悪循環の輪に落ち込めば、脱出はできなかった。彼我の航空戦力の差は拡大するばかりとなった。ブナの地上部隊は昭和十八年一月はじめに全滅し、二月はじめにはガダルカナルの残存部隊が撤退した。

敵機はポートモレスビーとブナを中心とする東部ニューギニアに三百機、ガダルカナルに二百機が常駐するようになった。こちらは東部ニューギニアとラバウルに、海軍が二百機、陸軍が百機だった。そして昭和十八年六月には、敵側は、東部ニューギニアに五百機、ガダルカナルに三百五十機、八月となれば、東部ニューギニアに六百機、ガダルカナルに五百機となった。こちら側の飛行機は、減ることはあっても、増えることはなかった。

海軍航空は敵地はるか後方の基地を爆撃することを諦めた。陸軍航空は地上戦闘への協力が思うにまかせなくなった。敵の戦闘機がロケット弾と爆弾と機銃の火力でこちらの地上部隊を攻撃するのを阻止できなくなった。海軍航空も、陸軍航空も、爆撃機隊が攻撃できず、戦闘機隊が攻勢に立つことができなくなって、戦いの主導権は完全に敵に移った。

海軍航空はただひとつの反撃作戦に希望を託すようになった。連合艦隊の航空参謀から雷撃隊員のひとりひとり、そして第一部長から軍令部総長までが脳裡に描くようになったのは、桶狭間《おけはざま》の戦いだった。前進をつづける今川義元の四万の大軍のあいだを縫い、織田信長が率いる二千の部隊が今川の本陣に襲いかかった戦いである。航空戦力を温存し、増強と訓練に努め、やがて敵がおこなうであろう大規模な侵攻作戦を待ち、そのときに敵艦隊をいっきょに葬り去ろうという計画である。

敵空母群を撃沈してしまいさえすれば、そのあとは水上艦艇によって敵艦隊を撃滅できる。そして主導権を奪い返すことができ、この不利な戦局を逆転できる。かれらはこのように考えた。

うまくいくのか。航空戦が起きるたびに、海軍は敵空母を一隻、二隻沈めたと発表していた。だが、昭和十八年を通じての一年間、敵正規空母を撃沈したことはまったくなかった。南太平洋海戦でホーネットを沈めたのが最後だった。それが昭和十七年十一月のことだった。

そしてホーネットを沈めるのに、どれだけの犠牲を払い、どれだけの手間がかかったかについて、軍令部と海軍省の幹部たちははっきり承知していた。十分間に三十機近い雷撃機と急降下爆撃機がホーネットに襲いかかった。魚雷二本と爆弾五発を命中させ、二機は体当り攻撃をおこなって、ホーネットを動けなくさせたが、あらかたの攻撃機は戻ることがなかった。

敵の二隻の駆逐艦がホーネットを曳航して、戦場から脱出しようとした。さらにこちらの二機がホーネットに爆弾を投下した。敵側は曳航を断念し、ホーネットを沈めてしまおうとしてすべての魚雷と四百発の砲弾を撃ち込んだ。それでも沈まなかった。日本の艦隊が近づき、敵駆逐艦を追い払った。こちらが曳航しようとしたが、無理だった。四本の魚雷をはなち、やっと沈めた。

空母を沈めるのは並大抵のことではなかった。わずかな艦爆隊が敵機動部隊を襲っても、とても歯がたたないことは、第一部長から飛行隊長までのだれもが承知していた。なにをさておいても航空隊をいくつもつくらねばならなかった。そのためには急降下爆撃機と雷撃機、それに戦闘機の生産を増やし、航空要員の養成を急がねばならなかった。だが、どちらも思うようにはいかなかった。

なにかいい方法はないものかと霞ヶ関の幹部たちが頭をひねった。陸軍航空なんか必要はない、潰してしまえとだれかが言いだした。昭和十八年夏のことだ。だれもがなるほどと思い、口角泡を飛ばして論じることになった。第1巻で述べたことだが[76]、もういちど述べよう。主敵であるアメリカの軍艦を沈めるどころか、漁船と軍艦の見分けもつかず、船の進行方向もわからないような陸軍航空にアルミニウムの半分を割り当てるような余裕はもはやない。わずかな資源を陸軍と二分するようなことは、ただちにやめねばならない。

陸軍が管理する航空機工場を海軍の管理下に置き、空中勤務員と整備人員の養成と訓練のすべてを海軍がやらねばならない。そして陸軍航空のすべてを海軍航空に合併吸収しなければならない。海軍は空軍と名前を変える。だから海軍と陸軍があるのではなく、空軍と陸軍があることになる。海軍省と軍令部でこんな議論がつづいた。

もちろん、陸軍大臣と参謀総長をどれだけ説得しても、かれらが陸軍航空を手離さないことは、海軍幹部のだれもが承知していた。そこでまず、外堀を埋める策をたて、アルミニウムの配分が折半であるのを二対一にしようとした。これだけのことでも、陸軍側がけっしてうんとは言わないことはわかっていた。宮廷を味方につけたうえで、大元帥である天皇の裁断を仰ぐつもりだった。

アルミニウムの配分比率を変えてほしいと海軍幹部が陸軍幹部に説きはじめたのは、昭和十八年の十二月だった。ところで、同じ月に陸軍幹部が求め、海軍側が応じ、昨十九年一月下旬に決まった協定があった。陸海軍双方の作戦部長と軍務局長が協議し、海軍側が航空機と魚雷を供与して、陸軍の搭乗員と整備員を訓練したうえで、陸軍航空内に雷撃部隊をつくるといった協定をまとめあげた(77)。

あっという間に決まったのは、陸軍と海軍、それぞれの思惑があってのことだった。海軍側は宮廷への絶好な宣伝材料になると考えた。次官や軍務局長は宮廷高官につぎのように説いたのであろう。海軍は陸軍の航空要員に航法と雷撃を一から教えている。そして陸軍の雷撃隊が誕生しても、海軍航空が指揮をとらねばならなくなる。結局のところ、陸軍航空は海軍航空内に吸収するのがいちばんよいことなのだ。

陸軍側は陸軍側で、かれらも宮廷の支持を得ようとしたのである。おそらくつぎのように語ったにちがいない。陸軍航空の要員は洋上作戦能力を高めるために最大限の努力をつづけている。陸軍雷撃部隊建設のための陸海軍の協力はうまくいっている。この危急の際にやってはならないのは混乱を招くだけの機構いじりである。もちろん、アルミニウム配分の比率を変えたりすることは許されない。

海軍幹部は海軍長老の伏見宮や、これも海軍軍人で軍令部第一部に勤務していた高松宮による宮廷への働きかけに期待した。機会を捉え、天皇に向かって、海軍向けのアルミニウムの割り当てを増やす必要があると申し上げるよう望んだのである。

ところで、天皇に影響力をもち、陸海軍が相衝突する利害の実際の調停者は内大臣の木戸幸一だった。そして木戸は陸海軍が相争うこのような問題に天皇が介入することに反対だった。天皇は陸海軍両者が話し合いによって解決するようにと述べた。

陸海軍双方の大臣と総長がこの問題で最終の交渉をしたのは昨十九年の二月十日だった。ふくれっ面で一方が問い、むっつりとした表情でもう片方が答え、双方は怒りの感情を隠さず、ときには声を張りあげての毒気づいた雰囲気のなかでの折衝となった。勝つことができるとはっきりいうのなら、アルミニウムを海軍に譲ってもいいと杉山元が正面切っての喧嘩にでて、永野修身が一瞬反論に詰まり、そんな約束ができるか[78]と赤黒い顔をさらに赤くさせて、横を向いた。

そしてこの十時間の長い交渉のあいだ、列席者のだれもが一度ならず思い浮かべたのは、昭和十六年十一月一日の実質的に開戦を決めることになった同じように長い会議のことであったにちがいない。その十六時間の会議から二年二カ月のあと、陸海軍首脳がこんなやりとりをすることになってしまって、とだれもが暗澹たる気持ちとなったはずであった。

海軍の要請は入れられることなく、会議は終わった。もちろん、陸軍幹部は自分の側が勝ったという気持ちになれるはずもなく、間の悪い立場におかれることになった。陸軍航空が役に立たないことはまぎれもない事実だった。かれらは、陸軍の力をもって、この戦局をなんとか打開しようとした。そこで、広大な水域に散らばるマリアナ、カロリン、パラオといった何十の島や環礁に地上戦闘部隊を送り込むことにした。

敵はなによりも戦死者が増えることを恐れ、白兵戦を恐れているのだから、太平洋のこれらの島に充分な守備隊を配備しさえすれば、敵は攻撃を仕掛けてくることはないと参謀総長から作戦課長までが語り、海軍航空なんかではなく、陸軍の歩兵部隊こそが対米戦の主役なのだと胸を張ってみせることになった。

陸軍の幹部たちは本気でこんなふうに考えていたのか。制海権と制空権を敵に奪われてしまったあとの地上軍の戦いがどんなことになるのか、かれらが知らないはずはなかった。ソロモン群島から東部ニューギニアの、それこそ血で書かれたような戦闘報告のかずかずを読んでいたはずだからだ。凄烈な肉弾戦は敵の少数の戦車にはばまれ、殺戮《さつりく》の場となり、戦いは一方的な敗北で終わってしまうのだった。

参謀次長も、作戦課長も、こうしたことを知らなかったわけではない。敵軍が上陸する前、敵上陸部隊が兵員輸送船にぎっしり詰め込まれているとき、その一部が上陸しても、まだ多くの兵員を乗せた輸送船が沖合いにいるあいだに、敵攻略軍を殲滅する。しゃにむに敵の正規空母を狙う必要はなかった。上陸作戦部隊を乗せた六千トンの輸送船を二隻沈めれば、兵員のあらかたが救命ボートで脱出できたとしても、戦車四十台と装甲車二十台をいっきょに葬りさることができる。それだけではない。火砲百数十門、機関銃数十挺、小銃数百挺、そして大量の砲弾、弾丸を海の底へ送り込めるのだ。海軍が敵の侵攻を待ち受け、上陸作戦部隊を掩護する空母部隊を潰滅させることを思い描いたように、市谷台の幹部は陸上基地航空部隊が敵輸送船団を撃滅することを考えたのである。

役立たずと海軍にばかにされたとおり、たしかに陸軍航空の爆弾では敵の軍艦を沈めることはできなかったが、外皮の薄い兵員輸送船や上陸用舟艇なら、陸軍の爆弾でも通用する。だが、こちらの飛行機が近づこうとすれば、敵の空母から飛びたった飛行機が迎撃の準備をして待ち構えることになる。

どんな具合に攻撃したらよいか。できるだけ高空を飛んで、雲があれば雲の上を飛び、敵の直衛機の目をくらまして敵艦に接近することはできないか。そして水平爆撃をやったらどうか。これが難しい。水平爆撃は海軍航空の艦上攻撃機がやってきたが、命中させることはなかなかできなかった。爆撃照準器がよくなかった。

海軍航空隊には至宝と呼ばれる搭乗員がいた。旧式な爆撃照準器を使いこなす腕をもち、飛行機の整備を人任せにせず、自分で主要な箇所を点検し、細心な調整をおこなう搭乗員だった。だが、至宝に頼って、長い戦いをつづけることはできなかった。前に触れたとおり、かれらは転戦また転戦をつづけ、そのあらかたが戦死してしまっていた。

優れた爆撃照準器ができなかったのは、全体の容量、重量の九割以上を占める安定装置を小型化することができなかったからだが、だからといってアメリカやドイツの爆撃照準器が特別優れていたわけではなかった。

だからこそ、急降下爆撃がおこなわれることになった。この攻撃法を開発したのはドイツ空軍である。アメリカ海軍航空もこの爆撃法を早くから採用した。これを宣伝した「ヘル・ダイブ」という題の映画をアメリカ旅行中に映画館で見た海軍の飛行機乗りの士官が胆をつぶした。目標に向かって、真っ逆様に一千メートルの高さまで急降下する。たいへんな迫力だった。これが昭和五年のことだった。さっそく海軍航空はこれを採用した。

急降下爆撃の命中率は水平爆撃の命中率十パーセントに比べれば、ずっと高い。優れた照準器を必要としない。五十パーセントから六十パーセントの命中率だ。だが、これもなかなかの訓練が必要だった。七十度の角度で降下していく。標的に向かって投弾し、機体を引き起こす。このときがいちばん苦しい。目が見えなくなり、意識が薄れる。

この地獄への飛び込みは艦上爆撃機がおこなう。最初は特殊爆撃機と呼ばれた飛行機である。急降下爆撃は艦上爆撃機のメッカである宇佐海軍航空隊のお家芸となった。敵艦は全速力で懸命に回避運動をしている。爆弾の投下高度は当初、海面から八百メートルとしたのを、絶対に命中させようとして、六百メートルとし、さらに四百メートルのところまで急降下することにした。

こうして昭和十七年四月にインド洋に出撃した空母から飛びたった艦爆隊が英インド艦隊を強襲したときには、命中率八割という驚異的な成績をあげた。ところが、練度世界一の急降下爆撃の名手たちは、艦爆隊長をはじめ、その多くがミッドウェー海戦で戦死してしまった。

練度の低い搭乗員では、急降下爆撃もうまくいかなかった。というよりは、急降下爆撃は危険な攻撃方法だった。真珠湾攻撃のときでも、未帰還機は艦上爆撃機がいちばん多かった。十五機が戻らなかった。戦闘機の犠牲は十機、雷撃機は四機だった。そして敵艦艇が素早い俯仰性能と旋回性をもった対空砲を据えつけるようになれば、急降下爆撃はさらに犠牲が多くなった。

たとえばアメリカの最新鋭の戦艦は二連装十二・七サンチ砲の砲架十基を備えていた。高角砲として設計されたこの二十門の対空砲はそれぞれが一分間に十二発を発射でき、一万メートルさきの攻撃機を撃ち落すことができた。旧式な戦艦、巡洋艦も主砲や副砲を撤去して、高角砲と機銃を舷側に林立させるようにしていたから、急降下爆撃機は激烈な弾幕にぶつかることになった。

それだけではなかった。敵側は昭和十八年一月のソロモン水域の戦いから、十二・七サンチ高角砲弾の弾頭に新たに開発した信管をとりつけるようになった。小型レーダー送受信機を内蔵しており、その信管をつけた高角砲弾は、飛行機にもっとも接近したときに信管が作動し、爆発する仕組みとなっている。わがほうの未帰還機は急激に増大するようになったが、その理由がわからなかった。VTヒューズの秘匿名で呼ばれるその信管の秘密をまったく知らず、だれもが搭乗員の練度不足と敵の火力増強が原因であると思いつづけることになった。

こうした状況だったから、あわてて急降下爆撃の訓練をやっても、とても敵艦を沈めるまでに腕をあげることはできないと陸軍幹部ははじめから諦めていた。

わずかな訓練で、敵艦に爆弾を命中させることができると見込まれたのは、反跳爆撃、あるいは跳飛爆撃と呼ばれる方法だった。敵艦の電波兵器の目をかいくぐり、超低空で敵艦に近づき、浅い角度で爆弾を投下する。爆弾は海面でバウンドを繰り返し、水切りの石のように飛んでいき、敵艦の装甲の薄い横腹に命中する。じつはこの戦法は海軍航空が昭和十八年から研究実験をつづけてきていた。

この方法なら、練習航空隊を卒業しただけの者でも、少し訓練すれば敵艦を沈めることができると思われた。だが、跳飛爆撃をおこなうためには、海面から十五メートルほどの高さを飛び、敵艦から三百五十メートルのところまで接近しなければならなかった。

敵の艦船を沈めるには、もうひとつ魚雷攻撃があった。前に述べたことだが、昭和十九年一月に陸軍は海軍と雷撃教育の協定を結んだ。陸軍航空の搭乗員と地上員、計九百人の鹿屋《かのや》における雷撃訓練の終了は、昭和十九年八月まで待たねばならなかった。艦上攻撃機は胴体の下に魚雷を吊るし、波頭をかすめて飛ぶ。跳飛爆撃ほど敵艦に接近する必要はなかったが、それでも千メートルのところまで近づかなければならなかった。警戒する敵直衛機のあいだをくぐり抜け、千メートルまで接近し、魚雷を放つことができるのか。あるいは三百五十メートルまで近づき、反跳爆撃ができるのか。まずは護衛の戦闘機が敵の猛銃火にやられ、つづいて攻撃機もやられてしまうのではないか。

うまく爆弾を投下、あるいは魚雷を放つことができたとしても、命中させることができなければ、なんにもならなかった。いうまでもなく、陸軍航空は魚雷攻撃をやったことがなかったし、反跳爆撃法は海軍航空も実際には試みたことがなかった。

体当り攻撃しかない

陸軍航空と陸軍中央の幹部たちは、どうしたら戦車から榴弾砲を満載した大型リバティ船を沈めることができるだろうかと考え込んだ。急降下爆撃も、雷撃も、あるいは反跳爆撃も、少数の要員を育てるだけで、少数機で攻撃しても、敵の防衛陣を崩すことはできない。

考えることはひとつだった。体当り攻撃しかないとかれらは思うようになった。体当り攻撃なら、搭乗員はさほどの練度を必要としない。もちろん、敵の直衛機の攻撃と対空砲火を逃れることはできない。だが、体当り攻撃機なら、ある程度の数をそろえることができる。多数の飛行機で集中攻撃をおこなうことができれば、陽動によって敵を混乱させることも可能となる。敵戦闘機と敵艦の対空火器の壁を突破でき、四方八方から敵艦に迫ることができる。だれひとり犬死にすることはない。

海軍側が陸軍航空を削減し、潰してしまおうとし、陸軍がこれに反対し、両者の話し合いが決裂に終わったあと、陸軍の幹部たちはこんな具合に考え、喋り、会議の議題として体当り攻撃を取りあげることになった。

敵の兵員輸送船と戦車揚陸船を襲うもうひとつの体当り兵器についても、かれらは話し合うことになった。体当り舟艇である。上陸拠点は、水平線の端から端まで敵の輸送船で埋めつくされることになろう。こちらの海岸砲台の大部分はすでに破壊されているかもしれない。だが、払暁、トンネル内に隠していた体当り舟艇を運搬車で海岸に運びだし、五十隻、六十隻がいっせいに出撃する。

昨十九年五月、陸軍中央はこの体当り舟艇の開発を正式に決めた。ただちに船舶研究所を新設することになった。登戸の第九陸軍技術研究所につづく第十陸軍技術研究所である。姫路市の車崎にある市立第一高女の校舎を借りた。講堂と本館の東半分を使い[79]、大小の発動艇、装甲艇、輸送潜水艦の開発に加わった四十余人の研究員を他の技術研究所から集めた。そして、体当り舟艇の製作に取り組むことになった。

さて、陸軍幹部をして、海軍首脳も同じなのだが、体当り攻撃をやるしかないとはっきり決意を固めさせる戦い、前の巻で何度か触れた戦いが起きた。

まずは、陸軍首脳から幕僚のひとりひとり、市谷台の全員が愕然とし、かれらがなおも抱いていた自信が崩れ落ちた。前にも触れた昨十九年六月十五日のことであり、つづく十六日、十七日のことだった。敵の上陸部隊を海に追い落すものと大きな希望を託していたサイパンの守備隊は、敵軍をやすやすと上陸させてしまい、まともな反撃ができないまま、猛烈な集中砲爆撃を浴びて、じりじり押されていくだけの惨憺たる有様となった。

海軍に望みをかけるしかなかった。連合艦隊が敵艦隊を撃滅してくれれば、サイパンの地上戦闘の様相を一変させることができるとだれもが思った。

六月十九日の朝だった。連合艦隊はマリアナ諸島はるか西方の海上に進出し、決戦の準備を整えた。九隻の空母に搭載された三つの航空戦隊、総計四百三十機の戦爆機は、いよいよ攻撃することになった。

前衛部隊の第三航空戦隊、千歳、千代田、瑞鳳の三隻の軽空母の搭載機、九十機のうちの第一次攻撃隊六十五機が最初に飛び立った。待ちに待った桶狭間の戦いはいよいよはじまる。艦橋に鈴なりの乗組員がいずれも帽子を振った。

天山四機、天山は真珠湾とミッドウェー海戦の主役であった九七式艦攻に代わる艦上攻撃機だった。もはや時代遅れとなっていた九七式艦攻が四十七機、これらを掩護する戦闘機がこれも時代遅れとなってしまった零戦十四機である。戦闘機による掩護があまりにも不充分といえた。艦上攻撃機と零戦の比率を最低一対一、できれば一対二にしなければならないのだが、戦闘機の数が足りない。

発進時の午前七時半は曇り空だったが、九時すぎには、きれいに晴れ渡り、さまざまな形をした雲がはるか水平線に小さく並ぶだけとなった。そしてそれから一時間あと、先導機は紺青の海に白い線を曳く敵艦を発見した。海上低く飛んでいた攻撃隊はさらに高度を下げた。

敵空母部隊はといえば、攻撃隊の接近をとうに知っていた。十五隻の空母の搭載機は総計九百五十機だったが、敵司令部指導所はこのうちの半分にあたる急降下爆撃機と雷撃機をただちに発進させた。グアム島の東の海上で、八時間でも十時間でも旋回しているようにとこれらに命じた。戦闘機の戦いとなるから、戦闘機の発着艦の邪魔になる空母の花形である艦上攻撃機と雷撃機は不要だった。

戦うのは十五隻の空母に搭載された局地戦闘機四百七十機である。いずれもグラマン・ヘルキャットだ。前身のワイルドキャットは零戦の餌食となったが、昭和十八年に就役したヘルキャットは大化けした。零戦の二倍もある二千馬力の強力エンジンを積み、零戦の二倍の重量の重戦闘機となった。重戦闘機ということは、前にも述べたことだが、防弾、耐火装備が完璧なものとなり、多少の被弾をしてもパイロットが戦死することも負傷することもなくなるということであり、重量、大きさにこだわることのない優れた無線装置を積むことができるから、戦いに際して互いに連絡ができるということだった。

ヘルキャットははるか高空で待ち伏せした。待つことなく、海面近くを日本の攻撃隊が重い爆弾を抱え、ゆっくりと進んできた。ヘルキャットは高速で弧を描いて降りてきて、日本機の背後から襲った。発動機とキャビン目がけて一連射を浴びせかけた。

空中戦で勝つには、敵機よりさきに敵機を発見し、背後にまわり込み、攻撃をしかけることだ。なぜうしろへまわるのか。昔も今も同じだが、間違いなく敵機を撃墜するためには、機体の軸線と機銃を平行にして、真っすぐ前方に弾丸を発射することだ。そのためには敵機の後尾につかねばならない。胴体軸にたいして銃身が角度を持ったときには、命中率は大きく低下する。

前に述べたことをつづけるなら、陸軍航空の幹部が軽戦闘機に執着したのは、戦闘機の旋回能力を高め、敵機のうしろに早くまわり込むことができるようにしようとしてのことだった。

そして海軍の戦闘機のことをつけ加えるなら、アメリカ海軍の戦闘機がワイルドキャットからヘルキャットに代替わりしたとき、わが海軍は零戦のつぎの戦闘機をつくりだせなかった。敵側はワイルドキャットが零戦に勝てないとわかったとき、試作中のヘルキャットが一千六百馬力のエンジンを積んでいたのをやめにして、十八気筒、二千馬力のエンジンを搭載することにした。大きなエンジンの重戦闘機がどれだけの利点をもつかはすでに述べた。こちらが零戦を変身させることができず、最高の万能戦闘機をつくることができなかったのは、信頼性のある二千馬力のエンジンを製造することができないためだった。

もう少しこの話をつづけるなら、三菱の名古屋発動機製作所が昭和十七年五月から開発をはじめた発動機が零戦の後継機に積まれることになっていた。二千二百馬力の発動機の大量生産がようやくのことではじまり、七十基分の半製品と部品があふれる工場が爆撃されたのが、昨十九年十二月十三日のことだった(80)。

零戦と艦上攻撃機はつぎつぎと撃墜された。ヘルキャットは大きく弧を描いて高速上昇し、高い空にのぼっていく。攻撃機が海面低く飛んでいるのを見つける。ふたたび高い空から駈け降り、斜め後方から襲う。

敵の駆逐艦は空母のはるか前面を守り、反転を繰り返しているのだが、その艦橋に立つひとりの士官は、はじめはこの空中戦に歓声をあげ、やがては茫然と見守ることになった。

大型観覧車《フエリス・ホイール》のようだとかれは思った。高くのぼっていく戦闘機は日の光を浴びて、瞬間白く輝く。そしてその向こうの空でも白く光る。そして黒い点に変わった戦闘機は頂点にあがり、降りはじめる。ずっと下を海面すれすれに日本の飛行機が飛んでいる。黒い煙があがり、赤い焔がでて、海へ突っ込んでいく。そこでも、ここでも、フェリス・ホイールはまわりつづけ、日本機はつぎつぎと撃墜されていく(81)。

霞ヶ関の赤煉瓦内では、だれも仕事が手につかなかった。今日、敵の正規空母を五隻から六隻撃沈することに成功すれば、局面は一変する。退勢を挽回できる。半年から一年の時間的余裕が生まれ、すべての問題を解決するめどが立つ。

海軍省の構内にある東京通信隊では、攻撃隊指揮官機の無電の波長に合わせ、敵空母攻撃を告げる通信を待ち、軍令部の作戦室に集まった幹部たちがいらだちを隠し、平静さを装い、作戦図を囲んで、じっと待ちつづけた。そして赤煉瓦内のすべての人びとがこの一瞬あとには吉報を聞くことができると信じて、じりじりしながら待っていた。

だが、敵空母の撃沈を告げる電報は入ってこなかった。時間がたつにつれ、奇跡が起きることを念じながらも、やっぱりだめだったのか、桶狭間の戦いを再現することはついにできなかったのかと軍令部の作戦課員は椅子に腰を埋め、軍務局の軍務課員は溜息をつくことになった。

そして入ってきた無電は、こちらの空母二隻が沈められたというしらせだった。赤煉瓦内にわずかに残っていた最後の望みも絶たれ、かつてなくはっきりと表面化した海軍戦力の弱体化にだれもが絶望し、このさきは体当り攻撃をやることになるのかと考え込んだ。「敵航空母艦五隻、戦艦一隻以上を撃沈破、敵機百機以上を撃墜」と発表するにとどまり、正式の海戦名を定めることもできなかった。急降下爆撃と航空魚雷と体当り機によって、空母二隻、戦艦三隻に損傷を与えたのが実際の戦果だった。敵側が失った飛行機は四十機たらずだった。そして敵艦艇は洋上ひろく分散して、捜索をおこない、半数近くの操縦員を海上から救いあげたのである。

この海戦から一週間、十日がたって、市谷台の幹部たちも海軍の戦いがどんな具合だったかを知った。空母飛行機隊による八カ月ぶりの本格的な攻撃は完全な失敗に終わり、雷撃、そして急降下爆撃ができた飛行機はごくわずかであり、数百の飛行機は敵艦を攻撃する以前に空しく海中に落ちたことを知った。海軍航空にできないことが陸軍航空にできるはずがない。体当り攻撃しかないといよいよ強く考えるようになった。

七月十一日、陸軍の肉迫攻撃艇の試運転がおこなわれることになった。荒川の河口に参謀本部と陸軍省、兵器行政本部の高級将校が集まった。かれらは船着き場から「大発《だいはつ》」の名で呼ばれる大発動艇に乗り込んだ。姫路の第十研究所の担当者が大発のうしろに繋がれている攻撃艇の説明をした。重量軽減のために船首部を切り詰め、全長は五・六メートル、幅は一・八メートル、縦通材《じゅうつうざい》に欅《けやき》を使うほか、外板と甲板はすべて耐水性のベニヤ板でつくっている。七十馬力、それとも八十馬力の自動車エンジンを積んでいる。

ところで、市谷台で体当り攻撃の論議がおこなわれたと前に述べたが、ほんとうはだれもが慎重に喋り、大臣、総長が出席する会議では、この問題についてあいまいに語られたのであろう。体当り舟艇といってきたが、じつをいえば、陸軍首脳がつくるようにと命じ、十研が開発した小舟には、「体当り」といった名前はついていなかった。あくまでこれは肉迫攻撃艇だった。「連絡艇」の秘匿名で呼ばれ、「マルレ」が略称のこの攻撃艇は、敵艦の横腹が目の前に壁のように迫ったときに旋回し、爆雷を投下して戻ってくることになっていた。

操縦員がその小舟に乗り込んだ。大発の周囲をぐるりとまわったあと、操縦員が速度レバーを引いた。木造の高速艇はスピードをあげ、白い渦の尾を曳き、川上へ向かった。エンジンの音を響かせ、戻ってきて河口の中央にとめてあるベニヤ板張りの大きな標的に突進した。ぶつかるぞと思ったとき、攻撃艇は大きく反転した。爆発音がして、白い水柱が収まったあと標的は消えた。

二十ノットの速力だと説明する声がした。批判の声がでた。二十ノットでは遅すぎる、波のある海上にでれば、十五ノットしかでないのではないか。こんなに遅くては狙い撃ちされる。夜間に出撃するといっても、敵は照明弾を打ちあげていよう。とても肉迫攻撃はできまい。

だが、海軍がつくっている体当り舟艇も同じ四トン・トラックのエンジンを搭載し、同じ速度しかでないと聞いて、しかたがないとかれらは思った。

海軍側も体当り艇をつくり、「マル四」の名称で呼んでいることは前に触れた。体当り艇といったが、これは正真正銘の体当り艇だった。そしてその体当り艇も豊田や日産の自動車エンジンを積んでいた。海軍はこのために割当て分のトラック・エンジンの三割をマル四にあてようとしていた。自動車のエンジンを積むことにしたのは、海軍が魚雷艇をもたなかったことに原因がある。

こういうことだ。海軍はずっと魚雷艇をもたなかった。魚雷艇が必要ではないかという主張はあった。そんな玩具《おもちゃ》を使う戦場がどこにあるのかと軍令部や海軍省の幹部は一笑にふした。ソロモン、ニューギニアの戦いで、島陰に潜む敵の小粒ながらピリリと辛い魚雷艇に巡洋艦や駆逐艦、輸送船が手痛い目にあうようになって、軍令部ははじめてその威力を知り、あわてて高速魚雷艇をつくろうとした。

わけなくつくることができると思ったのが、うまくいかず、呉海軍工廠の技術士官が責任を負って自殺するという事件をひき起こすことになった。試作されたエンジンは震動と騒音が大きすぎて、双眼鏡の使用もできなければ、無線電話も使うことができなかった。軽量の高速ディーゼル・エンジンをつくることはとうとうできなかった。

やむをえず既成のガソリン・エンジンを使うことにした。三菱の航空機エンジン、千五十馬力の火星を二基積み込み、やっと三十五ノットの速力がでる魚雷艇をつくることができた。だが、魚雷艇を建造するために、ただでさえ不足している航空機エンジンを使うわけにはいかなかった。

こうして魚雷艇が有効な攻撃兵器としていよいよ必要なとき、魚雷艇はなかった。けっきょく体当り艇をつくるしかなく、体当り艇には自動車用エンジンを積むことになり、重量が大きいために速力は遅くなったのである。

さて、陸軍の肉迫攻撃艇は二百五十キロの爆雷を一個、船尾に積むことにしていた。爆雷は投下して、その七秒あとに爆発するようになっていた。そのあいだに攻撃艇は安全なところまで戻ってこられるはずであった。

このあと討議会が開かれ、参会者のひとりが第十研究所の責任者に向かって、操縦する者が目測を誤り、敵艦に衝突したらどうなるのかと尋ねた。爆雷を押さえている装置が壊れ、爆雷は慣性で前方に落下し、敵艦船に命中して、爆発するという答えが返ってきた。最後に作戦課長が海軍と同じように船首に爆薬を積む舟を試作してみるようにと指示した。[82]

体当り飛行機のほうはどうなっていたか。爆撃機を体当り機へ変える研究は第三航空技術研究所で五月からおこなわれていた。八月に入ってのことだった。陸軍大臣は航空本部に九九双軽と四式重を体当り機に改造するようにと命令をだした(83)。

九九式双発軽爆撃機は昭和十五年に量産に入った。川崎航空機でつくられてきている。中国戦線では活躍したが、太平洋正面の戦いに参加するようになったときには、もはや旧式だった。

四式重爆撃機は「飛龍」の名称で知られている。生産を開始したのは昨十九年からであり、三菱でつくられている。陸軍航空も対艦船攻撃をおこなうことになって、飛龍を雷撃機として使おうとしていた。

飛龍と九九双軽の機首に導爆装置をとりつけ、敵艦に衝突したときに、爆弾倉内の爆弾が爆発するようにした。もっとも改造機の数はそのときは十数機にとどまっていた。

決戦兵器、マルケ

陸軍首脳陣がマルケ兵器にどれだけ大きな期待を寄せていたかを知るためには、陸軍航空と海軍航空について語らねばならないとは、はじめに述べたことだが、ここでマルケ計画のことに戻ろう。

赤外線ホーミング方式の爆弾を実戦配備することができれば、十中八九、犬死にに終わってしまう魚雷攻撃や反跳爆撃をやることなく、敵輸送船団を潰滅できる。市谷台のだれもがこんな具合に思い、マルケの一日も早い完成を望むことになった。そして、マルケの開発に参加することになった陸軍第二技術研究所、東芝川崎研究所、三菱重工業川崎工場をはじめとする数多くの会社から、東京帝大、東北帝大、京都帝大の工学部や理学部までの研究者、技術者の集団が研究室や工場に泊まり込み、懸命な努力をつづけることになった。

二十八歳になる近藤次郎はこのマルケ計画に加わることになったひとりである。

近藤は昭和十五年に京都帝大理学部数学科を卒業した。航空機に関心をもつようになって、東京帝大の航空学科に学士入学した。ところが、在学中に兵役猶予期間がきれて、短期現役の陸軍航空技術士官となり、昭和十七年五月から立川にある東京陸軍少年飛行兵学校に勤務することになった。昨年で現役の期間は終わったが、即日応召となった。

かれが飛行兵学校で教えていたのは代数と幾何だった。授業のための準備をする必要はなかったし、午後は鉄棒や跳び箱、銃剣術、フープ回転といったいわゆる術科なので、かれの仕事はなにもなかったから、東大の航空学科の研究室へ行き、ひとりで高速空気力学の勉強をしていた。

昨十九年の六月十五日のことだった。かれは校長に呼ばれた。南方への勤務を命令されるのだろう、結婚して一カ月にもならない妻のケイの顔が浮かんだが、いたしかたないと覚悟を決めた。ところが、命令は「本日付をもって航空本部と兼務にする。ただちに任務に就くように」というものだった。

航空本部は陸軍省と参謀本部がある市谷台内にあると教えられた。埼玉県の朝霞《あさか》と神奈川県の座間《ざま》に移る前、陸軍士官学校がまだ市谷台にあった時代に、士官学校の生徒たちが地獄坂と呼んでいた坂を、かれが汗をかきながらのぼっていったとき、つぎつぎと追い抜いていく自動車のどれもに、金モールの参謀懸章を吊った高級将校が乗っているのを見て、さすがに陸軍の中枢部はちがうとかれは思った。じつは市谷台は慌ただしい一日だった。正式発表はまだなかったが、サイパン島に敵軍が上陸したのがその日だった。

航空本部で、かれは技術本部長から「貴官は航空本部と兵器行政本部の兼務となる。ただちに兵器行政本部で命令受領せよ」と言われた。そこで牛込若松町の兵器行政本部へ行った。兵器行政本部では、「特殊任務についてもらう。余丁町《よちょう》分室へ行け」と命じられた。

余丁町分室は個人の邸を借りあげたものだった。分室の責任者である野村恭雄が玄関まででてきて、「近藤中尉、よく来た」と招じ入れられた。明日からの出勤は自由、軍服ではなく、私服でもさしつかえない、髪ものばしたいならのばしてよいと言い渡され、躾《しつけ》の厳しい少年飛行兵学校の教官だったかれは狐につままれたような気持ちとなった。

かれは野村から決戦兵器のマルケ爆弾についての説明を聞いた。胸が躍った。この爆弾が完成すれば、マルケを搭載する飛行機は敵の大船団の上空まで達する必要はないから、安全度は高くなる。爆撃照準を定めなくても、爆弾は自動追尾をするのだから成果は確実であろう。そして教え子である少年飛行兵たちの命を救うこともできるのだと思いいたったとき、かれの体中が熱くなり、やるぞと決意をすることになったのである。(84)

マルケの開発は三つの部分に分かれていた。ボロメーターと呼ぶ、微小な放射熱を測定する装置をつくることがひとつだった。研究者たちは「眼玉」と呼ぶことになった。つぎに微弱信号を増幅する電子装置を開発する部分だ。「はらわた」と呼んだ。そして爆弾を目標に誘導する航空機体の開発がある。これを「飛行体」と呼んだ。

近藤が参加したのは守屋富次郎を中心とする飛行体の開発グループだった。守屋は東大の航空学科の教授で、空気力学が専門であり、近藤はかれの教え子だった。そして守屋が野村恭雄に説いて、少年飛行兵学校から近藤を引き抜いたことを、あとになってかれは知った。

守屋が知恵をしぼって操舵装置をつくりあげ、七月に入って、基本設計をすることになった。青梅線の鳩ノ巣の旅館でやった。助手、学生、挺身隊の若い女性たちが手伝ってくれ、近藤は一週間で設計を終えた。ただちに試作の飛行体をつくった。

金属材料は手に入らなかった。陸軍省と参謀本部の幹部たちはマルケに期待を寄せていたのだが、陸軍航空本部は巨額な資金の配分を受けたマルケ開発計画に白い目を向けていた。兵器本部の素人がなにをやっているのだと対抗意識を燃やし、ドイツの技術でできないものがあの連中にできてたまるかと冷笑した。かれらは航空機製造会社に手をまわし、マルケ計画に協力させないようにした。

そこで飛行体の本体は木でつくることになった。旋回操舵方式の軸は竹を貼り合わせてつくった。第一号機は大宮市郊外にあるベニヤ板の加工ができる家具工場でつくりあげた。金属はボルトとナット、金具だけだった。そして大宮製造所の正門脇にある鋳物工場を借りあげ、長さ百メートルの生産ラインをつくり、ここで量産する計画をたてた。(85)

八月二十九日、市谷台で定例の課長会議が開かれた。会議をとりしきる軍務課長は、閣議決定の重要事項、戦局、国際問題について、課長たちが知らねばならない情報を披露した。軍務課長の主要な任務のひとつはまず市谷台内で広報活動をおこなうことなのである。

この日、軍務課長の赤松貞雄ははじめてケ号兵器の説明をした。これこそ、まったく新しい戦略的可能性を開く兵器なのだとかれは語った。医事課長の大塚文郎は日誌につぎのように記した。「マルケ　熱線ヲ利用スル爆弾　見込ガツク」(86)

マルケ製造の中核となった工場は大宮製造所である。大宮製造所について説明しよう。大宮製造所は「東一造」の略称で呼ばれる東京第一陸軍造兵廠の麾下《きか》にある。最初は東一造第二製造所の分工場として発足した。大宮町は町村合併があって大宮市となるのだが、大宮町の西側にひろがる松林と薄《すすき》の台地に工場をつくり、光学兵器の製造をはじめた。これが昭和十四年だったが、工場を増設して、高射砲の算定具、各種の工具をつくるようになった。

昨十九年は、第一工場で、マルフの飛翔装置の製造をおこない、砂を入れたバラストを吊るす金具、これを順次落としていく装置をつくった。今年のはじめに、第二製造所と同格の大宮製造所へと昇格した。六千人が働き、浦和中学、大宮工業学校の生徒、大宮高女、久喜《くき》高女の女生徒も働いている。

大宮製造所がマルケの整備担当庁となったのは、レンズの製作をしてきたことからマルケの集光凹面鏡をつくることになったためであり、またマルケの組み立てを第五工場でおこなうことにもなったからである。もっとも第五工場といっても、造兵廠の外にある鋳物工場を借りたもの(87)であることは前に述べた。

赤松貞雄の八月末の課長会議における報告のあとのことである。マルケの試作試験と審査が終わり、大量生産に踏みだすことになったら、相模原陸軍造兵廠で生産を開始し、つづいて名古屋、大阪、小倉の造兵廠でつくるということが決まった。

相模原造兵廠は風船爆弾をつくっていたが、試作の段階でやめてしまい、マルケ試作機の飛行体の製造をはじめていた。(88)

人手が不足するようなら、各造兵廠のマルフの生産を中止し、マルケに切り替えるとの指示もこのとき出たのではなかったか。

マルケの開発が順調に進んでいるということで、肉迫艇にその奇跡の新兵器を搭載しようということも決まった。

マルケの有効距離は一万メートルなのだから、肉迫艇に積んだその装置が敵艦を捉えた段階で、乗組員は脱出すればよい。あとは無人の攻撃艇が敵艦に向かう。これには「指揮艇」といった秘匿名がつけられ、十月はじめに試作がはじまった(89)。

十月十五日に陸軍大臣の杉山元は大宮製造所を視察した。ケ号の完成を急げと督励したのだが、かれを満足させる答えが返ってきた。まず、マルケは三種類つくっていると説明を受けた。じつをいえば、飛行体の設計案、そして製造はまだひとつに決まっていなかった。守屋富次郎が開発した飛行体があり、もうひとつ糸川英夫が設計した飛行体があった。

糸川英夫は東大の航空学科を卒業して中島飛行機に入社、設計課にいたが、新たにつくられた東大第二工学部に移籍し、航空機体学科の助教授となった。かれはマルケ計画の飛行体の開発に参加し、自分が研究、設計して、守屋飛行体とは別個の飛行体をつくりあげた(90)。主翼が十字型の四枚翼、同じように尾翼も十字翼である。

守屋富次郎が考案した飛行体の主翼は二枚、尾翼には水平尾翼と垂直尾翼がついて、全体の形は普通の飛行機と同じ恰好である。

守屋式の最大の利点は、旋回操舵といったアイデアによって、高度一万メートルで爆弾を投下すれば、グライダーのように滑走し、前方にある目標に到達できると見込まれていたことである。ところが、糸川が設計した飛行体のほうは、長距離の滑走ができないので、敵艦の真上まで接近しなければならなかった。

当然ながら、より魅力的な性能を持つ守屋式を採用すべきであったが、はたしてかれの着想による旋回操舵方式がうまくいくかどうかわからなかったので、最高責任者でまとめ役の野村は二本立てで進み、糸川式を一型[91]、守屋式を二型と呼ぶことにして双方を競争させることにした。そしてもうひとつ、眼玉と呼んでいる照準部についても、ボロメーター方式ではなく、べつの方法がいいと主張する研究者がいた。このべつの眼玉を一型にとりつけてみようということになっていた。

陸軍大臣の杉山は大宮製造所の所長から、つぎのような説明を受けた。ボロメーターをつけた一型と二型をつくる。一型にべつの眼玉をつけたものをそのほかに製造する。三種類、それぞれ十発ずつつくる。十一月中には各造兵廠で百発ずつつくることになっている。そしてその優劣が明らかとなれば、一種類に定め、十二月には一千発、昭和二十年三月までに一万発を生産する。

杉山元に随行した軍事課員の国武輝人は製造所長の報告の要点を業務日誌につぎのよ

うに記した。

「一　研究完了　十一月末　目下一応整備ニ必要ナル程度ノ研究修了
二　整備　十月末迄ニ三種類各一〇発宛《ずつ》　十一月中ニ各造兵廠ニテ一〇〇発宛　十二月一〇〇〇発　三月迄ニ一〇、〇〇〇発[92]」

陸軍大臣は頬をゆるめたのであろう。市谷台のだれもが顔を見合わせ、にっこりしたにちがいなかった。語られるとおりの性能をもち、約束どおりの数があれば、マルケはこの絶望的な大状況を変えることができる。

ところが、今日、昭和二十年四月十五日、相模原造兵廠と他の造兵廠から送りだされてくるマルケの完成兵器は百発はおろか、一発もない。

当たり前といえば当たり前だった。マルケ計画が一からはじまったのは昨十九年五月だった。つづいて三種類のマルケをつくることが決まった。どれがいいかを定める実験をやり、優秀モデルを決めれば、わずかな手直しをしただけで、すべては完了し、十一月からは量産に入る。だれもがほんとうにそう思っていたのか。

この期間、住友通信工業、東京芝浦電気、日本測定器の技術者や研究者、二型をつくっている守屋班の近藤次郎、一型をつくっている糸川英夫、だれもがときに楽観的となり、そしてまた絶望に落ち込むといった日々を繰り返してきている。いったい、昨年十月の段階で、だれが昭和二十年三月末には一万発をつくることができると本気で信じたのか。

電波兵器、大馬力の航空用発動機、無線機の開発と製品化、あるいは工場の建設が最初の計画どおりには進まず、ずるずる一年、二年と時がすぎていくのを、市谷台の幹部たちはいやというほど見てきたのではなかったか。かれらは生産部門の責任者や研究者、会社の首脳に無理な要求をだしても、どうにもならないことを知りつくしていたはずだ。

マルロ計画はそうした例のひとつである。マルロはロケット・エンジンの局地戦闘機だ。やがて来襲するであろう敵の超大型爆撃機を迎撃して、本土を守る戦闘機になると期待され、マルケと同じく、昨年五月から六月のあいだにスタートを切った。

陸軍だけでなく、海軍もこのマルロ計画に取り組み、双方は厖大な資材と人員を投入してきた。マルケ計画には、住友通信工業や東京芝浦電気だけでなく、すべての弱電メーカーの数多くの技術者と研究者が加わっているが、マルロ計画には、肝心要《かなめ》のロケット燃料を生産するために、化学工業関連のすべての会社、二十二社、三十工場が参加し[93]、懸命な努力をつづけてきた。そして昭和二十年三月までに陸海軍合わせて百五十五機のロケット機をつくる予定だった。

ところが、陸軍の幹部ははっきり口にはださなかったが、マルロにたいする熱意を早々に失ってしまった。会議の冒頭、マルロの進捗状況はどうだ、試作機一号はいつできるのかと尋ねる幹部はいなくなった。たとえそのテスト飛行に成功したところで、ロケット機を百機、二百機と生産するための耐熱材や高強度材のないことが明らかとなり、厖大なロケット燃料を生産、貯蔵できる見込みもなく、搭乗員の訓練も並大抵でないと知ったからである。

では、マルロに希望をつなぐことはできなくても、マルケは大丈夫だ、その開発は順調だ、原料の確保、部品の生産も問題はない、まもなく大量生産は軌道にのるだろう、と心から陸軍の幹部たちは信じていたのだろうか。もしそうだとすれば、陸軍のマルケの開発を、海軍が黙って見過ごすはずはなかった。海軍がこの熱線追尾爆弾を自分の手でつくろうとして当然なはずであった。

前に述べたことだが、陸軍と海軍はつねに張り合い、一方がなにかをやろうとすれば、もう一方がかならずまねをしてきた。陸軍が落下傘部隊をつくっていると知れば、海軍も無理算段して落下傘部隊をつくることになった。海軍が航空機発動機工場の新設に着手すれば、陸軍もただちに新工場の建設にとりかかった。陸軍が気球の開発をはじめたと知れば、海軍もまた気球の製造に取り組んできた。ロケット機の開発は陸海軍が協同でおこなうと定めていたが、この場合でも双方が相手を出し抜こうとしてきた。

こんな具合だから、陸軍が電機メーカーと大学の研究陣を大動員して、熱線ホーミングの有翼爆弾を開発していると海軍幹部は知って、ただちに専門家に命じ、この着想がものになるかどうかを検討させたはずであった。だが、海軍は熱線追尾方式の爆弾にはなんの興味も示すことなく、百発百中の誘導弾を開発しようとはしなかった。

ついでにいえば、マルロへの関心が薄れてしまったのは、海軍も同様だった。昨十九年十月には、マルロが海軍内の鋼材配分の優先順位一位であったのを、マル四を一位に替えてしまった(94)。

体当り攻撃、陸軍と海軍の考えの違い

海軍は体当り舟艇、マル四の開発、つづいては回天の生産に懸命となり、陸軍のマルケにはなんの関心ももっていないようであった。ところが、陸軍はマルケの開発に執着し、その実戦配備を待ち望んだ。陸海軍のこの違いは両者の置かれた立場に起因していた。それについて説明するためには、ここで海軍のマル四、陸軍のマルレについてもう少し述べねばならない。

すでに述べたとおり、急降下爆撃がなかなかうまくいかず、雷撃もまた難しいとわかって、体当り攻撃しかないと考える人たちが陸軍内と海軍内に増えた。飛行機による体当り攻撃を考えるようになれば、舟艇による体当り攻撃をやったらどうかという主張にもなった。ところが、その準備にとりかかるようになって、陸軍と海軍はその取組み方が異なった。

前に記したとおり、陸軍側は、攻撃を終えて無事に戻ってこられることを強調して、

これは体当り艇ではない、肉迫攻撃艇なのだと説いた。ところが、海軍はこんなごまかしの態度をとらなかった。海軍のマル四は、前に述べたとおり、船首に爆薬を積むことにしていた。船を操縦する者が爆死するのは自明のことであった。連合艦隊司令長官の山本五十六が戦死し、後任長官の古賀峯一が遭難死したあとの昭和十九年四月はじめ、軍令部第二部長の黒島亀人が数種類の体当り兵器をつくる計画を部長会議で語ったことは、第2巻で述べた。その計画のなかにマル四はあった。(95) 海軍首脳は体当り攻撃の計画を隠そうとしなかった。

昭和十九年九月十三日に海軍省が特攻部を設置したのも、(96) こそこそとした態度をとらないところを見せようとしてのことだった。「特攻」は特別攻撃の略であり、特別攻撃とは体当り攻撃のことである。新しい部の発足を新聞に載せることはなかったが、だからといって、秘密機関ではなく、海軍省のれっきとした中央部局として発足させた。

新設部の部長となったのは、五十二歳になる水雷学校校長の大森仙太郎だった。かれはすでに七月のはじめから体当り攻撃の責任者となり、横須賀、呉の工廠長を呼び、体当り兵器の開発と製造を急がせていた。そして大森は海軍省と軍令部の各部局から二十五人を選び、特攻部員とした。

どうして海軍はわざわざ特攻部なんかをつくったのか。すべてはあいまいなままにしておき、体当り攻撃は自然発生的に生じたものだという顔をしていればよかったのではないか。敵艦に肉薄するだけで体当りではないといい加減な話をしていればよかったはずだ。若い者たちが脱出を考えようとせず、脱出装置は不要だと言っている、体当り攻撃はかれらが望んでいるのだと海軍幹部は語ればいいのだし、前線の航空部隊の司令官が自分の判断で体当り攻撃をやらせたのだと言えば、それはそれで立派に通る説明となるはずであった。

なぜ特攻部をつくったのか。特攻部を設置しなければならないとは、霞ヶ関のすべての幹部が同意したことであったにちがいない。軍令部次長の伊藤整一、第一部長の中沢佑、海軍次官の井上成美、軍務局長の多田武雄、かれらのだれもが特攻部をつくることに賛成したのであろう。そして海軍大臣の米内光政と軍令部総長の及川古志郎がうなずいたのであろう。なぜだったのか。

昭和十九年六月十九日と二十日のマリアナ沖海戦によって、連合艦隊はないも同然となってしまった。たしかに二隻の超大戦艦、大和と武蔵はなおも威容を誇っていた。長門、金剛を含めて、七隻の戦艦が艦隊泊地、あるいは岸壁に繋留されていた。正規空母も、瑞鶴、雲龍、天城が防潜網の奥に停泊していた。重巡洋艦はなお十四隻あり、軽巡洋艦は十三隻あった。

依然として大海軍を誇示できる堂々たる陣容のように思えた。だが、そんなことを思う海軍幹部はただのひとりもいなかった。海軍力が艦砲射撃の集中火力であった時代は、アメリカとの戦いがはじまる以前に終わっていた。マリアナ沖で空母航空部隊を失ってしまった連合艦隊は、空母が残っていても、戦艦がなお存在していても、尾羽打ち枯らした敗残部隊でしかなかった。

そして赤煉瓦内の幹部たちのだれもが知っていたもうひとつのことは、敵が間合いをあけようとせず、こちら側に空母飛行機隊と基地航空部隊の再建の時間を与えようとしないことだった。

余計なことをつけ加えるなら、アメリカ海軍の第一人者であり、統合参謀本部の一員である海軍作戦部長、日本の軍令部総長にあたるアーネスト・キングはなかなかの戦史通であり、南北戦争を研究したことがあった。かれがその戦いから引き出した戦訓は、北軍の将軍たちが南軍にたえず軍事圧力をかけようとせず、間合いをおいたがために、戦争を短期間に終わらせる機会が何度かあったにもかかわらず、丸四年、正確には四年に三日たりないだけの長い戦いとなってしまったということだった。

及川、米内、かれらの部下たちがはっきり承知していたことは、こちら側が空母飛行機隊を再建できないでいるとき、敵はフィリピンに襲いかかってくるだろうということだった。

昭和十八年十一月に敵艦隊がギルバート諸島に侵攻してきたとき、つづいて昨十九年二月にマーシャル群島を襲ってきたとき、連合艦隊は空母機搭乗員を訓練中であり、迎撃しなかったことは前に述べた。では同じように、敵艦隊がフィリピン攻略作戦を開始したとき、連合艦隊は戦いを回避し、つぎの戦いに備えることにしたらどうであろうか。

それができなかった。フィリピンを失うことになったら、スマトラ、ボルネオの油田と日本本土が完全に遮断されてしまい、空母機搭乗員訓練のために瀬戸内海に引き下がっている空母部隊は、燃料がないために動けなくなってしまう。そしてリンガ泊地に残る戦艦や巡洋艦はやがて対空弾弾薬庫が空になってしまい、これも役に立たなくなる。それゆえにフィリピン水域に敵艦隊が侵攻してきたときには、飛行機の傘があろうとなかろうと残存艦隊を出撃させねばならないと海軍首脳は覚悟を決めていたのである。

そこでマリアナ沖海戦のあと、軍令部総長官邸に集まった幹部たちの胸中にあった考えは、実際には役に立たなくても、軍艦が残っているあいだはまだしばらくごまかしがきくが、連合艦隊が文字どおり潰滅してしまって海軍が不面目な姿に落ちぶれることになれば、海軍の権威と影響力は弱まり、陸軍と互角に折衝することができなくなってしまうのではないかということだった。

陸軍航空を海軍航空に合併してしまおうといった海軍の構想は遠い昔の夢だった。かつて横浜沖、須崎沖、あるいはトラック島の泊地を埋めた連合艦隊がなくなってしまって海軍が発言権を失ってしまったら、海軍を陸軍に合併してしまおうとする陸軍の強硬な主張、策略(97)をはねつけることができなくなる。海軍の名誉を守ることができなくなるのではないかとだれもが恐れた。

そして海軍大臣の米内光政が恐れたのは、このさき陸軍のべつの主張を押さえることができなくなってしまうということであったにちがいない。連合艦隊が潰滅してしまったあとになっても、陸軍側が自分のところにはまだ二百万の地上部隊が無傷のまま存在しているのだとがんばって、無益、無惨な戦いをつづけようとすることだった。

米内は、かれが最初に海軍大臣だったときに、対米戦に反対だとはっきり主張し、開戦のときには現役を退き、海軍のいかなるポストにも就いていなかったから、開戦にそれぞれなんらかの責任をもつ及川や伊藤、中沢と異なり、戦争終結の問題を考えることになんのわだかまりももっていない。そこでかれがほかのだれよりも心配したことは、海軍が発言権を失ってしまったら、戦いをやめる機会を逸してしまい、陸軍の言いなりになり、ずるずると本土で戦うことになってしまうのではないかということであったはずだ。

ほかの海軍幹部が戦争終結の問題をどのように考えていたのかはともかくとして、やがて陸軍が呼びかけてくるであろう陸海軍合同論をはねつけねばならないことでは一致していたから、陸軍にたいする対策は米内と同じになった。

海軍はこのさきも攻勢行動をとる作戦計画をたてることができ、敵を打ちのめす力をもっていることを陸軍に示さねばならなかった。体当り舟艇、体当り魚雷、体当り潜航艇をつくり、そのための部隊を編成し、海軍省に堂々と特攻部を設置したのはそれが理由であった。

さて、陸軍大臣の杉山元は海軍大臣の米内光政と対蹠点にいた。

杉山が茫洋とした性格だと言われてきたのは、そう見せかけてきているだけのことで、ほんとうのかれは細心である。かれ自身思いだすまいと努力したにちがいないが、それでも溜息がでて、どうしたらいいかと思い悩んだときに思い浮かぶことになるのは、参謀総長だった私があのときアメリカとは戦わないときっぱりと言い切り、第一部長と作戦課長をしっかりと抑えていたなら、こんな悲惨な羽目に陥ることにはならなかったのだという悔恨だったはずである。生涯の痛恨事などといってすむことではない。私の罪は万死に値するとかれが後悔の臍《ほぞ》を噬《か》み、ときに胃に刺すような痛みを感じたのは、これまでに何十回とあったはずだった。にもかかわらず、だからこそと言わねばならないが、陸軍大臣となっている杉山は、和平を求めねばならないとは口がさけても言うことはできないと考え、降伏せざるを得ないとはぜったいに自分の口から言いだすことはできないと思っていた。

そこで体当り攻撃にたいする米内光政と杉山元の違いがはっきりと現れた。

米内光政は考えた。このさき、幼児と老人が飢えとチフスとジフテリアで死に、女子供がガソリンをジェリー状にした爆弾で焼き殺されることになるのを阻止するためには、海軍の権威と影響力を維持しつづけなければならない。そのためには海軍が敵を打ちのめす力をいまだにもっていることを陸軍に示す必要があり、若者に体当り攻撃を命じるのもやむをえない。米内光政はこんな具合に考えたのである。

ところが、陸軍大臣の杉山元のほうは、国民が飢え死にしても、焼き殺されても、ずるずると戦いをつづけるしかなかった。そんな戦いをどこまでもつづけよと言わねばならないのかと思えば、気は滅入り、なにもできない自分を情けないと思うようになっていたはずだ。しかも体当り攻撃をやったところで、いい加減な数の飛行機や舟艇ではとても戦局を変える力にはならないと、かれにはわかっていたはずだから、かまうことはない、若い者に体当り攻撃をさせればよいと幕僚たちに切りだす度胸はとうていなかったのである。

こうしたわけで、すでに述べたとおり、陸軍首脳は体当り攻撃艇をつくれと言いだす勇気がなく、「肉迫攻撃艇」なるものをつくらせることになったのである。

杉山と梅津はそれぞれ八月二日と八月四日に天皇に向かい、肉迫攻撃艇の説明をおこなった。そして八月十二日には、その攻撃艇が爆雷を投下する実験を撮影した映画を天皇の観覧に供した(98)。つぎのような内容だったのであろう。海岸に近い崖の下にある横穴式の格納庫から、トラックのタイヤを使った運搬車で波打ち際まで攻撃艇を運びだすところからはじまって、敵の護衛艇役の魚雷艇が右往左往するなか、攻撃艇は二度三度とバウンドを繰り返しながら突き進み、見事に敵の輸送船に見立てたベニヤ板の囲いを爆破して、無事に戻ってくる。

さて、陸軍首脳は体当り攻撃をおこなうとはっきり言いだす勇気はなかったのだが、じつのところは体当り攻撃をやるしかないと思っていたのだし、やるつもりでいた。前に記したとおり、マリアナ沖海戦のあと、鉾田《ほこた》と浜松の二つの教導飛行師団内に体当り隊を編成していた。

市谷台の幹部たちはつぎのように考えていたのであろう。海軍が体当り攻撃をやるのだと言い、その準備をすすめているのだから、さきにやらせればよい。海軍が体当り攻撃を国民に宣伝し、世論を沸かせることができたら、そのあとこちらがやればよい。だが、こんなことを得意顔で言う者がいたら、参謀次長や軍務局長は顔色を変え、そうではないと声を荒げ、つぎのように言ったはずである。われわれはマルケを搭載した飛龍の爆撃機隊が大突進する日を待ち望んでいる。若い者に体当り攻撃をさせないですむように、われわれはマルケを完成させようと努力しているのだ。陸軍の幹部たちはこう言って部下をたしなめたはずである。

そこでマルケの研究者、技術者のことに戻るが、かれらはこの新兵器に大きな期待がかかっていることを知っていた。かれら自身、大きな自負心もあった。子供瞞しのマルフやドイツのロケット機、メッサーシュミットMe－163のまったくの模倣機をつくろうとするマルロ計画とちがって、正真正銘、自前の兵器であり、戦局を変える偉大な傑作兵器になるのだとかれらは思っていた。これが敵の兵器よりはるかに優れた兵器となって、このことが陸軍航空の全員、全将兵、そして国民の士気を高めることになるのだとかれらは考えた。そしてかれらはマルケはかならず成功するのだという信念にみずから進んで身を任せていったのである。

ところで、かれらは自分が果たすべきそれぞれの仕事のことしか知らなかった。各部門の研究作業をまとめ、統合するのが役目の技術将校たちは、参照できる経験をもたず、技術的な見通しをたてることができなかった。こうしてマルケ開発にかかわるすべての人びとは大きな責任感をもつのと同時に、ほとんど自己欺瞞に近い楽観主義を抱くことにもなった。

とはいっても、十二月には各造兵廠で一千発をつくることができるとマルケ開発の責任者に言わせるように仕向けたのは、ほかならぬ陸軍大臣とかれの部下たちだった。かれらはまもなくマルケが実戦配備されるのだと信じる素振りをしてみせることになった。マルケの完成が間に合わないなら、やむをえず体当り攻撃に踏み切る。体当り攻撃ははじめても、マルケの完成を待つ。かれらの計画はこのようなものであった。瞞すのはまず自分自身からということだった。

海軍が最初の体当り攻撃をおこなったのは、このようなときだった。宮城県の一千余人の女学生が横須賀へ出発しようとするときでもあったことは前に述べた。マニラ北方の航空基地から飛び立った関行男の一隊がスルアン島沖で敵艦四隻に体当りした。その三日あとの十月二十八日に海軍省がこれを発表し、翌十月二十九日の新聞がこれを報じた。関とほかの四人の名前を挙げ、「ソノ殊勲ヲ認メ全軍ニ布告ス」という連合艦隊司令長官の賞状を掲げ、関の写真を載せ、各隊員の経歴と親から兄弟まですべての名前を報じ、かれらの出発直前の様子を伝え、さらに社説でこの体当り攻撃をたたえた。

新聞を読んだ人たちは瞼を熱くした。血の気が失せるのを感じる人もいた。そしてとまどいを抱いた者もいた。なぜ新聞の第一面のすべてを埋めて、体当り攻撃を褒めたたえたのであろうか。わからないことだらけだった。比島沖海戦で敵空母十一隻を沈め、八隻を撃破してから二週間がたったばかりのときだった。ところが、真珠湾以来の大打撃を受けたはずの敵海軍はしっぽを巻いて逃げだすどころか、フィリピンの一角に戦闘部隊を上陸させていた。つづいて新聞は味方の地上戦闘での勝利を伝えてきていたが、じりじり押されているのは、間違いのないところだった。そこへ全紙面を充てて、「必死必中」の体当り攻撃の発表となった。

そして一日おいて、十一月一日の新聞に「神風隊連続猛威振う」との見出しがでて、つづいて毎日のように体当り攻撃の戦果を報じる大本営の発表が新聞に掲げられるようになり、人びとは体当り攻撃に国の命運がかかっており、体当り攻撃が常套の戦術になったのだとようやく気がつくことになった。戦争はたいへんなことになっているのだと人びとはあらためて思い、胸は締めつけられ、大きく吐息をもらしたのである。

さらに十一月十四日の新聞は、陸軍機のはじめての体当り攻撃を報じた。「陸軍の神鷲相次ぐ必殺の体当り」という大見出しだった。翌十一月十五日の新聞は、「陸の神鷲第二陣」の見出しがでた。

さて、海軍機、陸軍機による体当り攻撃が大々的に宣伝されはじめたとき、フ号作戦もはじまっていた。前に述べたとおり、風船爆弾の発射は十一月七日に開始された。そしてこれも前に触れたことだが、かつてマルフに寄せた市谷台の熱気はかけらも残っていなかった。大臣や総長は大津の気球連隊長からの報告に目を通すこともなかったにちがいない。関心をもたないといえば、総長や第一部長はフィリピンのレイテ島の戦いにも注意を払わなくなっていた。優勢に立った敵によってレイテのわが軍はばらばらになり、各個撃破されており、もはやどうにもなすすべがなかった。

では、マルケはどうなっていたのか。陸軍大臣や軍務局長、第一部長は相変わらずマルケには関心を払っていた。実験の結果はどうだったかと尋ね、問題点はなにかと問い、公開実験はいつになるのかと聞いていた。

マルケの実験は、はじめ習志野《ならしの》でおこなった。つぎに相模湾の真鶴《まなづる》岬の沖合い三百メートルのところにある三ツ石と呼ばれる長さ三百メートルほどの無人島を使うことにした。その島の突端に十数メートルの高さの岩山が三つある。三ツ石の名はこれに由来するのだが、このうちの二つの岩山のあいだに石垣を築いた。この石垣を目標にマルケを投下し、運動弾道を調べることにした。

実験はB29の少数機が本土に来襲するようになった十一月上旬にはじめた。福生《ふっさ》飛行場で二型の二枚翼のマルケを搭載した爆撃機は真鶴岬に向かった。近藤次郎と同じ守屋班の研究者たちは弾道追跡の準備を整え、空を見上げた。

爆撃機が五千メートルの高さで近づいてきた。そして青空に目を射るような白く輝く粒が落ちてきた。マルケの胴体の円筒の木肌の色である。白い粒が一千メートルほど落下し、飛行機の形に見えてきたとき、錐揉《きりも》み状態となり、つづいて機体がばらばらとなってしまった。

残骸を拾い集め、なぜ空中分解したのかを調べた。近藤次郎は急いで設計を変更し、新しい機体をつくり、つぎの実験をおこなうことにした[99]。

三ツ石から近い真鶴の町の人びとはその島が陸軍の実験場となったことを知っていた[100]。三ツ石に爆弾を落とし、駅前の福一旅館に泊まっている大学の先生たちがそれを調べているのだそうだ。陸軍大臣の杉山元帥が真鶴の港から船に乗った。町の人はこんな話をしていた。

陸軍の最初の体当り攻撃の日から五日あとの十一月十七日、陸軍大臣は兵器行政本部長から報告を受け取った。「研究は三週間ほど遅れております。十二月二十日から大量生産開始の予定であります」

女生徒たち、マルフ生産に大車輪

風船爆弾のことに戻ろう。

B29による本格的な空襲がはじまったのは昨十九年十一月二十四日だった。八十機が襲来した。つづいて十一月二十七日、二十九日、三十日に東京とその近郊は爆撃された。四回の空襲で、二千五百世帯の住宅が焼かれ、三百人が殺された。

十一月中に風船爆弾の放球は七百個だった。どれだけの成果があったのかはわからずじまいだった。

風船づくりは十二月に入って、いよいよ軌道にのった。七月、八月からはじめた女子挺身隊員と女学校の生徒たち、そして十月、十一月からの後発組が加わり、彼女たちは懸命に働いていた。

福岡県福島町にある八女《やめ》高女は先発組であり、昨十九年の八月から風船づくりをはじめた。四年生百人が球皮となる原紙をつくってきた。和紙を二枚、三枚と重ねて貼り、三枚合わせ、四枚合わせとする作業だった。

福島町のある八女郡は昔から和紙づくりが盛んで築後和紙として知られている。これら和紙漉き工場は東京の国産科学工業の指導を受け、昨年の春から風船の和紙づくりをおこなってきた。周囲にこうした工場があることから、八女高女の生徒はほかの女学校よりも早く和紙の貼り合わせをはじめたのだし、前に述べたとおり、小倉造兵廠で働く船津静代らの一隊が八女にある和紙漉き工場へ実習に来ることにもなったのである。

和紙の貼り合わせには蒟蒻粉の糊を使う。蒟蒻の粉は工業用の糊として利用されてきた。蒟蒻粉は糊の働きをするだけではなく、薄い皮膜をつくり、水素ガスが風船の外へ洩れるのを防ぐ。

四枚貼り合わせの原紙は風船の上半球に使い、三枚貼り合わせのほうは下半球に使い、二枚貼り合わせたのはかすがい紙とした。

八女高女が学校工場を開設して、運び込まれたのが二百枚の張り板である。百人の生徒は十班に分かれたから、一班が二十枚、一人が二枚の張り板を受け持った。各班が競争して、生産枚数を増やすことに努めたのは、前に述べた小田原高女の生徒が各班に分かれ、黒皮剝きの作業を競ったのと同じだった。

井上俊子の班は自転車置場が仕事場だった。日があがり、熱したフライパンのようになったトタン屋根の下で、刷毛をふるい、糊をつける仕事を二時間もつづけていると、目がまわりそうになり、大きく息を吸い込まねばならなかった。

張り板の両面に和紙を貼り終え、その張り板を運動場に運んだ。最初は二人で運んだ。

つぎには、こんなことをしているのは時間のむだだと思い、ひとりで運ぶことにした。

俊子は両足に力をこめ、張り板をぐいと持ちあげた。はみだした糊が張り板のふちについていたから手が滑った。激しい心臓の鼓動に調子を合わせながら、自分の干し場まで体を弓のようにそらせて一歩ずつ足をすすめた。そして仕事場に戻って、もう一枚の張り板に和紙を貼った。その合間に運動場へ行き、張り板の乾き具合を調べた。

午前十時すぎから午後二時までの太陽の熱がもっとも強いことは、だれに教えられなくても、皆が気づいた。十二時から一時間休むのはもったいないと思うようになった。正午になっても、麦茶を飲み、井戸水を飲んだだけで、急いで張り板のところに戻った。体全体からいっきょに噴きだした汗はたちまち皮膚に残る塩となった。

お天気さえよければ、午後二時までに三枚の原紙をつくることができた。一安心して、それから昼のお弁当を食べ、シャツを着替え、汗で濡れたシャツを洗った。もんぺについた糊がゴワゴワに乾き、腿に擦れて痛かった。

ツクツクボウシの声がいつか消え、入道雲からうろこ雲に変わり、十月、十一月となって、日は短くなり、太陽の光は弱くなった。曇り日ともなれば、一日に一枚の原紙をつくることもできなくなった。無理をして、乾いていないのにつぎの和紙を貼れば、しわがより、不良品となった。

もうすぐ乾燥器が入るからと言われ、だれもが楽しみにしていたのだが、小倉造兵廠から届いたのは鉄板だった。鉄板の下で薪を燃やすだけのものだった。煙突がついていなかったから、風の吹くままに煙はそこここにひろがり、刷毛を手にした娘たちはぽろぽろ涙をこぼすことになった。

鉄板の数は少なかったし、能率も悪かったから、天日乾燥もつづけることになった。張り板を運動場まで持っていき、干し場におろし、血の気のうせた指を口へ持っていき、息を吹きかけ、もういちど張り板の和紙をてのひらで丁寧にのばしていった。井上俊子はかじかんで硬くなった手の指に朝日に輝く氷の結晶がついていくのをいとおしいと思う気持ちで見つめた(101)。

名古屋市郊外の春日井にある鷹来《たかぎ》製造所で風船づくりをはじめたのは、昨十九年の十一月である。

鷹来は名古屋陸軍造兵廠の分工場であり、機関銃と小銃の弾丸、薬莢をつくってきている。製造所内で働く女子挺身隊員と勤労動員女学校生徒たちのなかから、マルフ要員が選ばれた。

長野県佐久の野沢高女の四年生九十余人は、旋盤を動かして鉄棒を削り、荒けずりの部品を鑢《やすり》で磨き、マイクロメーターで測るといった仕事をしてきた。彼女たちのなかからも、二十数人が風船づくりの仕事にまわされることになった。

新しい仕事場に行くことになった女生徒たちは、作業衣の胸に桜の花の模様のワッペンを縫いつけ、寮の同室の者に秘密兵器をつくることになったと漏らしたものだから、選ばれなかった者たちの不満が爆発した。手先の器用な者を選んだのだとか、体の弱い人に行ってもらうことにしたのだと語る教師たちの説明に納得せず、贔屓《ひいき》だ、依怙《えこ》贔屓だと彼女たちは口をとがらせることになった。

とんでもない、依怙贔屓なんかであるものかと三浦連子は思った。彼女は秘密兵器の生産にまわされたひとりだった。前の第一工場に戻りたい、どうして私はこんな仕事をさせられたんだろうと彼女は思い悩む毎日となった。新しい仕事場は第二工場の二階だった。むっと生暖かく、ホルマリンの匂いが鼻をついた。コンクリートの床には水がたまり、天井からはしずくがしたたり落ちていた。前の職場では、すさまじい音に囲まれ、金属と機械油の焼ける臭いがして、足元から寒気がはいあがってきたが、ここはまったくちがっていた。

新しい職場に並んでいたのは乾燥器だった。鉄製の直方形の箱である。両端に軸がとりつけられ、鉄の箱は回転できるようになっている。そしてその回転軸から蒸気が送り込まれる仕組みだ。乾燥器は表と裏の二面のもの、三角柱の形をした三面のもの、四面のものとあるが、鷹来にあるのは四面乾燥器である。これだと天日乾燥の十倍以上の原紙をつくることができる。

三浦連子はこの四面乾燥器に取り組んだ。まず、鉄板に糊をつける。縦七十センチ、横一メートル四十センチの鉄板に縦六十センチ、横一メートルほどの和紙を貼る。糊をつけるのがたいへんだ。右手で刷毛を持ち、左手を添え、両手に力を入れ、刷毛を横に動かしていく。これを繰り返し、糊がついていないところがないようにする。そして和紙を貼る。しわができないようにてのひらでのばす。乾燥器をまわし、つぎの鉄板に糊をつけ、和紙を貼る。四面貼り終えて、最初の鉄板の和紙のところに戻る。すでに乾いている。ふたたび糊をつけ、和紙を重ねて貼る。こうした作業の繰り返しだった。

連子と仲間たちは機械とは不便なものと諦めていたから、不平をこぼさなかったが、乾燥器はまことに粗雑なつくりだった。回転する鉄の箱はしっかりと固定できず、糊を塗るとき、和紙を貼るときに、ぐらぐらと揺れ、力が入らなかった。

おまけに足が滑った。刷毛につけた糊が足元に落ち、工場で配給になった下駄の鼻緒はぬるぬるになり、足を動かすたびに下駄がぬげそうになった。持ってきた下駄をはいてみたら、姉がつくってくれたコール天の鼻緒は糊だらけになっても、足の甲にしっかりとくっつき、足の動きの邪魔にならなかった。よかったと思った。

パイプの調子も悪かった。ずらりと並んだ乾燥器に蒸気を通すパイプは、これもいい加減な接続だったから、そこここで蒸気が吹きだし、火傷をしそうでこわかったが、そんなことよりもなにが原因か、蒸気の通りがいいときと悪いときがあって、悪ければたちどころに生産量が落ちるから、だれもが今日はどうであろうかとそのことがいちばんの気がかりだった。

さて、連子がこの仕事をいやがったのは、彼女が小柄で、刷毛をもつ手を肩より高くあげねばならなかったからである。額から腋の下から汗を流しながら、連子はがんばった。横目で隣の友達の作業を見ると、すこしずつ自分の仕事の遅れているのがわかり、彼女はあせった。友達が最初の鉄板に戻ったとき、連子はまだ第四面に糊をつけはじめたばかりだった。

班ごとに競争させ、重労働に挺身させる方法は、ここでも採用されていた。連子の仕事が遅いため、彼女の班の成績はいつも悪かった。彼女たちより年上の女子挺身隊の班がほとんどだったから、どの班にも負けた。班長は連子に口をきかず、あんたのおかげで私たちは肩身の狭い思いをするのよといった表情で彼女を睨みつけた。

旋盤の仕事のときには、ほかの班には負けなかったのにと連子は口惜しかった。自分のような力のない者をこんな仕事にまわさなくても、もっと体力のある人はいくらでもいるのにと思って、彼女はうつうつと楽しまなかった。寮へ帰っても、同室の者と歌を歌う気持ちなどにはとてもなれなかった。

連子が第一工場に残っていた仲の好い友達の毎子に不平をこぼすと、彼女はいやな顔をしないで話を聞いてくれ、笑い顔で「ムッセムッセ」と締めくくるのだった。しかたがないという意味で工員たちが使っているのを彼女たちはまっさきに覚えたのだった。

連子は家に何回も手紙を書き、「今度の仕事は汗びっしょりです」と記し、仕事の辛さをほのめかした。そのたびに母から手紙がきた。姉も家の様子を知らせてきた。父が毎日忙しいこと、村の用事があり、農業学校生徒の勤労奉仕隊が来て、田に客土を入れる土地改良の作業をしているから、お父さんは指揮をとり、宿舎、食事のめんどうをみなければならないのだと書いてあった。弟たちも土地改良の作業をしているのだと記してあり、弟の同級生のひとりは上から落ちてきた土で脊髄《せきずい》を打って亡くなった、空襲のない佐久にいても命がけなのだと書いてあった。そしてはっきりと書いてはいなかったが、母は予科練へいっている兄と私の写真を飾って陰膳をあげてくれているらしかった。

連子は不平不満を家に書き送って母や姉を心配させて申し訳ないと思い、掛け布団に顔を埋めて、泣いたのだった(102)。

前橋市紅雲《こううん》町にある前橋高女も風船爆弾の原紙をつくることになった。福岡県の八女高女と同じように、学校内でつくることになったのだが、野沢高女の生徒と同じく、前橋は後発組だった。

昨年の十一月十三日から一週間にわたって、前橋高女の三年生二十人が岩鼻《いわはな》製造所で一週間の講習を受けた。

岩鼻製造所は前橋市の南十キロのところにある。明治十二年につくられ、明治三十九年に日本ではじめてダイナマイトを製造したことで知られる。昭和十年代から拡張をつづけ、前に述べた毒ガス工場の忠海と同じく、東京第二陸軍造兵廠傘下の製造所となり、四つの工場に四千人が働いている。ここでもフ号兵器の生産を命じられ、県下の女学校と女子挺身隊を動員して、風船をつくることになった。

前橋高女では、四年生と三年生はすでに働いていた。彼女たちは前橋市内にある中島飛行機の前橋工場と理研工業の前橋製作所に通勤していた。それとはべつに三年生の二組が岩鼻製造所の仕事をしていた。薬嚢と呼ばれる火薬入れの袋貼りで、学校工場だった。フ号兵器の生産に参加することになったのは、彼女たちだった。

ボイラーの設備がなく、乾燥器を使うことができなかったから張り板を使い、天日で干すしかなかった。張り板はどこの女学校が使っているのも同じ大きさで、長さは人の背丈よりもうすこしあり、幅は八十センチほどだった。

火の気のない寒い講堂や廊下で、刷毛をふるっているあいだに体は冷えきった。手についた糊は氷のように冷たかった。いうことをきかない指で張り板をかかえ、ゆっくりと持ち上げて、表へでた。もうすこしの辛抱、もうすこしの辛抱と念じながら、校庭の自分の干し場まで運んでいった。張り板をおろし、寒さと重さで無感覚になった赤くふくらんだ指を腋の下へ入れ、体をかがめた。

昼になると校庭の霜がとけ、不注意に足を踏みだすとかかえている張り板が泥で汚れた。

校庭に小石を敷くことにした。人手はないから、だれに頼むわけにもいかなかった。二年生と一年生が小石を運ぶことになった。リヤカーもなければ、砂利を運ぶ背負《しょ》い梯子もなかった。あったところで、下級生の体力では、背負うことも、引っ張ることもできなかった。

幸いなことに利根川の河原までは一キロなかった。小石を拾い、家から持ってきた風呂敷に包み、背負ったり、ぶらさげたりして、河原と校庭のあいだを往復した。早川京子の母親は娘の使った風呂敷を洗濯しようとして、破れ、穴があいているのに気づき、石を運んだのだと聞かされ、風呂敷に石なんかをとこぼせば、しかたがないでしょと京子はふくれ面をした(103)。

風船づくりをする学校では、糊も自分たちでつくった。山口市の山口高女では、寄宿生二十八人が資材掛りとなった。資材班は、皆が仕事をはじめる前に和紙をそろえ、作業が終わったあとに、使われなかった和紙を回収し、できあがった原紙を集めた。そして糊をつくるのがもうひとつの仕事だった。

高見沢幸子は寄宿生だったから、資材班だった。資材班は三班に分かれ、糊当番は三日に一回まわってきた。糊当番の日は午前三時に起きた。

糊づくりは簡単だった。容器は四斗樽《しとだる》である。指のあいだからさらさらとこぼれ落ちる細かい蒟蒻の粉を入れ、水を加え、竹の棒でかきまわす。そして青い色素を入れる。防腐剤も加えた。山口高女ではホルマリン液を入れた。ガスを吸い込んで、咽頭炎《いんとう》を起こすことがあるから、かきまわすときには、だれもがマスクをした。両手に一杯ほどのわずかな蒟蒻粉を入れただけにもかかわらず、かきまわす棒の動きは遅くなり、腕がしびれてきた。

力がいるから、造兵廠では、糊づくりは勤労動員の中学生の仕事だった。原紙づくりだけでなく、気球づくりに糊の需要は多かったから、糊当番は一日中、棒をまわしていた。鋳型用の油砂を取りにいくのを楽しみにしていた娘のことは前に記したが、糊をもらいに行くのを楽しみにしている女の子も多かった。

学校工場ではこんなことはなかった。棒から手をはなし、マスクをはずして、もうだめと悲鳴をあげ、つぎの者と交代した。四十分のあいだ、かきまわすことになっていた。それだけのことなら、二樽分の糊をつくるのであっても、午前三時に起きる必要はないようであったが、できあがった蒟蒻糊はそのまま数時間おいておかねばならないと教えられていたから、それを守っていたのである。

糊をつくったあと、彼女たちは寮に帰って、しばらく寝る時間があったが、なかなか眠ることはできなかった。天気模様がおかしいときにはなおさらだった。

幸子と仲間の糊当番のたいせつな任務は、一日のお天気を読むことだった。原紙づくりは天日乾燥だったから、雨降りだったらどうにもならなかった。朝になって急に雨が降りだし、つくった糊を捨ててしまうことがあり、夜が明けて雨があがり、あわてて糊をつくり足すこともあった[104]。

こうしたわけで、糊当番の寄宿生は午前三時に起きて、星ひとつ見えず、雲におおわれている闇夜を仰いで、雨になるのだろうか、いや、雨にはならないと判断をくだし、いつもどおりの量の糊をつくり終える。夜明けになり、いつか雲が消え、空が淡い青色を帯びてくるのを、彼女たちは寮の窓から見上げながら、得意そうな表情を互いのあいだで交わしたのである。

学校で原紙づくりをしているところでは、こんな具合にどこも糊当番は夜明け前に何度も空を見上げたのだが、福島と茨城の県境に駐屯する気球連隊の大隊長、中隊長も同じ時刻に何回も空を仰いだ。

雨の日、風が強い日には、放球はできなかった。雲が低く空をおおっているときも、中止となった。風船が雲のあいだを通過すると球皮に水滴がつく。風船はさらに上昇して、水滴は氷結する。風船の自動装置が動かなくなり、風船自体も重量を増し、気球は破裂するかもしれない。太平洋の途中の天候はわからなかったが、せめて晴天の日に放球しようということになっていた。

そして十月二十五日の参謀総長の命令書は、フ号兵器を「黎明、薄暮及夜間」におこなうようにと命じていた(105)。そこで大隊長や中隊長は一日に何度も空を見上げた。木枯らしが木を裸にしてしまった裏山にのぼり、雨になるか、ならないかを予測した。夜には夜で、午前三時に起きて、雲のあいだから、あちらにひとつ、こちらにひとつと星がのぞいているのを見つけ、放球に支障はないと判断したのだった。

裏山にのぼるほかに、もうひとつ電話をかける仕事もあった。水素ボンベを載せた貨車がどこの駅まで来ているか、一日に二度、三度たしかめねばならなかった。

ボンベの輸送には緊急チケットがついて、輸送の優先が認められていた。じつをいえば、高知からの楮の皮、高崎からの蒟蒻粉、マルフの原料、資材の輸送のすべてが緊急チケットの扱いだった。だが、ボンベの輸送の優先が認められても、ボンベそのものが不足していた。

直径十メートルの気球に水素を詰めるには、一本六十キログラムの重さのボンベ五十二本が必要である。一万個が生産できるとして、一カ月に二千五百個の風船を放つことになる。一カ月のうち二十日間、放球できるとすれば、一日に百二十球から百三十球をあげねばならない。一日に六千二百本から六千七百本のボンベが必要となる。

ところが、この作戦のために全国からかき集めたボンベは六千本しかなかった。風船に水素を充塡する。空になったボンベを川崎の昭和電工へ送り返す。その日のうちに水素を詰め、大津、一宮まで運ぶ。こんなことはとてもできなかった。

海軍が自分のところで気球を飛ばすことを断念し、つくった気球を陸軍に譲ると言ってきたことから、海軍手持ちのボンベも分けてもらおうということになった。ところが、海軍側はボンベは渡せないと言った。長さ三メートルもある円筒形のボンベは海軍自慢の魚雷の部品であり、魚雷の機関を作動させるための圧縮空気を詰め込む気室だった。

もちろん、陸軍はボンベを新しく製造させようとした。日本水素工業と保土谷化学工業がこの継ぎ目なしの高圧ガス容器をつくることができる。東京第一造兵廠は手持ちの資材をまわすことにした。だが、一カ月に二千本をつくるのが精いっぱいだった。

鉄道に頼らず、ボンベをトラックで輸送すれば、ボンベの回転は多少楽になるのではないか。風船ひとつのために必要なボンベ五十二本の重さは三・二トンである。一球を放つには四トン車一台が必要であり、百二十個を放球するとなれば、最低百二十台のトラックを用意しなければならない。

気球連隊の三つの大隊は、それぞれ十台から十五台のトラックを持っていたが、すべてが動くわけではなかった。故障し、交換部品がなく、適切な整備ができないために動かない車がつねに半分ほどあった。陸軍割当て分のわずかな新造のトラックは、前に述べた肉迫攻撃艇のエンジンにトラック用のエンジンをまわさねばならなくなって、トラックの配給数はさらに減ってしまい、とてもフ号作戦に割り当てるトラックはなかった。なんにもましじつをいえば、ボンベのトラック輸送を考えたりした者はいなかった。

てトラックは貴重品である。勿来から川崎まで往復四百キロ以上の悪路を走らせ、水素ボンベを運ぶなんてとんでもなかった。そんな燃料もなかった。それこそ貨車からおろしたボンベを運ぶのにトラックが使われていた。トラックは基地と近くの鉄道駅とのあいだの貨物の輸送に使っていた。駅周辺の村民が勤労奉仕をさせられ、ボンベとボンベのあいだに指を挟んでしまい、悲鳴をあげたりしながら、その重い鉄の筒の上げ下ろしの作業を手伝っていた。こうして大津や一宮の大隊本部の者たちは三河島駅や水戸駅に電話をして、ボンベを積んだ貨車の動きを追い、つぎに裏山へのぼって、空を見あげていた。

山口高女のことに戻れば、昨十九年十一月はじめ、山口高女と同じ山口市内にある中村高女の校長が県庁に呼ばれた。小倉陸軍造兵廠から二十人の技術要員の派遣を求められ、二週間ほど原紙づくりの指導をしてもらいたいと言われていると告げられた。

山口高女と中村高女の四年生のうちから二十人が選ばれ、小倉造兵廠で小倉高女の生徒たちに糊づけ作業を教えることになった。彼女たちはみがきあげた腕を見せてやるといずれも自信たっぷりだったが、工場に入ってびっくりした。張り板ではなく、はじめて見る乾燥器が相手だった。

中村高女の福武隆恵は小倉高女の生徒たちの十数台の作業を手伝い、見てまわりながら、自分の仕事もやらねばならず、自分のところへ戻ってくれれば、糊が乾いて原紙は乾

燥器からはがれ、めくれあがっていた。だれもが気ばかりあせり、緊張のつづく毎日だった。(106)

二十人は二週間の学習指導を終え、十二月一日に山口に帰ってきて親たちを安心させた。ところが、十二月なかば、中村高女と山口高女はふたたび県庁から、今度は小倉造兵廠へ二カ月応援に行ってもらいたいと言われた。来年一月のはじめから三百人に働いてもらうが、すぐにも百人が欲しい、新兵器の生産は一刻も争うと告げられたのである。

さきに中村高女の四年生と三年生の百人が行くことになった。十一月に十人の四年生を連れて小倉へ行ってきた教師の久賀芳子が彼女たちに向かって、「小倉へ行ったら、一人一日、十二枚つくるようにがんばってください」と語り、小倉造兵廠の乾燥器の話を聞いていない三年生をびっくりさせた。

十二月に入って、いよいよ日は短くなり、太陽の光は弱まって、学校工場での原紙の生産は減るばかりだった。火力乾燥をやってみようということで、煉炭火鉢を持ち込んでみたが、めんどうなだけで成績はあがらず、換気不足のため一酸化中毒を起こし、頭痛や吐き気を訴える生徒たちがでて中止になった。

学校工場では一班の人数は七人だったが、一人一枚がやっと、どの班も七枚どまりだった。乾燥器を使うということだが、ほんとうに一人十二枚もつくれるのだろうか、どんな具合に働くのだろうかと彼女たちは不安だった。

小倉造兵廠構内の広い道路を連れていかれ、蓆《むしろ》のたれさがった入口から中に入った彼女たちはびっくりした。電灯がついて薄暗いなかに、ずらりと乾燥器が並んでいた。三百台あるということだった。暗いのも道理、窓という窓は暗幕か蓆でふさがれていた。

二面乾燥器で一人が二台を受け持った。張りめぐらされているパイプが鳴りだし、隣の乾燥器、目の前の乾燥器がシューッと音をたてはじめる。蒸気が通りだしたら、ぼんやりしていることはできない。手を休めることはできず、二台の乾燥器のあいだをとびまわらねばならない。

刷毛につけた糊が落ちて鼻緒につくとぬるぬるして下駄がぬげそうになり、足に力が入らないのは、ここでも同じだった。藁草履《わらぞうり》は糊と水を吸って、さらに始末が悪かった。制服を行李の奥底にしまったように、山口からはいてきた革靴は新聞紙に包み、押入れにしまっていた。

だれかがはだしになった。軽快に動きまわるのを見て、皆が皆、下駄や草履をぬいだ。彼女たちははだしとなることに違和感はなかった。学校では夏のあいだは校舎内と校庭ではだしだった。校舎の入口には足洗い場が設けられていて、足を洗って教室に入ることになっていた。工場内のコンクリートの床には水がたまっていたが、室内の温度は高かったから足は冷たくなかった。

だれもがすぐに乾燥器の扱いを覚えた。一日に九枚、十枚と成績はあがっていき、十二枚を突破するのはわけはないと思った。出発前の大きな不安は消えたが、彼女たちが驚き、がっかりしたことは、数限りなくあった。

寮は汚なかった。割れた窓ガラスには板が打ちつけてあった。火鉢を置くことは許されず、部屋のなかは冷たい隙間風の独壇場だった。貸し与えられた紺木綿の前餅布団は幅が狭く、丈は短かった。朝は五時に拡声機から「郭公ワルツ」のメロディが流れだし、半醒半睡のまま起きあがった。六時に出発だった。寮から工場まで北風の吹き荒れる田圃のあいだの車の轍《わだち》が深く食い込んだ砂利道を五十分近く歩かねばならなかった。寮の御飯はきまって小豆入り、おかずは菜っぱと鰊《にしん》の煮染めときまっていた。食べ終わった瞬間から空腹だった。

そして彼女たちが泣きだしたのは、昨年十二月三十日の土曜日の朝だった。宿舎の前に整列した彼女たちに向かって、寮長が山口への帰省はないと告げた。だれもが聞き間違いだと思った。正月休みは当然あるものと彼女たちは信じていた。三十日の土曜日は午前中で仕事は打ち切りになる、そうなると午後三時すぎの汽車に乗ることになるから、私は午後七時には家に着く、私は午後九時すぎになる。皆はそう語り合っていた。いや土曜日は一日仕事と思う。日曜の朝の七時の汽車になると言う者もいて、土曜日だろうか日曜日だろうかと話はつきなかった。だれもが帰ったら、おにぎりを食べ、お餅を食べたいと笑い声を交えながら楽しいお喋りをしていたのだった。

思いがけない寮長の言葉に、ひとりふたりと泣きだし、皆が目に涙をためた。寮長の横に並んだ教師は、慰めの言葉をみつけかね、これも泣かんばかりの表情だった。

マルケ、開発研究者と陸軍幹部の考えの違い

陸軍の体当り攻撃、そしてマルケの開発はどうなっていたか。

杉山元と市谷台の幹部たちが体当り攻撃をするにあたって、自分の胸にいって聞かせる弁解が、海軍首脳の胸中の弁解の言葉と違うことは前に記した。

マルケの開発が遅れているから、やむをえず体当り攻撃に踏み切らざるをえなくなった。体当り攻撃を開始しはしたが、マルケの技術テストが一日も早く終わり、マルケの大量生産を待つ。陸軍幹部は、だれもがこんな具合につぶやいたのである。

陸軍が最初の体当り攻撃をおこなったのは、海軍の関行雄の一隊が体当り攻撃をおこなってから二週間あとだったことは前に述べたし、その翌日には早くも公式発表をするという手回しのよいところを見せたこともすでに記した。戦死した飛行隊員の氏名と写真をそろえ、「必死必殺」の体当りによって、戦艦一隻と駆逐艦一隻を撃沈したと発表した。つづいて十二月十七日までの一カ月のあいだ、十一回にわたって大本営発表を繰り返し、そのたびに戦死者の氏名と写真を掲げ、大きな戦果を報道した。

ところで、十二月二十日から大量生産を開始する予定のマルケはどうなっていたのか。

十二月九日、陸軍省と参謀本部の合同議長会議で、作戦課長の服部卓四郎は「新兵器を渇望する」と述べ、一日も早くケ号兵器を完成させて、すべての戦線の主導権をわがほうで握りたいと語った(107)。マルケが実戦配備さえできれば、想像だにできない可能性が前途にひらけるのだ。服部の話を聞いている人びとのすべてが望むことだった。だが、マルケの大量生産の計画はずるずると遅れ、兵器本部長や大宮製造所長が前に語ったとおりに開発が進んでいないことは、服部も、ほかの者も承知していた。

真鶴岬三ツ石のマルケの投下試験は終わって実験場を浜名湖に移した(108)。湖上に筏《いかだ》を浮かべ、その上でコールタールを加熱し、これを熱源とし、標的とした。爆撃機は浜松の陸軍の飛行場から飛ばすことになった。二型の実験に参加している守屋研究室のグループは浜松駅前の浜松ホテルで寝泊まりし、浜松工業専門学校の作業室を借り、二型の組み立て、調整をした。

茨城と福島との県境にあるフ号発射基地のすぐ近くを走る列車と同じように、東海道線の列車は浜名湖にさしかかると湖の側の窓の鎧戸をおろすようにと車掌が告げて歩くことになった。

第一回目の実験につづいて、二回目の実験が十二月二十九日におこなわれた。十二月三十一日、市谷台に浜名湖の実験が成功したという情報が飛び込んできた。だれもが待ちに待ったお年玉だと喜んだ。参謀本部第二十班長の種村佐孝も久しぶりにすこぶる気分がよかった。かれは元旦の日誌につぎのように記した。

「マルケ兵器成功ノ朗報ニ接ス。敵艦船ヲ海底ニ葬ルノ日近キヲ覚ユ(109)」

一月二日、山口高女の百五十人の生徒と中村高女の残りの五十人の生徒たちが山口駅に集まった。着ぶくれて大荷物をかかえた彼女たちが山口を出発したとき、そして小倉に着いたときにも、粉雪が舞い狂っていた。一日おいて、一月四日から彼女たちも原紙づくりの仕事に加わった。山口高女の生徒たちは寮長の指示を聞いて、びっくりした。午後五時まで眠るように、午後七時から明日の朝まで働いてもらう、夜間勤務は一週間つづくというのだった。

こうして山口高女と中村高女は、乾燥器三百台を使って、昼夜兼行で原紙をつくることになった。彼女たちもすぐにはだしで刷毛をふるうようになった。食事は小豆か高《こう》粱《りゃん》入り、おかずは毎日、鰊だった。いつごろつくったものか、身欠き鰊はいつまでも口に渋みが残った。

そして夜勤組は仕事の前に白い錠剤を二粒ずつもらった。眠くならないように、この薬を飲んでくださいと言われた。彼女たちはビタミン剤と思っていたのだが、これは戦闘機乗りや列車の機関士がかならず飲む「明快錠」だった。覚醒剤であり、メタンフェタミンだった。彼女たちはまもなく一日十二枚の原紙をつくることができるようになった。

女子挺身隊員と女学校の生徒たちがつくりあげた原紙は、検査をしなければならなかった。磨りガラスの上に原紙を置き、下から電灯の光をあてる。糊に青い色素を混ぜてあるから、すべてが青ければ合格だった。白く見えるところがあれば、糊がついていない箇所であり、気泡があるとか、ウキがあるとかいう言葉でつたえた。チョークか、鉛筆でその箇所を囲った。補修室で係の女生徒がその部分に当て紙をし、アイロンをかけた。

検査を終えた原紙は、学校工場であれば造兵廠へ持っていく。そこで原紙を強化液に浸さねばならない。強化処理を受け、性質が変わった蒟蒻糊の皮膜は水素ガスを通さなくなる。だが、原紙が硬くなると、こんどは折り曲げたときにひびが入りやすい。そこでつぎに軟化処理をしなければならない。

小倉造兵廠で働く船津静代が久留米の町工場で講習を受けたことは前に述べたが、小倉に戻ってきてやることになったのが、この強化処理と軟化処理の仕事だった。いっしょに仕事をすることになったのは、いずれも彼女より年上の地元の女子挺身隊員であり、彼女たちにいじわるをされ、泣きたくなるようなことも何度かあった。

強化処理は水仕事だったから、髪を手拭いで巻き、胸高にゴムの前掛けをしめ、長靴をはいた。強化処理は苛性ソーダ溶液を使う。温度は六十度にしなければならなかった。静代は溶液の温度を温度計で測った。原紙をこの液のなかに浸した。十五分ほどで引きだし、水に入れ、一枚ずつよく洗った。

つぎに軟化処理だ。大釜に水を入れ、グリセリンを加える。濃度は十六パーセントと決められていたから、静代はグリセリンをビーカーに注いで計測した。無色透明のグリセリンは粘りがあり、水飴のようだった。事実、甘かった。グリセリンを入れた大釜をかきまわしていて、飛沫が口に入り、甘いのにびっくりした(110)。

毒ではないさ、グリセリンは煙草に加える、煙草に甘みをだすのだと年若い士官に教えられ、滴《しずく》が腕についたときには、彼女はそっと舌をだした。ところが、今年はじめからグリセリンは使われなくなった。グリセリンからはニトログリセリンがつくられる。爆薬の原料もこれまた不足していたから、グリセリンの使用に横槍が入った。静代の職場では、グリセリンは塩化カルシウムに代えられてしまい、彼女のひそかな楽しみは消えてしまった。

軟化処理をした原紙は軟らかく、ずしりと重く、羊のなめし革のようになる。いよいよ風船づくりとなるが、もちろん、長方形のままで貼り合わせては球形をつくることはできない。五種類の台形が必要である。一枚の原紙を裁断し、二つか三つの台形の紙片を切り取る。あまった部分は砂袋をつくるか補修用となる。砂袋といっても、ひとつの風船に三個や五個ではすまない。重量二キロの砂を入れる袋が三十二個必要である。

野沢高女の生徒たちが働く作業場では、原紙を切るのは男の仕事だった。徴用前には洋服屋だったという人が原紙の上に木型を置き、その上に乗って大きな包丁で裁断した。徳永多津子と同じ仕事仲間は切り屑をもらった。彼女たちはこの切り屑で紙入れをつくったり、手さげ袋、スリッパをつくって皆を羨ましがらせた。

そして風船づくりの作業となる。原紙を裁断して五種類の台形をつくったと前に述べたが、このひとつひとつをパネルと呼んだ。パネルを貼り合わせる作業のことをパネルの組立てといい、これが風船づくりのことなのである。

風船づくりは上半球と下半球をべつべつにつくる。上半球の部分の原紙を厚くし、下半球は薄くてもいいということで、上半球は四枚の和紙を貼り合わせた原紙を使い、下半球は三枚の和紙を貼り合わせた原紙を使うことにしている。風船を地球に見立てれば、北半球を四層原紙で、南半球を三層原紙とするわけだが、北半球だけでなく、赤道を越えて、南緯二十度ぐらいのところまでを四層原紙とすることにしている。そこで北半球の部分は十一枚の台形の原紙をつないでいき、南半球は六枚をつなぐだけとなる。

一枚の台形の原紙の糊代部分に糊をつけ、もう一枚の台形の原紙を貼る。左右の指に力を入れ、体を浮かせて、ぐっと上から押し、余分の糊を残らず押しだす。原紙づくりではてのひらが痛くなったが、この作業では指のさきが痛くなる。

十一枚のパネルを貼り合わせ、いちばん幅が広いところで五十センチ、長さが十七メートルほどの細長い断片ができあがる。この断片を二枚並べて置き、糊をつけたテープ状のかすがい紙を貼る。乾いたら、裏にも貼る。かすがい紙は二層の原紙である。十人から十五人がずらりと並び、中央に坐る人が「一、二の三、それっ」とよく通る声で号令をかけ、皆の手がいっせいに動く。

細長い断片を六十枚つないで北半球ができあがる。地球の北極にあたる部分に天頂紙を貼る。三人、あるいは四人の共同作業だ。そして赤道のところに座帯と呼ばれる帯をぐるりと貼る。これは三層原紙だ。ここにロープをつけ、高度保持装置と焼夷弾を吊ることになるが、これは彼女たちの仕事ではない。

南半球をつくるのも同じ手順だ。細長い断片をつくり、かすがい紙でこの六十枚の菊の花弁の形の断片を貼り合わせていく。南極部分にあたる球底紙を貼るのも三人、四人でやる。ここにガス孔がつく。

そして最後に北半球と南半球を貼り合わせて、風船はできあがる。

つづいて風船のテストがおこなわれる。国技館や日劇、有楽座などはいずれも検査場となっているが、大劇場のない地方都市では検査場を新たにつくらねばならなかった。

高知市旭町の科学加工紙も検査場つきの成型作業場を建てた。市の中央にそそりたつようになったその不思議な構造物はどこからでも見えることから、久しぶりに高知市にやってきた人びとをびっくりさせることになった。トタン板が足りなくなって、残り半分を杉皮で葺《ふ》いたその建物は十五メートルの高さがある。(11) 風船八個を一度に満球試験できる広さをもっているから、その奥行きは百メートルにものぼる。

小倉造兵廠ではパネル組立て場と呼んでいたが、検査場を附属させたパネル組立て場は三棟建てられた。いずれも間口三十メートル、奥行き七十メートル、これまたなかなか大きな建物である。フ号兵器の一億円にのぼる予算のなかで、予想外の大きな支出となり、市谷台の幹部の顔をしかめさせたのが、全国各地に建てられたこの窓のない倉庫のような大きな建物である。

検査場のなかに入る。お椀型に半分ほどふくらませた風船に何人もの女学校生徒がとりついていた。じつは風船の内側にも数人の女生徒が入っていて外にいる者が電灯をかざし、中の者が気泡や傷の有無を探していた。その向こうには、満球テストの風船が並んでいた。

作業場は二階である。はじめて階上にあがった人は働いている人が多いのにびっくりし、そこここで、「いくよ、はいっ」と飛び交う鋭い声に圧倒された。作業台の前に坐って、パネルをつなぎ合わせている者、長い作業台でかすがい紙を貼っている者、はじからはじまで人でいっぱいだった。手摺《てすり》で囲まれた中央部分は吹き抜けになっていて、天頂を見せている半開の風船、横腹を見せている満球テストの風船、あわせて四個が並び、その風船のあいだから向こう側で働いている人の姿が小さく見えた。

働いている人をどきっとさせ、動いている手をとめさせ、腰を浮かせ、顔を見合わせることになるのが、風船の破裂音だった。満球テストのために加圧してあるぱんぱんに膨らんだ風船が破裂した。天頂部分が破れることがあり、貼ったおくり紙に残っていた気泡の箇所から破れることがあった。だれだれの班がやったところ、どこの班が検査したところとわかるまで、だれも落ち着かず、手摺に近い者はときどき下をのぞき、破裂した箇所を調べている係りの人の動きを心配げに見つめた。

鷹来製造所では、野沢高女の女生徒の宿舎のすぐ近くにこれまた大きな検査場ができた。パーンという破裂音は寮の一階、二階に響き渡った。第一工場で働く女生徒、原紙づくりの女生徒たちは寝返りをうつだけだったが、組立て作業に加わっている生徒はかならず目を覚ました。どの風船だろう、破裂した箇所はどこだろうと徳永多津子はもうろうとした頭のなかで考え、関周子は夢うつつのなかで、「ああ、またひとつだめになってしまった」と思いながら、ふたたび眠りに落ちるのだった。

さて、今年一月の風船爆弾の放球数は二千個だった。後発組の原紙づくり、風船づくりの腕もあがり、徹夜で働いても昼間と同じ生産成績をあげるようになった。大津、一宮と川崎とのあいだを往復しているボンベの数は一万個となり、わずかながら余裕もできた。一球の放球は二十分ですむようになり、人員も十五人で足りるようになった(112)。

決戦兵器、マルケはどうなっていたのか。参謀本部戦争指導班長の種村佐孝が元旦の日誌に「敵艦船ヲ海底ニ葬ルノ日近キヲ覚ユ」と書いたマルケ実験成功の情報は誤報だった。そして陸軍大臣、参謀総長、軍務局長らはマルケについて喋ることをやめてしまい、部下を呼んで残された技術問題はまもなく解決するのかと尋ねることをやめ、書類を繰る手をとめて浜名湖はどうだと聞くこともなくなった。

マルロ計画についてかれらが尋ねることなく、語らなくなったのと同じだった。熱戦追尾爆弾を完成させるためには、解決しなければならない問題が何十とあり、まだまだ時間がかかると、ようやくかれらは認めたのである。こうしたことを認めるようになったのは、マルケがありさえすれば、マルケができさえすればといっ弁解をする必要が、かれらになくなったからだった。かれらは体当り攻撃が国民の多くに深い感銘を与えたと見てとり、この攻撃方法がすべての国民に認知されたと知り、ほっと息をつくことができたからだ。

ところで、市谷台は体当り攻撃をつづけさせ、その宣伝をいよいよ活発におこなわせ、体当り攻撃はごくごく当たり前の戦い方なのだと、だれにも思わせようとすることになった。もちろん、理由があってのことだ。

じつをいえば、体当り攻撃は発表されたような戦果をあげていなかった。「二機、三機ヲモッテ一艦ヲ屠《ほふ》ル」といった謳い文句は事実から遠かった。そしてはじめて実戦にでた体当り舟艇も、期待どおりの成果を得ることができなかった。

陸軍の肉迫攻撃艇は二十年一月十日未明にルソン島のリンガエン湾で敵の艦船に奇襲

攻撃をかけた。

それより前の昨年の十二月下旬、敵艦隊の恰好の投錨地と変わってしまったレイテ湾に、敵戦艦と護衛空母、兵員輸送船、総計二百隻が集結した。この大部隊は一月二日から三日にかけて出航し、レイテ島とミンダナオ島のあいだを抜けて、南シナ海を北上した。

えんえんとつづく艦船の列は数日間つづき、各地の監視哨と守備隊陣地からはっきり遠望できた。敵はこちらをなめきり、ガダルカナル上陸作戦以来はじめてのことであったが、この大規模な上陸作戦をまったく隠そうとしなかった。

すでに連合艦隊はなかった。昨年九月から何度か敵の空母機部隊による集中攻撃を受け、フィリピンの第二航空艦隊は気息奄々《えんえん》といった有様となっていた。敵は念には念を入れ、日本とフィリピンのあいだの兵站《へいたん》線の分断を完璧なものにしようとした。一月三日と四日、敵空母機部隊は台湾の航空基地を攻撃し、一月六日と七日にはルソン島のクラークとマニラの飛行場の滑走路を完全に破壊してしまった。一月九日には、ルソン島への飛行機の補給路となる台湾の航空基地をもういちど襲った。

そこで、戦艦と兵員輸送船の大部隊が航行をつづけるこの一週間のあいだ、体当り機を含めてわが空軍の反撃は徹底的に押さえられ、敵の艦船数隻を沈め、十数隻に大きな損傷を与えたにとどまった。

一月六日に敵の先頭部隊がリンガエン湾に侵入し、戦艦と巡洋艦が湾の周辺部に砲撃を開始し、一月八日には湾の最底部、リンガエンの町の周辺への砲撃をつづけ、そのあいだに百隻の輸送船団が入ってきた。そして一月九日には輸送船団と陸地のあいだを上陸用舟艇が往復し、地上戦闘部隊が上陸をはじめた。

リンガエンが敵の上陸地と見当がついていながら、わが軍はリンガエン湾に肉迫攻撃艇一個戦隊八十隻近くを置くだけだった。舟艇はリンガエンの町から西寄りの小さな入江の岬に潜んでいた。戦隊長の高橋功は陸軍大尉だった。一月十日午前三時、戦隊長の舟艇が先頭に立ち、四十隻が出撃した。戦果は数隻の輸送船と戦車揚陸艇を沈め、あるいは損害を与えたにとどまった。戻ってきたのは二人だった(113)。

市谷台の意気はあがらなかった。体当り舟艇も、体当り航空機も、敵の輸送船団を撃滅できなかった。

すでに見てきたとおり、わずかな飛行機の魚雷攻撃によっては、桶狭間の戦いの再現はとてもできなかった。そこで体当り攻撃であれば、さほどの訓練を必要としないから、多くの飛行機による集中攻撃ができると考えた。だが、体当り攻撃だからといって、一度に百機、三百機による集団攻撃はできなかった。訓練不足の搭乗員による少数機の体当り攻撃をおこなうしかなかった。何隻かの敵艦船に損傷を与えることはできても、とても桶狭間の勝利を望むことはできなかった。

マルレがこのさきもたいして役に立つ見込みがなく、マルケが今日明日の戦いに間に合わないのであれば、敵の攻略部隊の上陸の阻止はできなかった。

陸軍はこのさき、上海周辺か、沖縄か、山東半島か、やがては南九州に上陸してくる敵の地上部隊と戦うしかない。ところで、このときわが軍が正面攻撃をおこない、敵陣内に浸透し、白兵戦に持ち込む前に、こちらの戦力を一気に消尽してしまいかねない敵の兵器があった。ゆっくりとペリスコープをまわし、巨体を揺すりながら近づいてくるシャーマン戦車だった。これこそが市谷台の幹部たちにつきまとい、かれらを悩ましてきた悪夢だった。

戦車には戦車で対抗しなければならなかったが、敵戦車を破壊、擱坐《かくざ》できる戦車がなかった。シャーマン戦車の装甲を貫徹できる七十五ミリ歩兵砲は、その数がとるに足らなかった。たとえ歩兵砲が充分にあったとしても、制空権が敵の手にあるかぎり、敵の爆撃と砲撃の恰好な餌食となってしまうことは目に見えていた。大地を振動させて迫ってくる敵戦車にたいしては、沈着と敏速をもってする肉迫攻撃、要するに体当り攻撃しか対抗できる手段はなかった。

ほかに方法はないのだと上級統帥部の幹部たちは考えていた。昭和十八年のソロモン、ニューギニアの戦い以来、ずっとそのように考えていたことは明らかである。昨十九年六月二十五日に開かれた元帥会議の席上、なんとかして急いで特殊兵器をつくらねばならないと説いた伏見宮の主張に答え、参謀総長、そして陸軍大臣を兼任する東条英機は風船爆弾を考案していることを述べ、これを三万個使用するつもりであると、胸を張って述べたことは前に記した。そのときにかれが語ったもうひとつの「対米対策としての特殊兵器」が「対戦車挺身爆雷」なのだった。(114)

黄色薬十キロを背負い、シャーマン戦車の軌道のあいだに飛び込む体当り要員を各歩兵小隊ごとに置かねばならない。

市谷台の幹部が、体当り攻撃を褒めたたえ、あらゆる方法を使ってこれを宣伝し、体当り攻撃がごく当たり前の戦法なのだとだれにも納得させるようにしなければならないと考えた理由が、ここにあった。

さて、マルロ同様、忘れられようとするマルケのことに戻れば、なにはともあれ実戦配備が遅れた責任をだれかに負わさねばならなかった。責任のなすり合いなどをする必要はなかった。責任者は大宮製造所長である。東京帝大造兵学科教授を兼務している長山少将である。かれの更迭《こうてつ》となった。

住友通信工業社長の梶井剛がこれを日記に記した。住友通信工業は日本電気の名のほうが通りがいいが、昭和十八年に社名を変えていた。二つの主力工場である玉川向《たまがわむかい》製造所と三田製造所は電波兵器、無線機器、水中聴音機をつくってきている。ケ号兵器の開発にも参加し、姿勢自動制御装置と無線遠隔操縦装置の試作研究をおこない、野外実験をつづけてきた[115]。

梶井は一月十五日の日記につぎのように書いた。「午前は無事。東一造の小林閣下は大宮製造所へ転勤の由。長山少将がマルケの生産に失敗したる為、其の後任として完成の努力をせられる由。当社としては非常に御世話になりたれば感謝し居り、邦家《ほうか》の為マルケ完成に健闘を祈る外なし[116]」

完成を祈っていたのは、梶井剛だけではなかった。市谷台の首脳たちは、マルケはどうなっているのかと聞くことをやめてしまっていたが、マルケの開発にかかわってきた人びとは、この爆弾こそが日本を救うことになるのだと思い、マルケをつくろうとしている人たちは、その完成に努力をつづけてきていた。

梶井剛が日記に大宮製造所長の更迭のことを記してから十日たらずあと、一月二十四日のことだった。

衆議院の予算総会で徳島選出の議員三木武夫がわが国の特殊兵器の生産は、どうなっているのかと質問した。技術院総裁の八木秀次が答えた。八木は東京工業大学の学長から昨十九年十二月にこのポストに就いたばかりだった。

現在五十八歳の八木は、東京工業大学の学長となる以前には東北帝大工学部の電気工学科の教授だった。学界と業界で強電工学が全盛だった時代だったが、弱電工学、なかでも超短波工学をひとつの学問として育てあげたのがかれだった。

八木秀次の答弁を朝日新聞は「近く決戦場に活躍『必中』の新兵器　まだ後に控える『余力』」という見出しで報じ、つぎのように述べていた。

「只今決戦兵器というお尋ねであったが、必死必中ということが申されるが、必死でなくして必中であるという兵器を産み出したいということはわれわれ多年の念願であったが、これが戦場において十分活躍する前に戦局は必死必中のあの神風特攻隊の出動をまたなければならなくなったことは技術当局としてまことに遺憾に堪えない、慚愧《ざんき》に堪えないところである。

決戦兵器の進捗状況はどんなふうであるかというようなことは私からは申上げかねる。

……

日本人の科学技術の力というものこそ真に今後この敵を撃滅する最大の武器であると信じておるのである。

われわれ科学技術に携わる全国数万のものの心には同じ感じが張《みなぎ》っていると信じ、今後急速に戦力として現われて来ることを堅く信じているのである(117)」

新聞をひろげた人びとは「『必中』の新兵器」の見出しに釣られ、ほかの記事には目もくれず、その囲み記事を一気に読んだ。「近く決戦場に活躍」と見出しにはあったが、そんなことは記事のどこにも書いてなかった。八木総裁はもう少し詳しく議会で説明したのだろう。だが、新聞に載せることが禁じられたのだと、だれもが思った。

読売新聞も八木秀次の同じような答弁を載せていた。特攻隊を必要とするようになったことは、技術当局の責任者として申し訳ないと総裁が語った箇所を強調し、聞いていた議員たちのなかには泣いている者もいたと報じていた。

なか一日おいて、一月二十六日、今度は広島三区選出議員の宮沢裕が同じ予算総会でこれまた同じような質問をした。翌日の朝日新聞は「新兵器の神風既に吹き始む」という見出しを掲げて、八木秀次の答弁を載せた。

「程度の低い簡単な新兵器はすでに相当戦果をあげている。かようなものが何十も出来て、そのなかには私が先日申した必死にあらずして必中といったようなものも得たいのである。これには段々あって、神風は既に吹き始めているものと私は存じている」(118)

じつは八木秀次は「神風は既に吹き始めている」と言ったのではなかった。科学者の八木は「春風は既に吹き始めている」と述べたのである。朝日の記者の書き間違いだった。

富塚清は技術院総裁が春風は吹きはじめていると答えたことが気になった。風船爆弾のことなのだろうかと思った。一月十九日の言論報国会の理事会に出席したとき、専務理事の鹿子木《かのこぎ》員信《かずのぶ》がアメリカ本土を風船爆弾が脅かしているのだ(119)と笑い顔で語るのを聞いたばかりだった。

富塚は東京帝大工学部航空学科の教授であり、五十一歳になる。大正七年に航空学科が設けられて以来の生え抜きであり、航空原動機の講座を受け持ってきた。論壇でも活躍し、言論報国会の役員となり、各地で講演活動をおこなってきている。加瀬俊一、山本有三、志賀直哉らがつくった三年会という勉強会のメンバーであることは、前の巻で述べた。

たまたま富塚は同じ航空学科助教授の熊谷清一郎と話し合う機会があった。熊谷と教授の守屋富次郎、そして機械工学科の教授から助手たちまで、第一工学部と第二工学部の多くの教職員が「決戦兵器」の研究をしていることを富塚は聞き知っていた。その研究が航空原動機講座を受け持つ中西不二夫教授のやっていることとちがうことも承知していたが、秘密は保持されていて、富塚の耳にはなにも入らなかった。「八木氏が発表した春風を期待というのはなんだい」と水を向けてみた。われわれがやっている研究なのだと教え子の熊谷は明かした。機動部隊を攻撃する決定的な兵器であって、自動的に熱源に向かって飛んでいく爆弾なのだと説明してくれた(120)。

マルフ生産の終了

風船爆弾のことに戻るが、今年、昭和二十年の一月に放った風船爆弾は二千個だった。十一月はじめからの放球数は四千個に達していた。

敵は風船爆弾による被害についてなにも言わなかった。昨十九年十二月の重慶側の新聞が、風船爆弾によってモンタナで山火事が起きたと報じ、その少しあとにアメリカの週刊誌が臆測記事を載せたことがあっただけで、そのあとはうんともすんとも言っていなかった。敵側が厳重な報道管制をしいているために、どれだけの成果をあげているのか、まったくわからなかった。

そしてこちらもまた、フ号兵器とその作戦のすべてを秘密にしてきた。

小倉造兵廠内の組立て場と検査場の建物は、造兵廠の構内に建てられているにもかかわらず、その建物のまわりにわざわざ板塀をめぐらした。隙間をふさごうとして、塀の内側に蓆を吊るすといった念の入れようだった。

指の皮が剝け、化膿させてしまった女生徒が工場内の医務室に行った。どんな仕事をしているのかと医者に尋ねられても、少女は顔をひきしめ、はいと答えるだけだった。休暇で故郷に帰った娘が、駅に出迎えた校長から胸のバッジを指さされ、なんのしるしなのかと尋ねられても、少女は押し黙ったままであり、さらにその手はどうしたのかと尋ねられることを警戒して、両手をそっとうしろへまわした。

働いている女学校の生徒たちの手はいずれも汚れ、荒れている。たとえば横須賀の久木工場で働く宮城第一高女の生徒たちのなかには、火薬を扱うために、指から手の甲が黄に染まってしまい、洗っても落ちず、外出のときには自分の手が気になってしかたない娘がいる。造機部の組立工場で金鑢《やすり》をつかって面とりをしている石巻高女の生徒の手は、油と鑢の金屑で、爪のなかから手の筋、あかぎれのあいだが真っ黒となり、軽油で洗い、おが屑でこすっても、黒い線がかすかに残っている。

だが、手の荒れがいちばんひどいのは、風船の原紙づくりの女生徒たちである。彼女たちの指は皮が剝け、小さな穴がぽつぽつとあき、哀れな有様を呈していた。一日中、湿ったところで働くから、水虫にかかったのだと言われ、彼女たちもそう思っていたが、ほんとうはそうではなかった。糊の防腐剤として使うサルチル酸が糊にたくさん入りすぎていた。一日中使うこの糊が皮膚の角質を溶かしたのだった。サルチル酸がなくなって、つぎにホルマリンを防腐剤としたが、これも皮膚を侵した。

学校からはじめて来た教師が彼女たちの荒れた手にびっくりして、どんな仕事をしているのかと尋ねても、彼女たちは糊で汚れたもんぺのうしろに手を隠し、かれの目を見つめて、口は開かなかった。

秘密の保持の命令ははるか上からのものだった。昨十九年十月二十五日に参謀総長が気球連隊長に攻撃実施命令をだしたことは前に述べたが、そのなかでとりわけ強調していたのが機密の確保だった。

市谷台の幹部が秘密の保持に執着してみせたのは、風船で生物戦をおこなうことに可能性を残しておきたかったからである。われわれは生物戦の実施を思いとどまったわけではない、準備は万端整っている、状況によってはただちに生物戦を敢行する構えでいるのだと、自分たち自身がそう思いたかったのだし、人にもそう思ってもらいたかったからである。

だが、風船にとりつけてある自爆装置は気休め以上のものではなかったから、細菌戦をおこなえば、日本がやったことだと、たちまちばれてしまい、敵が報復を口実に対日戦争を新たな段階へ導こうとして、大規模なイペリット攻撃にでてくることは、市谷台のだれもが承知していることであり、細菌戦なんかできないことは、前にも述べたとおり、かれらにもわかりすぎるほどわかっていた。

しかも「富号試験」を開始してまもなく、敵が無傷の風船をすでに手に入れてしまっていることは敵側の報道で明らかとなっていた。市谷台は、敵が公式の発表をせず、沈黙を守り、報道も一度っきりで終わりにさせたのは、なぜだろうかと考えた。敵は、こちらが細菌戦をやるのではないかとひどく警戒しているのだろう。一方で細菌の研究員、防疫の専門家を総動員して調査をおこない、他方では国民のあいだにパニックが起きるのを恐れて、箝口令《かんこうれい》をしいているのだろうと推定した。

なにはともあれ、細菌戦をおこなうことは、十一月にはできなかったのだし、三カ月のあいだに四千個を放球したあと、今年二月になってもできるはずはなかった。そして二月に入って、市谷台の幹部はべつのことを考えなければならなくなった。四月になれば風速は落ち、風の方向も一定でなくなるから、作戦は三月末には終わりにしなければならないということだった。

放球できるのは、あと二カ月だった。すでに四千個を超すストックと仕掛り品があった。最初の計画どおり、一カ月に四千個を上げよ、四千五百個を上げよと主張する幹部はいなかった。二月に二千五百個、三月に二千五百個を放球する予定なら、楮の皮剝きから、和紙の製造、原紙づくりを中止することを考えねばならなかった。

二月十八日の朝だった。新聞をひろげた人びとは見出しを拾った。敵軍が硫黄島に上陸しようとしたが、撃退したと報じていた。なるほど、そうだったのかとうなずく人もいた。敵の空母機が関東地方を二日間にわたって襲ったのは、硫黄島を孤立させ、完全に制空権を獲得しようとして、後方の関東の航空基地を叩くためだったのだ。

つぎに人びとの目が吸いよせられたのは、いままでに見たことがない文字が並んだ見出しだった。「風船爆弾　アメリカの本土を脅かす」「日本製　時速二百哩《マイル》で襲撃」というのである。

ラジオ放送が前の日に伝えたニュースだったから、それを聞き知っていた者は急いで読みはじめた。風船爆弾のことを小耳にはさんだことがある者は、やっぱりほんとうのことだったのだと思い、あわててその記事を読んだ。

「外電の報ずるところによれば、昨秋以来米国各地に頻々と原因不明の爆発あるいは火災が発生、これに関連し米国民衆の間に多種の臆測が行われ、不安と動揺を醸《かも》していたが、米国連邦検察当局調査の結果、日本の気球が米本土内に落下し、これがその原因であることが判明したと報じている。

このわが新兵器の戦果に関しては米当局が箝口令をしいているため詳細には知り得ないが、敵が故意に沈黙を守っていること自体がこれを裏書するものにほかならない。

……」

そして外電がつづいた。

「昨年十月以来モンタナ州、ワイオミング州、ネブラスカ州、アイダホ州等々の民衆の間では、夜空を東へ相当の速度で浮動して行く無気味な怪物を目撃した者も多数あり、人心は恟々《きようきよう》たるものがあったが……」

大屋典一は西日本新聞の東京支社に勤めてきた。二十八歳になる。体の具合が悪く、召集を免れてきた。かれは風船爆弾の噂を何回か聞いたことがあった。同じ郷里の沖永良部《おきのえらぶ》島生まれの友人、都庁に勤める山下源蔵からも聞いたばかりだった。日本劇場で女学生が風船をつくっているのだと山下は声をひそめ、どのくらいの効果があるものだろうか、もし、ぜんぜんむだなものなら、彼女たちはむだ働きをするわけだがと語って、畳に目を落とした。大屋はなにも言えず、溜息をついた。

これはそうとうやっているなと大屋は記事を読み終えて思った。思い浮かんだこと、考えたことをていねいに日記に記した。

「公表文となって、目前に現われると、その事実の厳粛さに、しんとした気持ちになった。もはや批評を超越したたいせつなものがそこにあった。私は一言もなかったし、また言いたくもなかった。茫洋《ぼうよう》とした太平洋の上を、――青黒い成層圏の大気の中を、黙々として敵アメリカ本土へ風船が飛んでいく有様を胸に描いて、私は慄然とした。それは、現実にして、もはや現実のものでなかった。私は、その姿に人間の妄執を感じた。

戦局すでに三年、ガダルカナルの悲惨以来ひと息つく間もないほど、受身の戦いを強いられてきた日本一億の国民が、夢うつつに念じてきた米本土襲撃、その一念がこり固まって、一個の風船となったのだ。誰がこれを、一個の遊撃的小兵器と評し去ることができよう。調節と数量とによっては、ある効果が期待できないものでもない。

一億の妄念を、人魂に変えて、冥途《めいど》にも似た地球の外を、敵の喉もとへ飛ばしている(121)」

徳川夢声も風船爆弾については何度も耳にしたことがあった。かれは一月十四日に片岡鉄兵の告別式へ行ったが、そこでも風船爆弾の話を聞いた(122)。

片岡鉄兵は小説家だった。新聞小説を書き、少女小説を書き、多産な創作活動をつづけた。昭和のはじめにはプロレタリア小説を書き、共産党にも加わり、検挙、下獄、転向するといった一幕もあった。

片岡の住まいは夢声の家がある荻窪の天沼《あまぬま》からすぐ近くの清水町にあった。片岡家の路地に立ち、寒さに背中を丸くした浜本浩、佐佐木茂索といった人びとが宮田重雄の語る話を聞いていた。五十四歳になる浜本は小説家である。佐佐木は五十歳、文藝春秋社の重役である。宮田重雄は四十五歳、病院長であり、画家である。だれもが肝硬変で五十歳で死んだ鉄兵の話をするのを忘れ、新兵器の風船がアメリカ本土で爆発しているのだと情報通の宮田が語るのを聞き、敵は報復の爆撃を開始したのだといった説明にうなずき、夢声もそうなのかと思ったのである。

　そして夢声は、一月二十七日に銀座が爆撃され、数百人が殺されたときには、敵は日劇と宝塚の風船工場を狙ったものにちがいないと思い、アメリカ本土で風船が威力を発揮しているからなのかもしれないと考えたのだった[123]。

　風船爆弾は敵に大きな損害を与えていると思っていただけに、その爆弾のはじめての記事の中身はかれをちょっぴりがっかりさせた。日記につぎのように書いた。「八時前起。風船爆弾のことが新聞に出ている。まず痛快[124]」

　風船爆弾についてなにも知らない人びとも、この見出しはなんだろうと思って、急いで目を通した。まどろっこしい思いで全部を読みおえた人びとはこれまたがっかりした。風船爆弾の戦果はたいしたものではなかった。

　硫黄島の周辺では戦艦一隻と巡洋艦二隻を沈め、一昨日、関東を襲った敵空母機は百四十七機を撃墜したのだと大本営の発表は伝え、毎日の新聞は、敵艦船十隻を沈めた、十数隻を沈めたと告げ、ルソン島で三千五百人を殺傷した。モロタイ島で四千五百人を殺傷したと報じていた。だれもが敵に与えたこれらの損害をそのまま真っ正直に信じないようになっていたが、それでもこれらの数字と比べ、風船爆弾が敵に与えた損害はわずかだった。ひとつの記事はつぎのように述べていた。

「米側は損害程度の公表を避けているもののワシントン及びモンタナよりの電報によれば大気球爆弾による損害は十二月二十日までに既に死傷者五百名を突破したといわれる」

そしてもう一度それらの記事を読んだ人は首をかしげ、二月半ばになって、どうして昨年十二月のことなのだろう、少々古すぎるニュースだと思った。

外電は三本だった。ひとつは「広東十六日発同盟」、もうひとつは「上海十七日発同盟」、三本目が「ストックホルム特電」といったクレジットがついていた。

「ストックホルム特電」はアメリカの週刊誌タイム一月一日号の記事の要約であり、そのことは最初に説明があった。広東と上海からの同盟通信の二つのニュースは、書いてはいなかったが、十二月に重慶の大公報に載った記事を引用したものだった。二月十六日、二月十七日とつけたクレジットはよくやるごまかしで、入手したばかりのニュースだと見せかけただけのことで、すでに触れたとおり、陸軍がとっくの昔に承知していたニュースだった。

わざわざ二月中旬にもなって、だれがこれらの外電をまとめて発表させることにしたのか。もちろん、市谷台の軍務課長が命じたことだった。

中村正吾はこのことを日記に記した。かれの日記は前の巻でもとりあげたことがある。かれについてもうすこし述べよう。かれは朝日新聞の政経部員である。神戸商大を卒業したのが昭和七年であり、まだ四十歳になっていない。上海、ロンドンの特派員だったことがあり、開戦のときにはワシントンにいて、昭和十七年八月に交換船で日本に戻ったひとりである。同じ交換船で帰国した朝日新聞の記者は、ほかに森恭三、中野五郎、荒垣秀雄、鈴川勇らがいる。昨年七月からこの四月はじめまで、中村は朝日を離れていた。小磯内閣の国務大臣となり、情報局の総裁となった緒方竹虎の指名で、かれの秘書官となっていたのである。

情報局にいたことから、かれは情報局のフィルターを通すことのないさまざまな情報を耳にできたし、敵側の短波放送も聞いていた。風船爆弾については、大公報に載った記事の翻訳したものを読んだことがあったであろうし、情報局に出向している陸軍軍人から、この作戦はたいした戦果はあがっていないようだと聞いたことがあったにちがいない。二月十七日に中村はつぎのように日記に書いた。

「予期された如く再び空襲警報が鳴る。今日の米攻撃は、一時間半おき位で機数は前月に比し少い。これは我方の反撃の結果ではなく、米艦隊の行動自体によるものであろう。午前中で、攻撃は終止した。

情報によると、米機動部隊は三、他に一機動部隊があり、目下、硫黄島に対し艦砲射撃中である。本土を空襲した機動部隊は六百機の直掩機を擁し、そのため、我方から出撃した三十機のうち、二十機は未帰還、十機は天候不良のため敵目標に到達し得ず、引き返して来たということである。残念ながら、制海権と局地的制空権は米の掌中に確保されている。

米機動部隊は帝都周辺のわが飛行基地を隈なく爆撃した後、目下のところ西方に移動しつつある。関西地方をも一なめせんとするのであろう。今朝の攻撃により横浜港内の碇泊中の空母一隻が大破した。

風船に爆弾を積んで米本土を攻撃すという記事を陸軍報道部の指導で明日の各新聞紙上に発表するということである。これについてはすでに内奏、御裁可を得たと附言し、陸軍報道部から情報局検閲課に連絡して来た。

第一に何のための発表であるかと思う。風船による攻撃の実情は米国では日本よりも精《くわ》しいはずであるから、米国から笑いものになるのは間違いない。とすると、発表のねらいは国内宣伝の意味としか受取れない。機動部隊の攻撃を受けているさ中のことである。思うに、日本もやっているのだと国民を鼓舞し、それとともに、艦載機の攻撃から国民の眼をそらさんとする意図であろう。凡《およ》そ新兵器はその存在が漠然としている間こそそこに夢もある。風船爆弾の如く現に大した戦果もないのを承知の上でこれを宣伝の具に供することはこの国民の夢を破るばかりで、やがて起るべき失望の反響の方が却《かえ》って大きい。国内宣伝としては意味をなさない[125]。……」

中村正吾のこのような推測は、かれのような情報通でなくても、だれもが想像したことだった。大屋典一は日記に「けさ、これが発表になったということにも、別の意味がありそうであった」と書いたのだった[126]。だが、陸軍首脳がそれを二月十八日に発表させることにした狙いは、またべつにあった。

前に述べたとおり、マルフ生産の打ち切りを検討しなければならなくなった二月のはじめのことであったにちがいない。市谷台の会議で、富号試験は三月末で終了させると課長のひとりが言ったのであろう。風船の製造も中止する。少数の工場で原紙の生産はなおもつづけるが、大多数の工場は生産転換の準備にとりかからねばならない。マルフの製造をしていた勤労動員の女学校生徒と女子挺身隊員は、もとの職場に戻らせるか、べつの職場で働いてもらう。

そしてつぎのような議論となったのではないか。新兵器をつくるのだ、秘密兵器をつくるのだという説明を聞かされただけで、暑い日寒い日、昼夜二交代でがんばりつづけ、脇目もふらず、それこそ旋風《つむじかぜ》のように働いてきた娘たちに、仕事は今日で終わり、後片付けをして以前の職場に戻るようにと命じ、学校工場にたいしては、学校あての感謝状一枚で片づけるのは、はたしてどんなものだろうか。

彼女たちに慰労の言葉をかけ、彼女たちの努力に報いねばならなかった。彼女たちのつくったフ号兵器が戦果をあげていると告げねばならなかった。

だが、敵は風船爆弾については相変わらず黙ったままだった。黙っているといえば、こちらが開始した体当り攻撃についても、まったくなにも言っていない。敵の太平洋艦隊司令官のコミュニケが体当り攻撃について触れたことは一度もなかった。風船爆弾についての報道は、前にも述べたとおり、重慶側の新聞記事と週刊誌タイムの純然たる臆測を交えた記事があるだけだった。いや、その記事も、敵の参謀本部の指示があって、そんな具合に書かせたのかもしれないと陸軍は疑いの目を向けたにちがいない。風船爆弾の現物をすでに入手しているとこちらに告げ、漢字などどこにも書いていないにもかかわらず、漢字の記入があったといって日本製だと決めつけ、そっと細菌戦をやろうとしてもそうはいかないと、日本側に警告しているのだと解釈したのである。

なんであれ、それらの記事を使うしかなかった。二月下旬には各造兵廠にフ号生産の打ち切りを通告しなければならない。急がねばならなかった。

こうして二月十七日、ニュースの時間にこれを発表させ、翌十八日の新聞にこれを掲載させたのである。

大屋典一が二月十八日の新聞のこの記事を読み、太平洋の真っ暗な空を飛ぶ気球を想像して、慄然としたと述べたが、かれの勤務する同じ西日本新聞の福岡の本社で、二月十七日のラジオのニュースを聞き、風船爆弾のことがでてきて、思わず腰を浮かしたべつの記者がいた。胸が高鳴った。

小倉造兵廠で風船爆弾をつくっていることをかれは知っていた。そして風船をつくっているのが若い女性であることも承知していた。挺身隊に加わり、宮崎県、大分県から来ている娘たち、北九州の多くの女学校、戸畑高女、小倉女子商業、小倉女子実業、門司高女、勝山高女、折尾高女の女生徒たちが働いていることを知っていた。八女郡の矢部川流域の製紙工場で風船をつくっていることも知っていた。

風船爆弾の外電を紙面に載せるのなら、彼女たちの労苦をたたえる記事を同時に載せねばならないとかれは考えた。

かれは女子挺身隊員と勤労動員女生徒の寮のひとつを訪ね、知り合いの寮長の話を聞き、つぎに県の商工課長から取材した。課長は県立福岡工業試験所長を兼任し、風船の原紙づくりを指導してきた。

翌二月十八日の西日本新聞の第二面にこの記事は載った。「やった！　われらの新兵器、どっと挙る喊声《かんせい》、労苦報われた紙漉《かみすき》業者」という四段抜きの見出しだった。

「あがった、あがった紙風船、わが国独特の手すきの和紙でつくった特殊気球が、はるか太平洋を越えて米本土に爆弾の雨を降らせはじめた。陸海の荒鷲たちが夢にまでみた米本土攻撃の火蓋が、ああ紙風船で切られようとは——まさに世紀の正夢だ。この胸のすくような快報が伝えられるや、〇〇川流域一帯の民衆に、どっと喊声があがった」

つづいて楮の皮剝きから紙漉き、そして原紙づくりまでのことを簡単に紹介した。そして造兵廠の風船づくりのことをつぎのように記した。

「『私たちがつくった特殊兵器がやった』十七日、〇〇工場の一隅、九州各県の女子挺身隊員、女子学徒のなかから、わっと喊声があがった。彼女たちがつくった兵器が、敵米英を驚倒させたのだ。抱き合ってボロボロ涙をこぼす者、しゃがんだままじっと手を合わすもの、山路部隊長も関谷、服部両部隊長も感激の一瞬だった。

思えば苦闘の〇カ月、一昼夜も三昼夜もの徹夜で倒れる者も続出した。だが、生産の手はひとときも休まず、ついに敵米をして弱音を吐かしむるにいたったのだ。同廠幹部の喜びもさることながら、まして感激の頂点に達したのは女子学徒であった。

山路部隊長は『とうとうやった。今度はニューヨーク、ワシントンまでだ』と意義深い言葉を残せば、九大挺身隊長渡辺道子さん、唐津高女挺身隊長八谷ヤス子さん、あるいは勝山高女、九州女子商業、市立門司高女などの新兵器増産作業にあたった各学校代表先生方が『挺身隊員も女子学徒も、ただこの兵器増産に全精神を打ちこんで後は倒れるまで頑張るのみです』と大きく頷き合い、さらにさらに大増産に、その持てる総力を結集し、敵米を完全に圧倒する決意を誓った」

同じ二月十八日の朝六時、夜勤組の仕事は終わり、造兵廠の機械がとまり、パイプの蒸気もとまった。

　山口高女と中村高女の組では、中村高女の生徒たちが夜勤だった。昼間の眠りは浅いから、夜勤は辛かった。明快錠の利き目はなかった。そっと表へでて、体が冷えきって、ぶるぶる震えだし、はっきり目が覚めるまで、満天の星を仰ぎながら、足踏みをするのだった。

　仕事が終わっても、寮まで四キロの道を歩いて帰る仕事が残っていた。お腹はペコペコだった。響灘《ひびきなだ》からの身を刺すような海風がまともに吹きつけ、頬は凍りつきそうで、体をかがめて歩いた。歌声はおろか、話し声もなかった。

　途中、紫川の橋を渡ろうとしたとき、中村高女と交代で働きにでてくる山口高女の生徒の隊列と行きあった。朝でかける組は、途中で夜勤組の姿を遠くに認めたときから、いっせいに声を張りあげ、落下傘部隊の歌か、動員学徒の歌を歌った。海の真ん中で僚船に出会ったときに挨拶がわりに鳴らす三長声といったところだったが、白茶けた顔色の夜勤あけ組は、黙ったまま通り過ぎた。そしてつぎの一週間は仕返しすることになるのだった。

　ところが、この朝はいつもとちがい、山口高女の隊列はざわめき、近づいてきて中村高女の生徒たちに向かって、顔を赤くし、息をはずませ、口々になにやら話しかけてきた。なんのことかわからないまま、新聞を手渡されて、風船爆弾のことがでているのだと知った。立ち止まって、ひとりが大声で読みはじめた。皆が輪をつくった。列のうしろにいた者が、なんなのと叫び、駈け寄ってきた。

山口高女の一隊が橋を渡り終え、はるか小さくなったあとになっても、中村高女の女生徒たちは歓声をあげ、互いの手を握り、躍りあがっていた。

同じ時刻、西日本新聞をひろげ、風船爆弾の記事に目をとめ、これはなんだと言った者がいた。小倉市旧城内にある福岡憲兵隊の士官だった。これは軍事機密の漏洩ではないかということになり、書いた記者を訊問することが決まった。

小倉造兵廠の幹部たちも西日本新聞の一面と二面に載った風船爆弾の記事を読み、やったぞと声をあげた。風船爆弾の生産を数日あとには打ち切らねばならないと承知していただけに、これはいい記事だ、挺身隊員と女生徒たちも喜ぶだろうと語り合った。ところが、西日本の記者になにかしゃべったのかと憲兵隊から電話があったとしらせが入って、人びとは顔色を変えた。

小倉造兵廠の事務室は静まりかえった。かれらがひとり残らず口をつぐみ、それぞれの机に戻ったのは、理由があった。昭和十八年に造兵廠の幹部が出張先で豪遊したことが憲兵隊のアンテナにかかったことがある。造兵廠の幹部五十人が捕らえられ、門司、八幡の憲兵分隊に分散留置されるといった造兵廠開設以来の騒ぎとなった。結局、数人の業者、そして廠長、工場長のひとりが贈収賄罪の容疑で起訴された。小倉区裁判所の判決は、執行猶予つきの懲役刑だった。その直後、昭和十八年十月のことになるが、廠長は廠長室でピストル自殺した(127)。

それから一年とすこしがたつだけで、造兵廠の幹部たちの心の傷と互いのあいだの不信感はなおも残っていた。憲兵隊がなにやら嗅ぎまわっていると知り、だれもが体を硬くし、風船爆弾の記事を口にすることをやめたのである。

その記事を工場内の掲示板に貼れといった指示も、それっきりとなった。そしてその記事を書いた西日本新聞の記者は憲兵隊に呼びだされ、さんざん不快な思いをしたあと、始末書を書かされることになったのだった。

山口県岩国市の岩国高女の女生徒たちは岩国の燃料廠や中国塗料の工場で働いてきたが、昨年十一月一日からは二年生も働くことになった。学校内での楮の皮剝き作業だった。黒皮は日本紙業という会社の芸防《きほう》工場から運ばれてきた。

はじめは雨天体操場で皮剝きをしていた。やがて黒皮を漬けてある水槽に氷が張るようになって、皮を剝く手は知覚がなくなり、指がいうことをきかなくなった。温度がわずかながらも高いということで、教室を作業場に替え、新館の四つの教室を使うことになった。

二月十八日の朝、雨天体操場の入口に新聞が貼りだされた。風船爆弾がアメリカ本土を襲撃しているという新聞の記事を身動きもせずに読んでいた少女たちが万歳と叫んだ(128)。

彼女たちは自分たちがつくる白皮から風船爆弾がつくられることを承知していた。でている、やったわよと喜びの叫びをあげながら、皆に知らせようと教室へ駈けだした。

前橋高女の二年生の矢島ヨシノはこの日の興奮を作業日誌につぎのように記した。「今朝新聞に出た『日本文字の書いてある気球爆弾米本土に落下』、その言葉こそは私達が長い間待ちに待った言葉なのだ。ああ私達の仕事は遂に報いられたのだと思うと有難くて仕方がなかった(129)」

三菱製紙の加古川河口にある高砂工場では、前に述べたとおり、黒皮楮の皮剝きから和紙の製造までをやっていた。風船爆弾の記事が新聞に載ってから四日目の二月二十二日、高砂工場は兵器行政本部から命令書を受け取った(130)。和紙の製造以上に急を要する仕事があるから、マルフ作業は中止せよというものだった。これより前、三月からマルフの第二期作業に入るようにとの指示があり、この準備にとりかかったばかりのときだったから、工場のだれもが呆気《あっけ》にとられた。

同じ二月二十二日か、それとも翌二十三日、山口高女と中村高女の生徒たちは、今週末で作業は終了、帰郷すると告げられた。新聞に風船爆弾の戦果を告げるニュースが載ったことにつづく吉報であり、彼女たちは叫び声をあげた。家へ帰ったら御飯をお腹いっぱい食べる、家へ帰ったらぐっすり眠る、家へ帰ったらこの指の水虫も治るにちがいないと彼女たちは思った。

じつは山口高女の学校工場のほうは、すでに原紙づくりをやめていた。学校に残っていた三年生が張り板に和紙を貼り、校庭まで持っていくという作業をつづけていたのだが、新聞に風船爆弾の記事が載る二日前の二月十六日に作業を打ち切るように命じられ、新聞にその記事が載った翌日の二月十九日に学校工場は閉鎖されたのである。[131] 中村高女も同じだったのではないか。

広島県の大久《おおく》野《の》島にある忠海製造所も風船づくりをやめた。この製造所が昨十九年七月に毒ガスの製造を中止したことは前に述べた。発煙筒をつくるようになっていたのが、昨年十二月の末からは、島をあげてマルフの気球部分の製造をはじめ、忠海高女と瀬戸田高女の女生徒たちが原紙をつくり、組立てまでやっていたが、ここでも二月下旬にマルフの作業はすべて中止となった[132]。

原紙の強化と軟化処理の仕事をしていた直方高女挺身隊の船津静代も、二月下旬にもとの職場に戻った。静代が驚いたのは、男の工員の姿が見えなくなってしまったことだった。半年の留守のあいだに、若い男性は陸海軍に入営、入団してしまい、三十代、四十に近い男たちも召集でいなくなっていた。

もとの職場に戻ったといったが、静代は男の仕事をすることになった。どろりと溶けたアルミニウム合金の湯壺を二人で運び、鋳型に流し込む作業である。火の粉が飛び散り、ときにもんぺの布が焦げる臭いがし、手の甲がピリリとすることもあったが、なによりも大事なのはけっしてあわてないことだった。

鷹来製造所でも、風船づくりの作業は終わりとなった。二月下旬、野沢高女の関周子はふたたび第一工場に戻り、旋盤の仕事をすることになった。彼女が気がかりだったのは、材料がないことだった。最初の日も、二日目も、一日やるだけの仕事がなかった(133)。風船の原紙づくりは精根尽きるといった毎日であり、一日の仕事が終わって、わが身が愛しいと思う日々だったのが、前の仕事場に戻り、新しい仕事場に移って、風船づくりの作業場に充満していた熱気はかけらもないことをだれもが知って、ぼんやりとした不安を抱くようになった。

そのぼんやりした不安は、前に述べた横須賀海軍工廠で働く宮城県の女学校生徒たちが抱いていた不安と同じものだった。

女子上級学校

さて、逗子沼間の第四寄宿舎のことに戻る。寄宿舎の女生徒たちは横須賀海軍工廠の仕事をしてきたのだから、風船爆弾を製造したことはなかったし、風船爆弾のことなど耳にしたこともなかった。

二月に入ってからのことだが、沼間の女生徒たちはだれもが落ち着かなくなり、各寮内にはさざ波が立つようになった。三年生の福島高女の生徒を除いて、宮城の女生徒たちはいずれも四年生であり、上級学校の試験を受けた者、これから試験を受ける者、農業要員になるつもりの者とさまざまあって、要するに彼女たちの卒業のときが近づいたことでのさざ波である。

沼間第四寄宿舎のなかで、上級学校への進学者が多いのは、なんといっても第一高女である。この十年、卒業生の半数以上が上級学校へ進学してきた。だが、今年は様子がちがう。上級学校に入学したからといって、川崎や横須賀で働くことになるのだから、上の学校に行くことはないと強く反対する父親や母親がいて、女子大や女専への志願者は減った。

それでも東京女子高等師範を受けた者、女子大を受けた者はいる。

篠塚恵美子は女高師を受験した。東京の学校を受験しようとする者は、東京の親類の家に泊まることが許された。恵美子の母が一月二十日に仙台から逗子へ来た。母に連れられて、高円寺の叔父の家に行った。翌日、母とともにお茶の水の女高師を訪ねた。銀杏の並木がつづく正面に石造りの建物が見えてきて、恵美子はどきどきした。筆記試験と口頭試問は一月二十三日におこなわれた。

東京女子大を受ける天明昭子は四谷の伯父の家に泊めてもらうことになった。二年前までは東京女子大の第一次試験は、新京、天津、南京、台北でもおこなわれた。いまとなっては夢のような話だ。台湾から来ている学生は親からの手紙をいつからか受け取っていないし、満洲から来ている学生は親から帰ってきたらどうかとの手紙を受け取っている。

昭子は正坐をさせられて、伯父から受験の心得を拝聴した。そのあとさつま芋のお汁粉がでた。甘いものを腹いっぱい食べたのは久しぶりだった。

二月はじめに昭子や恵美子は合格の通知を受け取って、ほっとした。

二月十六日には、女専と師範を受ける者が仙台へ帰ることになった。第一高女だけでなく、第二高女、第三高女、ほかの女学校の受験生もいっしょだった。彼女たちは四時に起き、沼間を五時に出発し、上野駅に着いたのが七時、警戒警報のサイレンが聞こえてきたのが同じときだった。そして五分あとには空襲警報のサイレンが鳴りだして、彼女たちは胆をつぶした。

重いリュックサックに足をとられ、よろけながら階段を降りた。不潔な臭いがする、汚い、人のあふれた地下道で、じっと待った。午前九時半に空襲警報は解除になった。地下道をでて、改札口の行列に並んだ。ところが、十時半にふたたび空襲を告げるサイレンが鳴りだし、地下道に戻った。ドカン、ドカンと大きな音がして、彼女たちは手を握りあった。

十二時五分に解除になった。列車に乗り込み、発車したのが十二時二十分だった。車内はいっぱいの人だった。同じ客車に乗るように、助けあうようにと先生から言われていたが、彼女たちはばらばらになってしまった。三度目の空襲警報のサイレンが列車のガタゴトという音にも負けずに聞こえてきた。十二時半だった。

列車はとまらなかった。かえって速度をあげたようだった。この日の空襲は艦載機の来襲だった。敵の艦上攻撃機と戦闘機の攻撃目標は、千葉、茨城、埼玉、神奈川の飛行場と航空機工場だった。だが、パイロットは動いているものに照準を合わせて、発射ボタンを押したがった。動いている列車を銃撃した。房総線、成田線、常磐線、相模線を走る貨物列車や旅客列車を襲った。

いずれも数人の重軽傷者にとどまったが、平塚で銃撃された東海道本線の旅客列車は五人の死者と二十人の重軽傷者をだした[134]。幸いなことに常盤歌子や畑谷直が乗った列車は敵の艦上戦闘機ヘルキャットにぶつかることがなかった。

水戸まで来たとき、日立近くで敵の艦砲射撃があるかもしれないから、そのときは座席の下にもぐるようにとの注意があった。列車が海岸線に沿って走るようになり、鎧戸を降ろした暗い車内で、連合艦隊にはもはや敵の艦隊を叩き潰す力はないのだろうか、いったい、この戦争はどうなるのだろうかとぼんやり考える人がいた。こんなに混みあうなかで、どうやって座席の下に入り込むことができるのだろうかと宮城の女生徒たちは思った。

なにごともなく列車は仙台駅に着いた。午後十時半だった。真っ暗なプラットホームに降り立った彼女たちは厳しい寒気に震えあがった。名前を呼びあい、寄り集まった。懐かしい駅舎だと思う余裕もなく、親の姿を探したが、待ちつづけていたのは菅原礼子の父親ただひとりだった。常盤歌子は中川京子の家に泊めてもらうことにした。畑谷直は菅原礼子と途中までいっしょに歩いた。直は礼子の父が心配するのを大丈夫ですと振りきり、車《くるま》通りの親戚の家まで、あともうすこし、あともうすこし、怖くなんかないと自分に言い聞かせ、息を切らせながら歩いていった。

畑谷直は師範学校を受験することにしており、菅原礼子は女専を受けることにしていた。赤尾瑞枝も女専受験組だった。瑞枝が支倉《はせくら》通りのわが家に戻って知ったのは、彼女の喜びよりも、両親の喜びのほうがずっと大きいことだった。

どの部屋も暗幕を下げて暗く、かび臭いにおいがして、ひっそりしたなかで聞こえてくるのは、カチカチという時計の音だけだった。兄は東北学院に開設されたばかりの航空工業専門学校に入学したが、勤労動員で中島飛行機の太田製作所にいた。女専に在学している姉は今年一月のはじめから中島飛行機の宇都宮製作所で働いていた。

ラジオが刻々告げる関東地方の空襲の情報を父と母が聞いていたのだと知り、群馬、栃木、神奈川にべつべつにいる兄と姉と私のことをずっと心配していてくれたのだと彼女は気づいた。

菅原礼子や赤尾瑞枝が受験し、瑞枝の姉が在学している宮城女専について述べておう。正式名は宮城県立女子専門学校である。大正十年に第二高女内に二年制の高等科をつくったのがはじまりだった。大正十五年に県立専門学校として独立した。大正十年につくられた大阪府立女子専門学校、大正十一年の福岡県立女子専門学校より遅れたが、京都や広島の女子専門学校よりは古い。仙台の町を見渡すことのできる八木山の麓に新校舎を建てたのが昭和九年である。そしてこの東北唯一の女専には、仙台を中心に東北六県から入学者が集まってきた。昨年から家事科が保健科に変わり、裁縫科が被服科となり、新たに数学科ができた。

女専の勤労動員は昨年十一月にはじまった。国語研究科の二十数人が仙台市内の澱橋《よどみばし》際にある第二師団の倉庫で働くことになった。三八銃や九九銃の手入れや発送の作業をした。つづいて今年の一月はじめから一年生と二年生の三十余人が同じ澱倉庫で働くようになった(135)。

軍帽二個から戦闘帽一個をつくる仕事だ。兵士の肩章もつくる。国語科の生徒が軍帽をほどき、保健科が裁断し、被服科の生徒が業務用の電動ミシンで縫いあげる。綿ぼこりがたちこめ、手拭いで頭をおおい、割烹着のような作業衣を着ての仕事である。

ところで、赤尾瑞枝の姉は中島飛行機の宇都宮製作所で働いていると前に述べたが、澱倉庫で働く三十余人を除く二百五十人の二年生と一年生が宇都宮で働いている。

宇都宮製作所は陸軍の航空機の機体を製造する工場だ。宇都宮市の南に隣接する横川村の土地の買収を終えたのが昭和十七年五月だった。陸稲と麦、干瓢《かんぴょう》を栽培してきた百万平方メートルの台地に工場と飛行場、社宅をつくることになった。そして三十本の生産ラインをつくるという壮大な計画をたてた。実際には陸軍側の杜撰《ずさん》な要求を鵜呑《うの》みにした、これまた威勢のいい計画だった。昨年はじめにやっと最初の生産ラインができ、昨年中に二本、三本目までができたが、四本目の工場の建設は中断したままだ(136)。

それでもここではたいへんな数の人が働いている。昨年はじめは数千人だったのが、たちまち一万人となり、いまは勤労動員の生徒を加えて、二万八千人にものぼる。

宮城女専の二百五十人は今年の一月十日から働いている。二年生は百人ほどだが、企画課、経理課、飛行課に配属されている。飛行課では、彼女たちはテスト・パイロットの飛行記録の整理をおこない、企画課では図面のトレースをしている(137)。

百五十余人の一年生は生産現場にいる。最初に彼女たちが驚いたのは、耳をつんざくばかりの轟音《ごうおん》が互いに負けじと競いあっているすさまじさであり、つづいては焼ける油の臭い、そしてどこまでも機械が並ぶその広さだった。テニスコート十五面がとれるのだという広い工場内で、彼女たちは大きな鋏《はさみ》でジュラルミンの板を切ることを覚え、部品の組立てを教えられ、プレス加工をやるようになっている。

彼女たちがつくっているのは四式戦闘機である。陸軍が最大の期待を寄せてきた戦闘機だ。前に軽戦闘機と重戦闘機について述べたことがあるが、これこそ陸軍はじめての本格的な重戦闘機である。機体コードがキ84であることから、工場内ではハチヨンと呼んでいる。昭和十八年八月から試作機のテスト飛行をおこない、量産第一号機をつくったのは昨年五月になってである。太田製作所と宇都宮製作所を合わせて月に五百機をつくったこともあるが、じりじりとその生産機数は落ちはじめている

もちろん、宮城女専の生徒たちも、真上を飛ぶハチヨンを何度も見たことがある。手を振りつづけ、機体が小さくなり、視界から消えるまでじっと見送った彼女たちのなかには、あの戦闘機は都城《みやこのじょう》の基地へ向かったのだと若い士官から教えてもらった者もいた。

彼女たちの宿舎は麦畑のなかにできたばかりの二階建ての木造バラックである。太田、横須賀、どの宿舎とも同じつくりであることは前に述べた。彼女たちの不満の筆頭は、ここでも同じこと、食事がひどいことだ。日に一回は、さつま芋入りの御飯か、短麵入りの御飯だ。短麵は乾麵を米粒ほどに切ったものだ。いやな臭いがして、おいしくない。さつま芋入りのときは、さつま芋ばかりで、御飯粒をまぶしただけじゃないと不平がでる。そして味噌汁がだされたときには、ほかにおかずがなく、おかずがあるときには、味噌汁はない。

おかずといえば、きまって荒目《あらめ》の煮物である。こんなものは見たこともないと言う者がいれば、宮城の海岸にだって流れてくる、はたきを大きくした形をしていると語る者もいたが、これを毎日食べるのは、だれにとってもはじめての経験だった。おかずは荒

目だけではない、もう一皿あるといった具合にだされたのが、何粒かの辣韮《らっきょう》だった。三度三度でた。

彼女たちが魚を食べることができたのは、父兄会から差し入れがあったときだった。塩鰊が送られてきた。食堂で七輪を借り、鰊を焼いた。焼魚の匂いに皆は酔った。ところが、口にいれて、その塩辛さにびっくりした。それでも皆は喜んで食べた。それが二月十一日のことで、それから一週間あとの二月十八日には大御馳走があった。父兄会長が彼女たちのために食料を運んできた。肉の味噌漬と酢牡蠣《すがき》だった。

つづいて教師が工場の厚生課と交渉した。これより前に、食事がひどすぎる、工員には食料の配給があるのに、寮の学徒にはなんの配給もないのは不公平だとねじ込んだことがあったが、一、二度、夜食にとさつま芋が届いただけでおしまいだった。今度は要求を変え、約束の火鉢を早く入れてほしい、火鉢のほかに鍋と金網を配給してもらえまいか、醬油、餅、小麦粉を父兄会が送ってきているから、寮で夜食をつくる便宜を与えてほしいと申し入れた。

蜜柑やさつま芋を配給するよりも、工場自製の鍋や金網を与えるほうがずっと容易だろうと読んでのことだった。専門学校の生徒だから特別の扱いだ、中等学校の生徒には火鉢や鍋を使わせてはいないと工場側に恩を着せられ、各部屋分の火鉢と鍋、金網をそろえてくれることになった。木炭は闇で手に入れることができた。

ここで女子専門学校について述べておこう。かつては女専を卒業しても、就職しない者が多かった。教養と学歴を高めるために進学したのであり、日本女子大、東京女子大、さらには東京と奈良の高等師範に学ぶ者も、卒業して家庭に戻る者が多かった。

だが、いまはそうはいかない。これら上級学校を卒業すれば、女子中等学校の教師となる資格を得られることから、女学校の教師となっている者が多い。

この十年、女学校の教師の需要は多い。実科女学校を含め、昭和十年には九百四十七校だったのが、昨年には一千三百校を超えている。そしてそれ以上に学級の増加が著しい。資材不足から女学校の新設ができなくなっているためだ。そして男の教師は応召があるから、女専や高等師範の卒業生はいずれも女学校の先生になっている。

仙台の第一高女、石巻高女、山口市の山口高女、中村高女、あるいは長野県の野沢高女、これらの女学校の生徒たちにつきそい、横須賀へ行き、名古屋へ行って、生徒たちと同じ寮に寝泊まりし、彼女たちといっしょに歌を歌い、彼女たちの相談にのってきた教師たちは、彼女たちより五つ、六つ年上なだけの年若い女性なのである。

国民学校でもいまや女性の教師のほうが多い。この一月二十七日の昼すぎ、東京の銀座が爆撃されて、泰明国民学校に三発の爆弾が落ちた。高学年生は埼玉県に疎開しており、学校に残る低学年生はすでに授業が終わり、家に帰っていた。四人の教師が死に、二人が重傷を負ったのだが、この六人はすべて女性だった(138)。

専門職に進もうとする女生徒のためのもうひとつの上級学校は女子医専である。東京女子医学専門学校がある。明治末に開校したこの学校は、創設者の吉岡弥生の熱情と努力の結実だった。大正時代に入って、大阪医科大学が女子の入学を認めたが、女医の資格をもつ者としたから、東京女子医専の卒業生に限るということだった。大正の末になって、もう一校、帝国女子医専が創立された。こうして昭和十五年には女医の総数は三千五百人となった。このうちの二千五百人が東京女子医専の卒業生だった。

ところで、政府は公立の女子医専の設立を認めなかった。女子に高等教育は不必要だ、晩婚となるからいけないと主張し、「女医亡国論」を声高に唱えたのは、明治、大正時代の政治家や学者だったが、昭和に入ってからも、政治家と役人たちはこのような主張を支持してきた。

ところが、「女医亡国論」などと呑気なことを言ってはいられなくなった。大学医学部と医科大学の卒業生のすべてが軍医となってしまうようになったからだ。大学医学部と医科大学の全卒業生は、たとえば昨十九年の場合、陸軍軍医学校か、横浜市戸塚区原宿にある海軍病院のどちらかで三カ月の軍事教育を受けた。そして卒業証書の伝達式は昨年九月に海軍病院と軍医学校に各大学の医学部長を招いておこなった[139]。

こうして新卒者はすべて軍医となっているのだが、これだけではとても足りない。病院の医師、町の医院の医者が召集されて、軍医になっている。この結果、大学病院や一般病院では、患者を診ることに支障がでるようになり、医院が閉鎖されて、医者のない町や村も増えつづけ、どこの県でも、医者のいない町や村の数のほうが多くなってきていた。

だが、軍医はそれでも足りなかった。陸軍の強い要請があって、政府は医学専門学校をつくることになった。昭和十八年に前橋と三重に医専の開設を認可したのがはじまりだった。たいへんな競争の結果だったが、その競争はさらにすさまじいものとなった。すでに医科大学がある新潟、千葉、熊本、長崎、岡山を除いて、すべての県と市が医専の新設を望み、地方の政治家が駈けずりまわり、大物政治家が動き、現職閣僚を巻き込み、文部省への激しい陳情合戦となった。

昨年は青森、横浜、松本、神戸が競争に勝ち残って、医専の開設が決まった。そして今年は奈良、和歌山、広島、米子、徳島が開校の予定となっている。

むろん、この医専新設ブームがはじまりはしたものの、新たに校舎を建てることもできなければ、病院をつくることもできるはずがなかった。市内の比較的大きな病院を医専に寄付させ、医専の校舎は商業学校や国民学校を借りるという応急策をとってきた。こんな有様ながら、五十人、六十人でなく、各校百二十人を募集した。

陸軍大臣、軍務局長の要請がはじめにあって、男子医専設置の大競争となったのだが、かれらはいま男子医専の開設ラッシュになんの関心も抱いていないだろう。かれらがマルロやマルケに注意を払わなくなったのと同じ理由からである。この戦争が終わるときまでに間に合わないと思うからだ。

戦いに大きく貢献した新設の医学校は、昭和十四年につくった大学附属の医学専門部である。これも陸軍の強い圧力があってのことだった。七つの帝国大学医学部と六つの官立の医科大学が附属医専を設けることになり、それぞれが五十人から六十人を入学させた。四年制だったが、半年短縮して、昭和十七年九月に七百五十人が卒業し、昭和十八年、十九年にも、それぞれ八百人が卒業して、いずれも軍医になっている。

では、役人や政治家たちが昭和十八年からの男子医専の大増設をどう見たのかといえば、いまから軍医の養成にとりかかっても役に立たないと思ったかどうかはべつとして、これが医者不足の根本的な解決にはならないことは、かれらもはじめから承知していた。そのためには、公立の女子医専をつくるしかないとかれらは考え、無医村をなくすためには女医の養成しかないと主張しはじめた。

昭和十八年に名古屋市に市立女子医学専門学校を設立した。そして岐阜市では県立女子医学専門学校の開設となった。名古屋市立女子医専は市民病院の一部と河合塾桜山分校を借りて授業をおこない、昨年になって、こればっかりは新設するしかないということで、解剖学教室を建てた。むろんのこと、粗末なバラックである。岐阜県立女子医専はといえば、これは岐阜市立女子商業の校舎を借りて、授業をおこなってきている。

そして昨十九年の四月には京都府立医科大学が附属女子専門部を開設した。医科大学と府立第一高女の校舎を借りることにして、財団法人の伏見病院の寄付があり、附属女専の研修病院となった。昨年は八十人が入学した[140]。

昨年、もうひとつ開校したのが福島県立女子医専である。信夫農学校を福島農蚕学校に移し、信夫の校舎を女子医専の仮校舎とした。机や椅子をかき集め、市内中町のそば屋を買収して寄宿舎にし、公立福島病院を県に寄付させるかたちをとって、新女専の附属病院とした。昨年の入学者は百五十余人だった[141]。

もうひとつ、今年、新設を認められた女子医専について述べておこう。北海道庁立女子医学専門学校が開校する。札幌市中央区南五条にある北星高女の一部を借りて、仮校舎とし、北海道社会事業協会附属札幌病院を附属病院とすることになっている。百三十人を入学させる予定である[142]。

第二期の公立学校入学試験のことに戻れば、二月二十一日に師範学校の試験場に入っている畑谷直は大きく動悸が打つのを全身で感じながら、試験用紙を表にかえした。

宣戦の大詔の一部が掲げられていた。「幸ニ国民政府更新スルアリ帝国ハ之ト善隣ノ誼《よしみ》ヲ結ヒ相提攜《ていけい》スルニ至レルモ重慶ニ残存スル政権ハ米英ノ庇蔭《ひいん》ヲ恃《たの》ミテ兄弟尚未タ牆《かき》ニ相鬩《あいせめ》クヲ悛《あらた》メス米英両国ハ残存政権ヲ支援シテ東亜ノ禍乱ヲ助長シ平和ノ美名ニ匿《かく》レテ東洋制覇ノ非望ヲ逞《たくまし》ウセムトス」。そして問いは、「善隣ノ誼ヲ結ヒ」と「兄弟尚未タ牆ニ相鬩クヲ悛メス」の箇所を説明せよといい、「東洋制覇ノ非望ヲ逞ウセムトス」の実例を挙げるように求めていた[143]。

ほかにいくつかの問題があって、十五分の休みがあり、つづいて数学と理科の筆記試験だった。数学は二題だった。理科の問いは、米、麦、大豆、南瓜のいずれかの栽培で、体験したことを述べよというものだった。やったことがあるのは、田植えと麦刈りと草取りだった。なにを書こうか、田の草取りにしようかと直は考えた。つぎの問題は、木材を空気中で、また炭焼き窯《がま》で加熱して、両者の差異はどうして起きるかを問うものだった。よかったと思った。木材を空気が不充分な状態で熱すると、揮発性の物質はガスとなって発散し、あとに炭素が固体として残ることは、本を読んで記憶していたことだった。

翌二月二十二日には、女専では、前日の筆記試験につづいて、口頭試問と身体検査があり、師範学校の受験生は体格検査と体力テストがあった。師範学校の口頭試問は二月二十三日におこなわれた。

筆記試験のために仙台の旅館に泊まっていた石巻高女の生徒が石巻のわが家に帰り、福島女子医専を受けた第三高女の生徒が仙台へ戻ってきて、逗子からの女生徒たちがのんびりと家で過ごすことができたのは、二月二十四日になってだった。彼女たちがはじめて満足感に浸れば、思い浮かべるのは沼間の同じ部屋の友人と仕事仲間のこととなり、明日の休みはなにをするのだろう、どこへ行くのだろうかと思ったのである。

空襲と勤労高女生たち

二月二十五日は日曜日だった。

関東地方では、朝から空襲となった。午前四時半、だれかに呼ばれたように思って目を覚ました人がいた。ラジオからの声なのに気づき、急いで起きあがり、ダイヤルをまわし、ボリュームをあげた。

放送は午後九時のニュースで終わってしまうにもかかわらず、ラジオをつけっぱなしにしておく家庭は少なくない。真空管が切れてしまったら、容易に買えないことは承知していながら、サイレンが鳴ってからでは遅すぎる、一分も早く空襲の情報を聞きたいと思うからである。

ラジオは「横鎮《よこちん》情報」と言った。横須賀鎮守府情報ということであったが、久しぶりに聞く言葉だった。

昨年の十一月から十二月にかけて、東京や横浜では、ラジオは陸軍の「東部軍管区情報」と海軍の「横鎮情報」の双方をつぎつぎと伝え、一方が「来襲せる敵B29主力は」と言い、つづいてもう一方が「京浜地区に侵入しつつある敵B29編隊は」と言い、同じ敵の編隊なのか、べつの敵編隊なのか見当がつかず、人びとを混乱させた。

陸海軍が張り合うのもいい加減にしてくれと批判の声が高くなったものだから、海軍側が自粛することになった。そこで横鎮情報が「敵機動部隊が本土に近接しあり」と告げたのは、陸軍の情報とかちあわないと自信を抱いてのことだった。

一週間前の二月十六日の午前七時、敵機動部隊の艦載機はいきなり茨城と千葉の飛行場に襲いかかってきた。前に記したとおり、公立二期校の受験のために仙台へ帰ろうとした宮城の女学生が上野駅に着いたときだった。

その日の朝、暴風をもたらす低気圧が関東沖から三陸沖へ抜けようとしていたから、哨戒機はでていなかった。荒海のなかの小さな監視艇は、敵の来襲を告げる前に、敵駆逐艦に撃沈されてしまった。そして敵機動部隊は無線を封鎖し、レーダーを使用しなかった。

こちらの防空戦闘機の迎撃と雷撃機による反撃を恐れてのことだったが、実際にはたいした反撃がなかったから、敵機動部隊の各指揮官は拍子抜けしたことは間違いない。こちらがわずかな航空機しかもたず、その防空陣はとるに足らないと見てとり、二度目の攻撃は奇襲とするつもりはなかったのであろう。

そこで午前三時半には、海軍は敵機動部隊が関東の沖へ突進してくるのを知った。今回は敵は横須賀を狙うだろうと鎮守府の幹部たちは思った。

麾下の各機関に艦載機が来襲すると伝えた。市内の消防団、特設防護団、隣組に空襲があると知らせ、横須賀に隣接する地域にもこの情報を伝えた。鎌倉市内には海軍の軍人が多く住んでいるし、大船には第一海軍燃料廠、二式魚雷をつくる横須賀海軍工廠造兵部の深沢分工場があるからだ。

北鎌倉に住む高見順夫婦が目を覚ましたのは、「高見さん、高見さん」と呼ぶ声に気づいたからだった。隣組の人だった。大空襲があるようだから、朝飯を早くすませたほうがいいと町内会からのお達しがあったと告げられた。午前四時前だった。順は妻の朝食の支度を手伝った。

サイレンが遠くで聞こえた。横鎮発令の横須賀方面の警戒警報である。高見夫婦は朝食を終えたあと、寒いし、起きていてもしようがないとふたたび寝床に入った。警戒警報のサイレンが鳴り響いたのは午前七時三十五分になってだった。

サイレンがきれぎれに鳴りはじめた。七時四十分である。逗子沼間の第四寄宿舎では、当番が廊下で大声で叫んだ。「小型編隊が来る。後続編隊あり」

宮城県の女生徒たちは午前四時半に起こされ、北鎌倉の高見家と同様、朝食はとっくに終わっていた。艦載機の来襲なら、今日は長い空襲になると彼女たちは思った。せっかくの休日だったが、三日前の大雪につづいて、またも雪になるような空模様だったから、どのみち外出はできないと思い、一日、壕を出入りすることになってもしかたがないとだれもが覚悟を決めた。

彼女たちは救急袋を肩からかけた。海軍から支給された毛布を二つ折りにして、紐を通し、マントのように羽織った。どの宿舎からも、防空頭巾をかぶり、毛布に身を包んでふくれあがった達磨の行列がそれぞれの壕の入口に向かった。彼女たちが手伝ってつくった横穴式の防空壕はすでにできあがっている。やがて雪が降りはじめた。

敵機は横須賀へは来なかった。高射砲弾の炸裂音は聞こえなかった。敵機に襲われたのは、千葉と茨城、群馬だった。ふたたび、飛行場と飛行機工場が爆撃された。

午前十時半に空襲警報は解除になった。壕の外にでれば、粉雪は降りつづいており、隣の宿舎も姿を隠していた。正午、B29来襲の予報がでた。だれもが今日はどういうことだろうと顔を見合わせた。午後二時すぎ、空襲警報のサイレンが雪のなかで聞こえてきた。「伊豆半島に上陸」と当番の金切り声が聞こえた。

彼女たちはふたたび壕へ向かった。防空壕内は窮屈ではなかったが、電灯は最低の燭光だったから、真下にいても本は読めなかった。暗闇に近いなかで、坐ったまま眠るか、お喋りをつづけるしかなかった。ときどき爆音が聞こえたが、高射砲の音も、爆発音も聞こえなかった。東京が空襲されているのだろうかと彼女たちは思った。

爆撃されたのは東京の下町だった。この空襲については第2巻にも記したが[144]、もういちど述べよう。

B29の編隊の爆音は大きかった。低い雪雲のすぐ上を飛んでいるようだった。麹町区飯田町一丁目に住む茂原照作は妻と壕のなかにいた。ひとり息子の国民学校三年生の啓吉郎は群馬に縁故疎開をしている。

土砂降りのようなすさまじい音がした。焼夷弾の落ちてくる音だった。それにまじって、ヒュルヒュルと爆弾の落ちる音が聞こえてきた。敵は消火活動を妨げようとして、爆音を混投する。ここには落ちなかった。よかったと思うまもなく、つぎのB29の一隊が頭上に迫ってくる。防空壕のなかで夫婦は首をちぢめた。

麴町の三番町に住む内田百閒は妻と家のなかにいた。耳慣れたB29の爆音が間近に迫ったと思ったとき、教えられていた爆弾の落下音が真上で聞こえた。玄関から外へでようとしていた二人は雪の上に膝をつき、腹這いになった。無気味な音が頭の上を通り過ぎた。いつまでたっても炸裂音が聞こえなかった。「どこだ、どこだ」と声がして、警防団の人が横町から出てきた。

隣接する六番町の番町国民学校の前にある鉛版屋に爆弾は落ちたが、不発弾なのか、時限爆弾なのかわからないと警防団員の説明する声が聞こえた。

子供を背負った女性、荷物を背負った人、二十人ほどの人たちが家の前を通り、雪のなかを土手のほうへ歩いていった。防空頭巾にも、両手にぶらさげた荷物にも、うっすらと雪が積もっていた。時限爆弾かもしれず、爆発する恐れがあるというので、退避する人びとだった。

B29のエンジン音はなおもつづき、ヒュルー、ヒュルーと爆弾の落ちてくる音につづいて炸裂音が二度聞こえ、地面が震え、内田百閒も震えあがった。

黒いものが雪のなかを舞い落ちてくるのに百閒は気づいた。火災が起きているのだとかれは知った。四つ角にでて見回せば、市谷本村町が、合羽坂あたりが大火事だった。ラジオの情報を聞こうと、家に戻ったが、いつか停電になっていて、ラジオはうんともすんとも言わなかった。

午後四時近くなっても、空襲警報は解除にならなかった。合羽坂方面の煙は土手の上の空いっぱいに流れ、神田の空のほうにたちのぼる赤黒い煙は空の半分を埋めてしまった。あたりは黄色く変わり、薄暗くなった。

一時間以上のあいだ、茂原照作と妻は壕を出たり入ったりした。堤の上の人がメガホンで「下谷、本郷、浅草、日本橋、京橋、神田方面に投弾」と叫ぶ声が聞こえた。茂原はつぎの編隊が頭上で爆弾を落とすのではないかと不安だったが、堤まで行ってみた。神田、日本橋の方面では、ものすごいばかりの渦巻く黒煙があがり、火の手が見えた。焦げくさい臭いが雪片とともに吹き襲ってきた。午後三時半だった。視界は閉ざされ、灰色になり、あたりは急に暗くなった。

午後四時すぎ、沼間では、空襲警報解除という声が壕内にこだました。女生徒たちが思い思いに立ちあがった。体は冷えきったが、宿舎に戻ったからといって、火の気はなかった。空腹だったが、夕食は遅れそうだった。

同じ時刻、茨城県の土浦駅の退避線にとまっていた臨時列車が動きはじめた。勤労動員の岩手県の花巻中学、岩谷堂《いわやどう》高女、摺沢《すりさわ》高女、さらに摺沢と鍬ケ崎《くわがさき》の青年学校の生徒たち、そして前のほうの客車には青森県の青森師範、弘前中学の生徒たちが乗っていた。

列車は白い平野のなかを走りつづけ、やがて日が暮れた。

列車には水沢高女の三年生も乗っていた。総勢百人に近い。

水沢高女は水沢町にある。岩手県下では、盛岡、花巻、一関の女学校についで古い学校である。水沢町のある胆沢《いさわ》郡は県下第一の穀倉地帯であり、郡立の農学校に実科高女を併設したのが明治の末であり、大正十二年に県立高女となった。

薄暗い車内で水沢高女の生徒たちはぼんやり考えた。母と別れたのも、家をでたのも、二日も、三日も前のことのようであったが、もちろん、そうではなかった。家をでて、学校へ向かったのは、ほんの昨日の夕方のことだった。

水沢駅の乗車は昨日の午後九時五十分だった。重いリュックサックを背負い、体をまげた生徒たちが列をつくった。リュックサックが母親の帯芯の三河木綿でできているのは、みな同じであり、どのリュックサックもはちきれんばかりだった。

その日の昼すぎ、菊地利子は母が出したり入れたりして詰め込んだリュックサックを持ちあげようとした。片手では持ちあがらなかった。これを背中に背負い、救急袋を肩にかけ、右手に衣類と駒下駄を入れた風呂敷包み、左手には、これまた大きくふくらんだ木口の袋を持たねばならない。

リュックサックのなかの炒り豆、するめ、餅をひきだすと、真ん中に瀬戸物のかめが鎮座していた。リュックサックを重くしている元凶だった。油揚げの味噌煮だった。これをおいていくと言い、だそうとすると、母が持っていきなさいとこわい顔をした。

重い荷物を背負って駅に着いたが、列車は三時間遅れると告げられ、家が近い者は家に帰り、家が遠い者は見送りの人びとといっしょに学校へ戻ることになった。二度目に水沢駅へ向かったときには、中天にかかる月齢十三の月がまばゆい光を雪世界に振りまき、送ってきた母や姉の緊張した顔をうつしだした。見送りする人たちは少なく、同級生と下級生の姿はなかった。列車が発車したのは午前一時だった。

福島県に入って、夜が明けた。福島と茨城の県境では、鎧戸をおろすようにと指示された。鎧戸をあけてよいと言われ、揺れ動く窓の外に広い海を見たときには、皆は歓声をあげた。東京から疎開してきた者を除いて、海を見たことのある者はわずかだった。

水戸駅の手前で、空襲警報がでたと告げられた。汽車は停止信号で何度かとめられた。土浦駅の停車がいちばん長かった。やっと汽車が動きだした。前に述べたとおり、逗子沼間では、宮城県の女学校の生徒たちが壕からでてきたときだった。

いつか雪が降りだし、やがて暗くなった。

女生徒たちのなかのひとりは、指をだして数え、家をでてから二十時間になるのだと思った。夕食の弁当を食べるようにと言われ、皆はにこにこして、風呂敷や袋から、おにぎりの包みをとりだした。

渡辺恵子は列車の進行方向の空を見て、不思議に思った。桃色に染まっている。窓ガラスには雪片が点々と降りかかる。日は暮れ、雪が降っているのに、夕焼けなのだろうか。列車はスピードを落とし、大きな川を渡った。窓から見える空ははっきりと赤い。彼女たちは火事なのだと知った。

だれかが燃えていると叫んだ。まるでスローモーション映画のように、家が赤々と燃え、そのさきにも焰が見え、彼女たちは自分の背中と腕の皮膚がこわばるのを感じた。列車は駅の構内に入り、ゆっくりゆっくりと進んだ。窓ガラスの外に人が何人も現れ、ガラスを叩いた。窓際の女生徒は身をすくめ、口もきけず、真っ青な顔で見つめているあいだに、その人の顔はうしろに消えた。みみずがいっぱいはっているような顔は、血が流れたまま固まっているのだと気づき、窓をあけてくれ、乗せてくれと言ったのだろうかと、彼女は思った。

通路の向こう側に坐る人たちのあいだから、悲鳴があがった。火の手がいくつもあがっていた。線路の両側が燃えているのだ。だれかが泣きはじめた。たちまち伝染し、肩を寄せあって、そこここの座席の者が泣きだした。渡辺恵子は「日暮里」と書いてある駅の標示を読み、なんと気味の悪い名前なのだろうと思った。黒い凸凹のシルエットが赤い空をバックに浮かびあがった。崖の上にある墓石なのだと千田佐和子は気づいた。いったい、この列車はどこへ行くのだろうと思い、膝頭が震えた。

泣き声はやまなかった。校長と三人の教師が、泣くな、元気をだしてと声を張りあげた。「泣かないで、ね、皆、がんばろう」と高い声がした。柳沢俊子だった。「元気をだして」とほかからも声があがった。

列車は上野駅に着いた。粉雪がプラットホームを舞い、遠近はわからなかったが、真っ赤な焔がそこにもここにも立ち、煙が流れ込んでくるのか、なにかが焼けている臭いがした。

この日、敵爆撃機集団は過去四回の中島の武蔵製作所を爆撃するのと同じ進路をとった。浜名湖上空から甲府盆地の上空へと向かい、甲府で方向を東に変え、武蔵製作所へ向かった。そして一部の梯団《ていだん》は秩父の上空を抜け、中島の太田製作所へ向かった。敵は中島の二つの主力工場を狙うかのようであった。ところが、東進したB29の主力は武蔵製作所の上空を通り抜け、それこそ中央線に沿って都心に入った。投弾したのは神田上空だった。焼夷弾攻撃を終えた敵編隊はそのまま直進し、九十九里海岸から太平洋へ抜けた。

だれもが雲の上からのめちゃくちゃな爆撃だと思った。警視総監の坂信彌は都内各地の消防司令長、消防司令からの報告を聞いた。神田は四回、日本橋、麴町、四谷、深川は三回にわたって爆撃された。およそ一千カ所で火事が起き、二万八千戸が焼かれた。低く雲が垂れ込めているために、敵は誤って同じところを何度も襲ったのであろうか、それとも市街地を徹底的に焼き払おうとして、新しい戦法にでたのであろうかと警視総監と部下たちは考え込んだ。

市街地にたいする焼夷弾攻撃は、一月三日午後二時からの名古屋と大阪の市街地にはじまり、二月四日午後一時から二時までの神戸にたいする二度目の攻撃があり、これが三回目だった。つづいて三月四日の午前中の東京にたいする焼夷弾攻撃、そして三月十日未明の焼き打ちにつづくことになる。

岩手県と青森県の勤労動員の生徒たちはいたるところが燃えているのだと思いながら、上野駅の地下道への階段を降りた。いっぱいの人だった。焦げくさい臭い、さらに不快な臭いがたちこめ、人の名前を呼ぶせっぱつまった声が響いた。だれかを必死に探している人、腫《は》れあがった顔の人、虚ろな目をして、ぼんやり立っている人たちに彼女らは何度もぶつかり、そのたびによろけ、口のなかで謝った。

教師の菊池誠之の怒鳴り声が聞こえた。「離れてはだめだ。前の人のリュックサックか腕をつかむ。手を離したら、水女《みずじょ》と呼び、水女と答える」だが、だれもが両手に荷物を持っていた。よろよろしながら、前の人のリュックサックを見失うまいとした。生徒たちの列の最後尾についた女性教員が人の渦に巻き込まれてしまった。「菅原さん、置いていかないで」と教職に就いてまもない若い教師は悲鳴をあげ、女生徒の菅原郁の名前を呼んだ。

やっとの思いで改札口をでたところで、生徒たちは整列し、人数を確認した。そのあと手洗い所の行列に並んだ菊地利子は、自分と同じ年ぐらいの女学校の制服を着た少女が父親らしい人の背に負われているのを見た。大怪我をしたのか、片足には包帯が巻かれ、その包帯が赤く染まっていた。熊谷淑は泣いている若い女の人を見た。大きな風呂敷を背負い、足をひきずるように歩いていた。横から小さな頭がのぞいて、反対側に細い足が見えた。子供がそんな恰好で眠っているとは思えなかった。生きていないのだと彼女は気づいた。

彼女たちは地下鉄に乗った。終点の駅に着いた。荷物はいよいよ重かった。ふたたび階段を降りたり、昇ったりして、べつの電車に乗った。車内は前よりずっと暗かった。どこへ連れていかれるのだろうと心細く思い、日暮里から上野駅までの大きなショックが尾をひき、だれひとり口をきく気力もなかった。

彼女たちが降りたのは東横線の綱島駅だった。午後十一時だった。前にいちど来たことがあるだけの教師は、真っ暗なために宿舎にどう行くのかわからなくなってしまい、生徒たちは駅でしばらく待たされた。雪の結晶がさらさらと顔に降りかかり、雪は三十センチ以上積もり、靴の裏につき、団子のようになって歩きにくかった。やっと到着したが、真っ暗な玄関に明かりがつき、戸が開けられるまで、またもしばらく待たされた。以前に東京園と呼ばれた温泉旅館が彼女たちの宿舎だった。綱島に数多くあった温泉旅館や料亭はいずれも店を閉め、陸海軍の多くの機関と東横線沿線のこれまた多くの工場の宿舎に変わっていた。こうして綱島温泉駅の名称も、昨十九年十月に綱島駅と変えられたのだった。

水沢高女の生徒たちは雪で濡れた靴下をぬいだ。布団の包みは届いていなかったから、旅館の赤い敷き布団と掛け布団をひろげ、さらにオーバーをひろげ、着のみ着のままでその下にもぐり込んだ。疲れはてていた少女たちはやがて眠ってしまった。午前二時すぎだった[145]。

この夜、宇都宮製作所の寮の宮城女専の生徒もとっくに眠ってしまっていたが、彼女たちについて触れておこう。

前夜のことだ。配給されたばかりの鍋、金網を火鉢にのせ、だれの声もはずんでいた。すいとんをつくっている部屋もあった。鍋のなかに小麦粉の小さな団子を入れた。だしもなく、入れるものはなにもなかったが、コトコト音がしてきて、おいしそうな匂いが薄暗い部屋のなかに漂いはじめた。皆は小声で、「兎追いしかの山、小鮒釣りしかの川」と小学唱歌を歌い、つぎに讃美歌の「また逢う日まで」を歌ったのだった。

女専や師範を受けるために仙台へ帰り、ふたたび逗子へ戻ろうとする宮城県の女生徒たちは、二月二十八日の朝、上野駅に近づく列車の窓から見渡すかぎりの焼け跡を見ることになった。三日前の夜、水沢高女の生徒が線路の両側に渦巻く赤い焔を見たところである。

畑谷直や赤尾瑞枝は下半分が焼け残った電柱がつづいているのを薄気味悪く思いながら眺め、すべてのものが失われ、焼けトタン板と煙突と赤茶けた剝きだしの地面となってしまっているのを茫然と見つめるばかりだった。

沼間の寮に戻った彼女たちは、元気を取り戻した。同じ部屋の友達と土産の炒り大豆をかじりながら、見た話、聞いた話をして、卒業式は仙台でやるのだろうかと話し合った。

逗子沼間の寮で、つぎに仙台に帰るのは国民学校の助教になろうと考える女生徒たちだった。

ぽつりぽつりとたえまなく召集されてきたのは、国民学校の教師も同じである。国民学校の訓導も不足している。昨年、宮城県では、石巻線の涌谷《わくや》町にある涌谷高女に国民学校初等科訓導養成所を新設した。女学校の卒業生に六カ月の速成教育をして、助教員とすることにした。

そして今年は仙台市内の第二高女にも養成所ができた。志望者は多かった。国民学校の先生になったら、家から通うことができるのだから、養成所を志願してはどうかと親からの手紙をもらった娘がいた。女子師範学校に入っても、すぐに勤労動員で工場行きとなる、養成所へ行けば、九月には先生になることができると胸をときめかす女生徒もいた。養成所へ入るのは、学校からの推薦だった。

六カ月の養成所といえば、もうひとつあった。今年からのことだが、帝国大学と工業系の大学、専門学校内に養成所を設立し、「科学研究補助技術員」を育成することになった。東京帝国大学の養成所では、エックス線、化学分析、精密計器の取り扱い、やり方を教え、東京工業大学では化学分析、計測器を教えるということで[146]、中学校、女学校の中等学校卒業生から募集した。

男子卒業生を採用して科学研究補助技術員にしたところで、半年あと一年あとには兵役が待っているのだから、訓導養成所と同様、補助技術員養成所は女学校の卒業生を採用しなければならないはずである。ところが、男子をとり、そのうえで女子もとるというかたちにしなければならなかったのは、女子に工業系の学校の門戸を閉ざしてきながら、補助技術員養成所だけは女子をとるというわけには、いかなかったからである。

公立の女子医専はこの二年間に五校誕生したが、工業専門学校は女子にはまったく無縁である。工業専門学校は公私合わせて七十七校にのぼり、今年は一万三千八百人を入学させることになっている。ところが、一校も女学校卒業生の入学を認めていない。

だいたいが国民学校を卒業して進学できる工業学校は、昭和十九年に商業学校から工業学校に変わるものがあっていっきょに倍増し、全国に四百七十一校あり、二十八万人の生徒がいるのだが、女子工業学校はひとつとしてない。

ついでだから、もう少し説明しよう。政府は女子工業学校の設立を考えなかったわけではない。

文部省は昭和十八年十月に「教育ニ関スル戦時非常措置方策」を定め、既存の男子商業学校の半数以上を工業学校に変えよと命じ、転換した商業学校は、昭和十九年の春から商業学校生徒の募集をやめるように、工業学校の第一学年生徒を募集するようにと指示した。

そしてできれば女子工業学校、工業学校女子部を設けるようにと言ったのだが(147)、これはこの方策を説明した文部次官の菊池豊三郎の希望の表明にすぎなかった。実際には工業学科を教える教員がいなかった。菊池自身が、女子工業学校への転換の見込みがたたないのであれば、女子農業学校をつくれ、それも難しければ、女子商業学校に転換せよと指示していたのであり、女子工業学校の設立はどだい無理だったのである。

そして昭和十九年に入って、中等学校生徒の勤労動員がはじまり、商業学校を工業学校に転換したことは意味を失ってしまい、ほんの間に合わせの科学研究補助員養成所をつくることになったのである。

科学研究補助技術員養成所は東北帝大内にも設けられることになった。一中、二中、一高女、二高女、三高女から数人ずつとったのだが、逗子沼間の女生徒たちはそんな養成所員の募集があったことはなにも知らなかった。

ところで、逗子沼間の女生徒たちのなかには、戦時農業要員となり、卒業したら家に帰る予定の者もいた。

戦時農業要員の制度がつくられたのは昭和十八年六月である。農家の中心になる働き手は応召によって減るばかりだから、農業に従事する者が工場に徴用されることのないようにした。

だが、昨十九年には、満二十歳になる者と満十九歳になる者があわせて現役兵として徴集されることになって、農村の人手不足はさらに深刻となった。昨年の末には、国民学校の修了者のうちの農家の出の者は、今年三月の卒業と同時に戦時農業要員の指定を受けさせることにした(148)。また農村地域の国民学校高等科の児童を工場へ動員することを中止し、土地改良、農耕作業をさせることにした。

そして政府は農業生産を女子に任せようとして、女子農業学校の大増設に踏み切っている。女子工業学校は一校もないと前に述べたが、女子農業学校は増えつづけてきている。昨十九年から今年にかけて、女子農業学校はおよそ百校が新設され、総計二百三十校となっている。

こんな状況だから、家が農業をやってさえいれば、農業要員の「指定令書」は容易にとれる。沼間の寮でも「あなたがよければ、農業要員の申請をしたい」といった手紙を母親からもらった者が少なからずいた。

お父さんが出征してしまってから、農作業がたいへんだ。どこの家も手が足りず、小作地を返したいとの申し出もあって困っている。返してもらった田は休耕田とするしかないが、家でやっている分だけはつづけなければならない、手伝ってほしいといった内容だった。

あるいはまた、農業要員の申請をするから帰って来い、この近くに疎開してきた軍の機関に勤めにでたらいいといった手紙を読んだ娘もいた。

三月十九日の午後五時近く、逗子沼間の百人を超す一団が逗子駅へ向かった。国民学校の助教になろうとする者、県保健学校など三期校の受験生、そして彼女たちを見送るために工場を一時間早引けした者たちである。

彼女たちが話し合ったのは「上野をでてしまうまで、空襲にならないといいね」ということだった。三月十日未明の空襲から一週間以上がたっていたが、彼女たちは工場の人たちからその空襲でたいへんな数の人が死んだといったことから、どんな具合に死んでいたという恐ろしい話を聞かされていた。

その夜のことは彼女たちもよく覚えていた。夜中の大空襲ははじめてだったし、午前零時に防空壕に入るのもはじめてだった。壕のなかに坐っていると冷えこみ、だれもが手洗いに行きたかったが、寮の便所には行きたくなかった。厚着をしていたし、真っ暗で狭い便所に入るのは絶対にいやだった。雪が残っていて、下駄では歩きにくかったが、彼女たちは雪のなかに入っていった。そして彼女たちが気づいたのは裏山の向こうの空の色だった。息を呑むピンク色だった。

その色のこと、その夜のことを、逗子駅に向かう一隊のなかの常盤歌子と高橋よし子が話し合って、前日に行った江ノ島の話になった。高橋よし子は第一高女に戻って、助教の講習を受けることになっていた。お別れだからということで、前日の日曜日、同室の者たちとともに逗子駅前の写真館で記念写真をとり、そのあと江ノ島へ遊びに行ったのだった。

改札口で歌子はよし子の手を握った。よし子がうるんだ目を歌子に向け、元気でねと声をつまらせて言った。沼間への帰り道、歌子はまだ明るい空に六月の月がほんのりと浮かんでいるのを見た。淋しさが胸をついた。宮城女専の入学式は、六月か七月になると告げられていた。女高師や東京女子大の入学式も夏になるのだという。そして卒業式は仙台に帰ってはおこなわないと先生が語った。横須賀、川崎、東京で働いている東北からの動員学徒はすべて工場で卒業式をおこなうのだという。卒業式のあとはどうなるのだろう、ここで働くことになるのだろうかと歌子は思った。

集団疎開はじまる　昭和十九年八月

進学のために家へ帰ることができたのは、集団疎開で地方へ行っていた大都市の国民学校の六年生である。渋谷区の常磐松《ときわまつ》国民学校六年生の六十余人が疎開地から渋谷へ帰ってきたのが、この三月三日である。

かれらのことについて語る前に国民学校児童の疎開について述べよう。

政府が大都市に住む国民学校の児童の縁故疎開を奨励するようになったのは、昭和十八年十二月からである。まだ陸海軍の正式発表はされなかったが、ギルバート諸島のマキン、タラワ両島の守備隊が全滅した直後のことだった。

そして昨十九年四月はじめには、東京都は国民学校初等科の児童が親戚、その他縁故先へ転出することをすすめ、五月には、各区に疎開学園をつくってはどうかと指示することにもなった。だが、学校も子供の親たちも、そして政府もまだ真剣ではなかった。牛込区が箱根にもつ夏季学園を小涌谷《こわきだに》戦時疎開学園と名づけ、区内の学校の希望者を募ったのは数少ない例だった。

昨十九年の六月十五日に北九州の八幡と大村がB29六十機によって爆撃された。B29による最初の本土空襲だった。そして陸海軍がサイパン島奪回の企図を断念したのは、それから十日あとの六月二十五日だった。中国の奥地から飛び立つB29によって、北九州が狙われ、やがてサイパンを基地とするB29によって、東京と名古屋、要するに日本全土が爆撃されることを覚悟しなければならなくなった。

大都市の学童疎開は待ったなしとなった。文部省と内務省の担当者が協議を重ねた。どこの都市の学童を疎開させるか。六大都市とほかにいくつかの都市、そして北九州の都市だ。集団疎開は一年生からにするか、三年生からにするか。一年生と二年生を残留させる。三年生以上の者でも、病弱児は残留組に加える。学校の負担をできるだけ減らさねばならず、縁故者のある学童の単身疎開を極力増やすようにし、集団疎開の学童数を減らすことに努めねばならない。この比率を半々にできるか。縁故を六、集団を四にまでできるか。いちおうは半分が集団疎開に行くということで計算してみよう。

学童百人に教職員と保母と作業員を何人配置すればよいか。教職員二人、保母四人、うちひとりは看護婦の免許状をもっている者としたい。ほかに作業員三人、地元の医者一人、計十人を配属させるのが理想だ。保護者の負担はいくらとするか。月額十円であろう。貧困者にたいしては減免措置をとる。受入れ県と受入れ町村への補助金は学童一人いくらにするか。国庫補助金はどれだけ必要となるか。

関係者が協議しなければならないめんどうな問題は数限りなかったが、なによりも大事なことは、東京都内の国民学校の集団疎開地を決めることであった。集団疎開を成功させることができるかどうかは、東京都の学童をどのように配分するかにかかっていた。

内務省と文部省の担当官は東京都防衛本部の幹部たちと地図をひろげた。都の南部地域、蒲田、大森、荏原《えばら》、渋谷の四区で三年生から六年生までは六万五千人いる。半分のおよそ三万人の学童が集団疎開すると予測をたて、神奈川県にその半分の一万五千人を割り当てようとした。だが、神奈川県は、横浜、川崎、横須賀の国民学校の四万人の集団疎開地にしなければならない。東京の学童を入れる余地はないと気づいて、東京最南部の四区には静岡県を受入れ地にしようということになった。

ところが、神奈川県の三市の四万人は神奈川県の郡部だけでは収容しきれまい、静岡県も受入れ地としなければならないということになった。そうなれば、東京南部地域の四区を静岡一県に押しつけるというわけにはとてもいくまい。

それはあとで考えることにして、つぎに品川区をどこへ割り当てるかということになった。これは三多摩地域と決めた。

そこでいささか事情のわかる三多摩でもうすこし細かく検討してみようということになった。三多摩といっても、軍事施設と工場がある国立、調布、狛江《こまえ》、田無《たなし》といった町々をかかえる北多摩は、集団疎開地として適格なところは少ないだろう。となると南多摩郡と西多摩郡になるが、陸軍の飛行場がある福生《ふっさ》町や工事現場の小河内《おごうち》村はだめだろう。

三十五、六町村と八王子市、青梅《おうめ》市の郊外が適当ということになる。一町村に一校を割り当てるのが理想だ。品川区には二十校ある。二十町村ですますことができるか。

品川区の集団疎開の学童数が一万人なら、一町村あたり五百人になる。縁故疎開を積極的にすすめ、集団疎開の学童数を六千人にまで減らすことができたら、一町村あたり三百人となる。

さて、一町村に割り当てることになる三百人から五百人の学童は、集団疎開という名前で呼ぶとおり、集団生活をさせる計画だった。もちろん、文部省と内務省の役人は英国の学童疎開の先例を承知していたのであろう。

英国の疎開した学童数は八十万人にのぼった。一カ月たらずのあいだにこの疎開をおこなった。この厖大な数の子供たちを田舎の個々の家庭へ割り当て、そこの家の主人の手にゆだねた。こうしたことは、昭和十四年九月にやったことであったから、ロンドンに駐在していた大使館員や武官補佐官は目にしたはずだ。

胸に大きな名札をつけ、身の回り品を入れた茶色の紙袋をぶらさげてウォータールー駅に向かう五歳、六歳から十二歳ぐらいまでの子供の行列がつづいた。べつの広場にはバスが二十台ほどとまっていて、下着類を入れた枕カバーを肩にかついだ子供たちが集まり、見送る親たちが泣いていた。小さな子供を連れた妊婦の一団もいた。

大使館員はロンドン下町やマンチェスターのスラム街から疎開した子供たちが行ったさきの様子も耳にしたことであろう。子供たちの一隊が疎開先の村に着けば、その土地の疎開児の受入れ登録をした大人たちがかれらを取り囲み、「あれにするわ」と指をさして、子供を選んだ。かわいい女の子が最初に引き取られた。農場の手伝いができそうなしっかりした体つきの男の子がつづいて連れていかれた。汚い恰好のいたずら小僧の兄弟、不器量な女の子は取り残された。引取り手のいない子供たちはまたバスに乗せられて、隣の村へ行った。疎開業務の担当官と教師たちは必死で子供を引き取ってくれる養い親を探し、それだけでなく、自分が寝泊まりできる部屋を探さねばならなかった。(149)

めんどうをみてくれる養い親がいなくて、救貧院まがいの施設に行かねばならない子がいたし、早くも、べつの養い親の家へ連れていかれた子供、ロンドンへ逃げ帰ろうとする子、ロンドンに帰ってきても、学校は閉鎖されてしまっているから、遊んでいるだけの学童が数多くいた。そしてロンドンで話題にされたのは、疎開学童が養い親にかわいがられ、うまくいっているといったごくごく当たり前の話ではなく、養い親に虐待された、性的虐待を受けたという恐ろしい、不快な話ばかりだった。

おそらくロンドンの日本大使館はこの疎開についての報告書をつくったであろうし、疎開計画をたてるにあたって、文部省や内務省の担当官はこれらの資料を調べたことがあったはずだ。

しかし、英国の里親方式の学童疎開をまねる考えは、文部省と内務省の役人にはまったくなかった。寺院を借りるというアイデアが最初からあった。開国直後、政府が神奈川宿の六つの寺を借りあげ、英国やオランダの領事館、牧師館にしたのと同じように、村々にかならずある寺院を学童たちの宿舎とするつもりだった。

文部省、内務省、そして都の担当者は検討をつづけた。南多摩と西多摩の町や村で学童を収容できるのは、寺院を除いては、公会堂と旅館、神社の社務所がある。だが、公会堂と旅館はどこの町、どこの村にもあるわけではない。あるとしても、公会堂は狭く、町や村にある旅館は小さいから、寝泊まりできるのは二十人から四十人までであろう。

寺院はどこの村にも四つ、五つある。しかし、多摩川の上流地域で、五十人を収容できる寺院は少ないだろう。そこでひとつの村に五百人を割り当てるのは無理だろう。よほど条件のいいところで三百人だろう。二百人が普通となる。ひとつの学校の集団疎開は二つの村に分散することもやむをえない。西多摩、南多摩の三十五、六の町村といくつかの市のすべてに分担してもらうことになる。

北多摩郡は除外することにしたが、安全なところがあるのではないか。村山村、神代村あたりはどうか。

三多摩全域でまだ一千人ほど余裕がでるかもしれない。品川区のほかにもう一区入れることができる。東京三十五区のなかでいちばん学童数が少ないのはどこか。少ないのは麴町と赤坂の二区だ。三年生から六年生までの数は両区とも三千人を割る。四谷区と日本橋区が四千人台だ。これら四区のなかで赤坂区がもっとも少ない。学校は赤坂、青山、乃木、青南、氷川があるだけだ。集団疎開参加者は一千人にとどまるのではないか。

では、品川区に赤坂区を加え、三多摩を疎開先と決めよう。かれらの検討はこんな具合に進んだはずだ。つぎに埼玉県の受入れ数を決め、どこの区に割り当てるかを定めた。日本橋区、京橋区、神田区の九千人から八千人を収容することにしよう。

つづいて群馬県と栃木県への受入れ数を検討した。内務官と文部省、東京都の担当者がいちばんに目をつけたのは、この両県にある温泉地だった。群馬で百五十軒、栃木で五十軒の温泉旅館が利用できるのではないか。正確にはどれだけあるのか。かれらは県内政部に電話をかけ、県内の温泉地に四十人以上を収容できる旅館がいくつあるかの報告を求めたのであろう。あわてて電話をかけ直し、二十人以上の旅館と訂正したのかもしれない。

もちろん、温泉旅館をすべて学童の寮にしたところで、栃木県に一万人を押し込めることはできず、群馬県に二万人を受け入れさせることはできなかった。温泉町以外の村々にも疎開学童を割り当てなければならなかった。

静岡、三多摩、そして関東全域への東京各区の配分が終わっても、予想される東京の集団疎開児童総数の半分の疎開地が決まっただけだった。長野県と福島県を最大の受入れ地としなければならなかった。山梨県にも受け入れてもらわねばならなかった。まだ全体の二割にものぼる四万人から三万八千人が残った。新潟、山形、宮城の三県に押し込むことにして、机の上の計算はどうにか終わった。

このような作業がつづいているさなか、政府は十九年六月三十日の閣議で学童疎開促進要綱を定めた。内務大臣は東京都長官と関係知事を集め、具体策をたてるように命じ、ただちにとりかかるようにと指示した。学童疎開を実施する都市は、東京、横浜、川崎、横須賀、大阪、神戸、尼ヶ崎、名古屋の八都市と北九州の門司、小倉、戸畑、若松、八幡の五都市だった。

東京都は都内のすべての校長を麻布区盛岡町にある養生館講堂に集め、世田谷区の学校は長野県、小石川区は宮城県といった具合に疎開先の県を明示した。つづいて各区がそれぞれ校長会議を開き、各学校の疎開地をどこの郡にするかを決め、二つ、三つの町村を抽選で決めさせた。

都内三十五区の隣組には学童疎開特集号の回覧板がまわされた。国民学校は目のまわる忙しさとなった。各学校は集団疎開希望学童の数を数えた。学校の職員は区役所の総務課か教育課の課員とともに疎開先と決められた村を訪ね、村長に挨拶し、寺院や旅館を見てまわり、間取りを写し、収容人員を計算し、井戸を調べた。そして疎開地へ行く教職員を決め、学区内から寮母の希望者を求め、学校関係者のなかから探すことになった。区によって学校によって、寮母と呼び、保母と呼ぶことになる。

そして七月十二日から十七日にかけて、各学校が三年生以上の児童の保護者会を開いたときには、新聞は社説で学童疎開を成功させねばならぬといっせいに説きはじめた。地方版は毎日のように学童疎開について報道し、縁故、集団、残留の児童数を掲げ、縁故疎開がまだ少ないと訴えることから、「縁故疎開優秀校」の名前を載せることにはじまって、集団疎開地はどこになる、疎開する子供にはなにを持たせるかといった記事を掲げるようになった。

鉄道は輸送計画をたて、臨時列車を運行することを決めた。いよいよ集団疎開がはじまった。

いち早く七月末に疎開した学校もあった。横浜市神奈川区の神橋《かみはし》国民学校の三百人が七月三十日に同じ横浜市内の港北区の中山町、山下町に疎開した。翌七月三十一日には、同じ神奈川区の子安国民学校の五百人がこれも市内港北区の新吉田町、新羽町へ疎開した。いずれも近いから、めんどうなことはなにもなかったのである。八月に入ってからは、十日に東京都世田谷区の北沢国民学校と太子堂国民学校の九百五十余人が長野県松本市郊外の東筑摩郡本郷村へ出発した(150)。

八月中旬から下旬になって、各都市の集団疎開の子供たちが学校の校庭に集まり、壮行式をおこない、見送りの親たちに手をあげ、駅へと向かう光景が毎日つづくことになった。

そして同じ八月、もうひとつべつの学童疎開がはじまった。新聞には載らなかったから、なにも知らない人のほうが多かったが、沖縄の学童の集団疎開だった。疎開先は九州だった。

東京をはじめとする大都市の学童疎開を閣議で決めたのは、前にも述べたとおり、六月三十日だった。それから一週間あとの七月七日の閣議で、沖縄本島をふくめ、東西諸島の主要な島に居住する老幼婦女子を急いで本土または台湾に疎開させることを決めたのだった。(151)

老幼婦女子の疎開といっても、学童の疎開が中心となった。そしてこの学童疎開は、空襲を恐れてのことではなく、沖縄が戦場となるのを恐れてのことだった。だが、子供の親たちは「少国民を戦火の犠牲に晒すな」と言われても、ほんとうに沖縄に敵軍が上陸する事態になるのだろうかと半信半疑だった。ほんとうにここが戦場になってしまって、自分たちはどうなるのだろう、九州へ疎開した子供はどうなるのだろうと思えば、親の気持ちは揺れつづけた。

だが、疎開は否応なしにはじまった。宮崎県には八月十九日に第一陣の学童が疎開してきた。百三十一人だった。第二陣は八月二十一日に到着した。三百九十四人だった。八月二十九日には五百二十五人が宮崎に着いた。(152)

そのあいだの八月二十二日には、疎開学童八百余人と一般疎開者八百余人を乗せた輸送船が悪石島《あくせき》沖で魚雷攻撃を受け、沈没した。那覇市内の那覇国民学校の二百十三人、甲辰《こうしん》国民学校の百五人、天妃《てんぴ》国民学校の九十八人、垣花《かきのはな》国民学校の百一人、泊《とまり》国民学校の八十四人、美東《びとう》国民学校の五十二人、ほかに十数校の学童が十人、五人と死んだ。運の悪いことが重なり、台風が接近していた。台風の荒波がなかったら、もう少し多くの学童が救われたであろうが、助かったのは学童五十余人、大人五十余人にすぎなかった(153)。

渋谷区内の国民学校の集団疎開地は、前に触れたとおり、静岡県と決められた。区内常磐松町の常磐松国民学校の教師と子供の親たちは、静岡のどこに行くことになるのだろうか、伊豆半島ならいいなと思った。

ところが、渋谷区内の校長協議会で、校長たちは区役所の幹部から、区内二十二校のすべてを静岡県に疎開させることはできなくなり、十六校までになったと告げられた。残る六校は富山県に行くのだと言われて、皆は顔を見合わせた。そんな遠くに行かねばならないのかとだれかが尋ねれば、関東の各県はすべてふさがってしまっている、そしてほかの近隣の県もすでにいっぱいだという答えが返ってきた。福島県は下谷区と荒川区、山梨県は麴町区と四谷区と目黒区、山形県は城東区と江戸川区、新潟県は深川区と葛飾区、宮城県は小石川区と浅草区、長野県は世田谷区、中野区、杉並区、豊島区、足立区といった具合である。

富山に行くのは渋谷区だけではなく、大森区、蒲田区の国民学校も、それぞれ三分の一が富山へ行くのだと言われて、皆はしかたがないと諦めた。校長たちは籤をひいた。

当たり籤からはずれたと聞いて、常磐松の保護者会は騒然となった。富山に行くことになる。そんな遠方では、面会に行くのもたいへんだ。校医だって行けはしない。なによりも、冬のあいだ雪が降りつづき、二メートルも雪が積もるようなところでは、子供の健康が心配だ。集団疎開はやめにしよう。縁故疎開させるしかないと多くの親が考えた。

富山県の西砺波《にしとなみ》郡と東砺波郡に行くことが決まった常磐松と三つの学校は、静岡に行けると思っていたときには三千人いた集団疎開組がたちまち半分に減り、一千二百人となってしまった。

富山へ

常磐松の集団疎開の一団の出発は十九年の九月四日だった。一週間ほど晴天がつづいて、この日も暑い一日だった。午後四時に子供と親たちが学校に集まった。夕刻、校長の野口周作が先頭に立ち、三年生から六年生までの百八十余人の児童は渋谷駅へ向かった。父母たちの見送りは校門までと決められていた。子供たちの行列に行きあう人びとはなにごとかと足をとめ、すぐに集団疎開だと気づいた。リュックサックを背負い、笑い声をあげ、生まれてはじめての汽車の旅にいまから興奮している子供たちの姿を、事情を察しつつ、だれもが鼻をすすり、手の甲で目をぬぐいながら見送った。

渋谷区、大森区の国民学校の疎開学童の集団が高岡駅に着いたのは翌九月五日の正午すぎだった。城端線《じょうはな》に乗り換えた。稲の実が入り、頭を垂れはじめた稲田がどこまでもつづき、緑の海に小さな島が浮かんでいるように見えるのは、防風林をめぐらした農家である。この砺波平野の中央を鉄道は走る。途中の福光《ふくみつ》駅で赤松国民学校の児童たちが降り、福野駅で大向《おおむかい》国民学校の一団が降りるといった具合にだんだんと減っていった。最終駅の城端駅に着いたのは午後二時だった。飛騨の山々がますます近づき、車内に残ったのは常磐松の子供たちだけとなった。

城端はかつては薄物の絽《ろ》や紗《しゃ》をつくり、町全体が絹の町であった。だが、いまは機《はた》の音は聞こえない。常磐松の児童たちは町のなかを抜け、城端国民学校へ行った。常磐松の疎開児童は城端国民学校に「帰属する」ことになったので、ここで歓迎式がおこなわれたのである。

疎開学童の宿舎は城端町のはずれにある城端別院善徳寺である。「真宗王国」の富山のことだから、浄土真宗のお寺であり、南砺波きっての大寺といわれるとおり、建坪一千六百坪の大寺院である。本堂隣の講堂とほか二つの部屋に敷きつめられた布団のなかで、百八十二人がやっと眠りについたのを見とどけ、職員室となった書院に丸く坐った教師たちはほっと大きく息をつき、新しい試練はこれからはじまるのだと思った。

それから八日あとの九月十三日、常磐松の残留組の児童を教えている篠崎幸子は城端の学寮長の塩野入万作に手紙を書いた。

「……校長先生が、『篠崎さん、あなたはメイ文家だから、この間の保護者会の盛況を報告してくれないか』と冗談まじりの口調で申されました。したがって……腕によりをかけてご報告しなければなりません。

十一日定刻二時を過ぎること三十分頃大部分の父兄が集まりました。一つのお家からご主人、奥様が来られるものあり、杖をついて来られる足弱な方もありました。受付をいたしましたけれど、どなたもほとんどご自分のお子さんの番号をはっきり記憶しておられるのには『やっぱりね』と受付の鈴木、千葉、福田先生などとしみじみ親の気持ちを考えました。幹事長の後援会に関する話がありましたが、父兄の気持ちはそれになく、早く現地報告が聴きたいらしく、うずうずしておりました。いつも父母の会などは前の席は空いているものですけれど、この日はなるべく前にとお思いになるらしく、ほとんど空席はございませんでした。一児童平均五円の額で集まるようでございます。お発ちになる前からご懸念の一件もどうやら目鼻がつきましたわけで、お話を伺っていてやれやれとホッといたしました。

次に山本先生の荷物、宿舎の設備についてご苦心談がありました。『エー』と下を向いておのばしになり、おもむろに顔を上げて次の言葉をおっしゃられる癖をお思い出しになって下さいませ。こも包みをといていちいち札をつけ部屋部屋に整頓されたり、ご不浄のできていないのに困り夜通し起きて作ったり、洗面の水を先生方が大樽に井戸から汲まれ、またこれを子供たちに汲み分けた等のお話には父兄もいちいちうなずいて有難がったり喜んだりいたしました。

清水先生が会費、援護会費の徴集について簡にして要を得たご説明をなさいました。次は真打校長先生の登壇、もう四時に間もないという頃でした。これを聴かずば甲斐もなしとか、父兄は連れて来た小さい子の泣き出しわめくのをなだめつつ傾聴いたしました。

出発から車中の状況を話され、歓迎式の様子、菅間さんの挨拶がよくできて土地の人を感激させたり、途中地元民の家ごとに人が出て迎えてくれ、しかも涙をこぼしていた等をおっしゃる時はもう耐え切れずあちこちで涙をこぼしていました。どの子の父兄か知りませんけれど、五十がらみの足の悪い杖をついた男の方を覚えていられると存じますが、この方など前の方でしきりにハンケチで顔を拭うていられました。

神明様に参拝された時、地元の篤志家が学童のために祭祀料を奉納して下さったり、金一封を贈られたりしたことも感銘深く、どんなに親の身になりましたら嬉しくも有難いことだろうかと存じました。

疎開地の空襲には完全に安心していられること、宿舎の広く立派で庭など趣のある様子、そこでお世話下さる先生方の粒選りな一騎当千の方であること、城端町の歴史、清潔状況、物資の不足ないこと、特に最初の夜のご馳走は念をいれてご報告があり、伺っている方はいたずらに生唾をのみこまされました。

町民の仏教に帰依する態度から学童に対する心遣い、お風呂屋のこと、城端学校側の態度、校長先生の大人物であること、保護者の通信についてのご注意など実に至れり尽せりの内容をじっくりと父兄の心になり、細々としかも寛厳よろしく熱弁を振われました。

常なれば五時近くにもなれば浮足立つ父兄ですのに、最後まで身じろぎ一つせず伺いました。そしてこんなに安心のできる所にいるのだから面会になど出かけなくても大丈夫、どうしても行きたければ一月経過してから行くように、最後に河田、金子、久保田先生のお便りが披露され、こんなにざっくばらんにいってきているはずなのに、しかもいやな点のない所から見て、疎開問題絶対心配なしと結ばれました。

実に名現地報告でやはりさすがは校長先生だと職員側も泣かされたり、笑わされたり、肩に力を入れて伺い、もっともっと伺いたいとさえ思いました。父兄の方にもちょうど第一信、第二信が入った頃ですので、なかなか思い深いものがあったと存じます。皆椅子から立ち上がりながらしきりにハンケチを使っていました。

……伺っていますと、残留よりどれほどいいかしらと思わせられる事ばかりでした[154]」

学校側は子供の親たちを安心させようとして、城端では万事うまくいっていると語り、篠崎幸子はそれを城端に知らせたのだが、常磐松の疎開学園はでだしはよかった。なによりも運がよかった。

疎開学園の宿舎は学寮と呼ばれるようになっているが、ひとつの学寮に百八十人を収容できるようなところは、なかなかない。南多摩、西多摩に疎開している品川区の国民学校の場合、ひとつの学寮にいちばん多くの人数を入れたのが、増戸《ますこ》村の大悲願寺の第一日野国民学校の七十八人と浅川町の薬王院の浜川国民学校の七十二人だった。瑞穂《みずほ》町の福正寺に疎開した城南第二国民学校の六十五人、東秋留《ひがしあきる》村の法林寺の三木国民学校の六十数人、稲城《いなぎ》村の高勝寺に山中国民学校の六十人、恩方《おんがた》村の宝生寺に原国民学校の六十人がこれにつづいた。普通の寺は四十人から二十人だった(155)。

三多摩の例をあげるまでもない。城端町の隣の福野町に疎開した同じ渋谷区の宇田川町にある大向国民学校の二百余人は、福野町内の西方寺、恩光寺、西源寺、普願寺、それだけでは足りず、隣接する東野尻村の徳仁寺、野尻村の等覚寺、合わせて六つの寺を学寮としている(156)。

ひとつの学校の集団疎開は六つから七つの学寮に分散するのがごくごく当たり前である。ひとつの学寮にひとりの教師を置くとしても、六人から七人が必要である。百人の学童に二人の教師をつければよいといった机上論は通用しない。

学寮の教師は忙しい。週に何度か本部のある学寮で会議がある。学童が病気になり、入院させるということになって、すべてを保母に一任というわけにはいかない。配給物資をリヤカーに積み、各学寮に配って歩くのも、作業員任せというわけにはいかない。当番の六年生と教師の仕事になる。ひとりの教師がすべての学寮をまわれば、丸一日かかる。

城端町の隣に疎開した大向国民学校は六つの学寮に分散していると前に述べたが、付き添いの教師は七人である。ところが、常磐松では六人の教師が一カ所にいることができるから、いつも子供たちに目がいきとどくし、それぞれ仕事も分担でき、学寮を餓鬼大将の支配に任せてしまうといったことは起きない。

そして以前に繁栄した絹機業地であった城端町の町民が疎開学園に協力的なのである。疎開して三カ月目の十一月二十四日には、町内の五十九軒の家が常磐松の子供を三人ずつ招いてくれた。米は持参させる、一汁二菜程度にしてくれと学寮側は頼んだのだが、どこの家も子供たちに御馳走した。おはぎを食べすぎて、晩御飯を食べられなくなった子供がいたし、卵焼きと茶碗蒸しをだされて、目を丸くした子がいた。いなりずしを食べすぎて、気持ち悪くなった子もいた。

六年生の中村直彦は日記につぎのように書いた。

「今日は午前中だけ授業をして、午後からおよばれに行った。僕たち十三班（中村日出男君、肱黒貞男君、僕）は、立野ヶ原兵舎の中にある森田与作さんという家へ行った。

おじさんは兵舎の主管をしていらっしゃる。行って、すぐすきなかんぱんや芋をごちそうになった。お汁粉や、栗飯や肉と焼き豆腐と葱のおつゆや、豆や魚や、お刺身などをごちそうになった」

城端町に隣接する立野ヶ原には、明治なかばにつくられた金沢の第九師団の広大な砲兵演習地があって、城端町の町民の寄付による兵舎がある。主管はこの演習場と建物の管理をしている。

子供たちが久しぶりに満腹した翌日のこと、城端国民学校の校長前田宅次郎と学寮長は連名で、「子供たちも久し振りで吾が家へ帰ったような歓びと楽しみを味わい……定めし在京の父母も有難さに感泣していることと存じ……」といった礼状を五十九戸の家へ配った。

じつをいえば、子供が富山県に出発して八日あとの校長の報告に涙をこぼした親たちのあいだに不満の声が起きていた。十月中旬に面会が許されるようになって、城端へ行った親のあいだに学校を非難する声がでてきたからである。

どこの疎開地でも、保護者の面会は日帰りを原則とし、特別の事情がないかぎり疎開地に宿泊、逗留しないことになっている。だが、富山県へ子供に会いに行った親はその日のうちに帰ることができないから、学寮の一室に泊めてもらうことになった。どこも同じ決まりで、一食一合の米を学寮長に差し出し、後援会に一泊につき三円を収めることになっている。こうして一晩泊まれば、不便なこと、不快なことにぶつかることになる。城端から戻った親が後援会の集まりにでて、食事がひどい、洗面所が整っていない、冬になったらどうするつもりか、こんな状態がつづくなら、子供を手元に引き取りたいと不平を並べた。

校長は縁故疎開による退寮は認めるが、退寮して残留組に加えることはできないと答えた。かれはつづけて、城端町の町長と学校長、城端別院の輪番、嘱託をお願いした医師、城端の周りの村の村長が常磐松の疎開学童のために協力してくれている。渋谷区長も努力してくれているのだと語り、保護者も集団疎開を成功させるためにがんばってほしいと訴えたのだった。

学校側の怠慢だと息巻いていた親たちはそのあとも非難をつづけたのだが、子供の葉書を読み、町内のおばさんの家にお呼ばれして、御馳走になったと書いてあるのを読めば、わけもなく涙を流したのだし、ほかの学校の集団疎開の様子を知るようになって、悪口ばかり言っていてもしようがないと思いはじめ、まもなく東京への空襲がはじまって、かれらの不満の声はかき消えてしまった。

城端の婦人会の肝煎《きもい》りでおこなわれた疎開学童の招待は、町の人と子供たちがお互いを身近に感じさせるきっかけになった。そしてこの招待会はこのあと一月おきにおこなわれるようになっている。

だが、雪に埋まる砺波の冬の生活は、子供と教師にとってけっして生やさしいものではなかった。

招待会の一週間あとに雪が降りはじめた。これが根雪となり、雪は毎日のように降りつづいた。じつはこれより前に学寮は越冬用の野菜と薪、木炭を集め、貯蔵することに明け暮れした。

学寮長が町長に招かれ、冬の準備をしなければならないと言われたのが、城端に疎開して二十日たらずあとの九月の下旬だった。塩野入は城端の周りの六つの農業会を訪れ、野菜を売ってくれるように頼んでまわった。寺院が雪の用意のために、本堂や中庭の要所要所に丸太を立て、分厚い簀《す》の子《こ》を張りはじめたときに、大根と白菜が運ばれてきた。里芋と里芋の葉や茎を干したものも到着した。

砺波平野では、里芋は不可欠な食物だ。どこの農家も里芋を植えている。里芋の掘り取りは稲刈りとぶつかるから、九月中旬から下旬は忙しい。自家用の里芋は床下に穴を掘って貯蔵し、春まで食べる。この地方では、里芋の茎をズキと呼び、皮を剝いて割って干したものをズキカンピョ、あるいはカワトリという。これを味噌汁の実にする。里芋の葉は干してイモジと呼ぶ。これはゆでて細かく切り、味噌を入れて、からからになるまで炒りつける。これをヨゴシと呼ぶ。御飯の上に山盛りのヨゴシをのせる。もっとも、ヨゴシは大根の葉でもつくるし、茄子、うどでもつくる。

上級生が牛車から降ろしたズキカンピョをお寺の地下道に運び込んだ。里芋のほうは寒さに弱いから、お寺の納屋の大きな芋穴に入れた。つづいて届いた白菜は、これもお寺の地下道に運び、ひとつひとつを新聞紙で包み、積みあげた。人参も積まれて、地下道は野菜でいっぱいになった。

さて、もっとも量の多いのが大根である。教師、保母、作業員、手のあいている者すべてが集まって、たくあんを漬ける準備をした。手を真っ赤にして大根を藁束子《わらたわし》で洗った。これを四本ずつ束ね、軒下の竿に吊るした。べつに切り干しをつくった。大根の皮を剝き、千六本にし、これを蓆にひろげた。一日に二、三回ひっくり返し、からからになるまで干した。

軒下に吊るした大根は十日から二週間ほど干した。しんなりした大根をおろしてきて、葉を落とし、樽の底にぎっしりと並べ、塩と糠《ぬか》をふりかけ、大根を並べ、これを繰り返し、押しぶたをして、大きな石をのせた。大根を漬けた四斗樽が並んだ。

たくあん漬と切り干しにした大根は二百五十本ほどで、全体のごく一部だった。大部分の大根は生食用であり、これを貯蔵しなければならなかった。大根は畑のすみに穴を掘って貯蔵するのだと教えられた。雪が降っても大丈夫、雪に埋もれてもすぐわかるように、長い棒を立てておくのだと言われた。

お寺の境内に大きな穴を二つ、三つと掘った。大根の量が多すぎて、とても土のなかにいけることができなかった。積みあげた大根に落ち葉をかぶせ、蓆でおおうことにした。

そして薪と木炭だ。砺波平野では燃料は手に入らない。山持ちでないかぎり、たいていの農家の燃料は藁と豆殻、そして屋敷内の落ち葉である。薪と木炭は城端から十五キロほど離れた五箇山《ごかやま》の山村から運ばれてきた。これが軒下に積まれた。学寮には、しまわれてあった襖と障子が入れられ、四人から六人にひとつの割で四十六個のねこ行火《あんか》もそろえられた。

城端の雪のなかで

十二月半ばには、城端別院も、城端国民学校も、城端の町も、ことごとく雪に埋めつくされた。天気予報は軍の機密とされ、一般には公表されていなかったが、この冬はたいへんな大雪になるらしいという話を町の人から聞かされた。教師たちのだれもが心配になった。貯蔵されている大根や白菜だけで、春まで食いつなぐことができるのだろうか。薄暗い部屋のなかで泣きべそをかいている低学年の子供が病気にならないだろうか。

そんな不安がつぎつぎと湧けば、東京に残した妻と子を疎開させないで大丈夫だろうかと不安を抱いた男の教師がいたし、ひとり家に残る母親のことが心配になった若い女の教師もいた。

雪のために子供たちが学校へ行くことができなくなった。雪を割ってつくった一本の通行路には、前の晩の新しい雪が降り積もった。ゴム長靴をもっている子供はわずかであり、十人に一人しかいなかった。学校へ向かおうとする子供たちの靴がぬげ、雪のなかに埋まってしまい、泣きべそをかく子がいたし、下駄の歯のあいだに雪がつまり、転んで泣きだす子がいた。学校へ行くのをやめにして、学寮を教室にすることにした。

学寮長の塩野入は深い雪のなかを城端町に隣接する北野村まで行った。村長を訪ね、子供たちの藁靴を村でつくってもらえまいかと懇願した。砺波にかぎらず、雪に埋まる地方の農家の冬の仕事は、つぎの一年のあいだに使う縄、俵、蓆、草履といった藁工品をつくることなのである。

そして常磐松の百八十余人の子供は正月を迎えた。御馳走を食べることができて、子供たちはご機嫌だった。中村直彦は日記につぎのように書いた。

「一月一日　雪　月曜日

今日から昭和二十年だ。朝御堂で保母さんや作業員の人たちもいっしょになって式をした。その時、輪番さんから毎日の食事の時は『大君の御めぐみ、神仏の光、父母の恩、諸人の汗』と唱えてご飯をいただくというお話があった。

朝ご飯はお雑煮に、黒豆とごぼうの煮たのに、数の子、昆布巻と大根の漬物だった。お餅はとても大きいのが七つだった。お年玉に干柿がついていた。この干柿は北山田村の方と、南山田村の方と、療養所に見学に行った時案内して下さった方の三人の方が、特に疎開学童に下さったそうである。……

ご飯をたべてしばらくしてから学校へ四方拝の式をしに行った。お昼ご飯のおかずは大根のつけ物と里芋とコンニャクと焼豆腐のお煮しめと鰤《ぶり》の塩むしだった。

夜ご飯の後で先生や保母さんたちといっしょに二組の部屋で歌をうたったりしてどんちゃんさわぎで面白かった。夜てい電した。

二日　午前中、書初めをした。お昼ご飯はお雑煮だった。午後にはわら靴の配給があった。とてもいいわら靴で、はいたらばとてもあたたかかった。夜ご飯後、二組の部屋で福引をした。僕は『尻餅ついた』というので焼餅があたった。その他『氷の天ぷら』や『西上町』などいろいろなものがあってとても面白かった。

三日　朝ご飯後、昨日のわら靴をはいて神明社にお詣りにいった。とても温かくて歩きよかった。午後から外出をした。そして森田さんへ遊びに行って干柿とお汁粉をごちそうになった。夜ご飯は雑すいだった。今日から二組と三組の部屋にラジオが入った。このラジオは篠原君のお父さんが寄付なさったそうだ。

四日　晴　木曜日　今日からいよいよ第三学期が始まるのだ。朝十時から学校へ始業式をしに行った。午後から、外へ遊びに行った。僕は立野ヶ原へ城端校の五年生のスキーを見学に行った。とても上手だった。スキーをやっているのを見たらますますスキーをやりたくなってしまった。明日のお昼はお汁粉だそうだ。

五日　今日は新年宴会の日なので学校は休みだった。お昼はお汁粉だった。とてもこくてどろどろで甘いおいしいお汁粉だった(157)」

常磐松の中村直彦だけでなく、丹念に日記をつけるまじめな子供たちは、なにを食べたかを日記に記してきた。食べることは毎日の生活の最大の関心事であり、それがおいしければなおさらのこと、日記に書くことによって、もういちど楽しむことができたからだった。

だが、御馳走は正月で終わりだった。お汁粉をつぎに食べることができるのはいつのことだかわからなかったし、お餅を食べるのはつぎの招待日を待つしかなく、魚を食べることができるのは一カ月に二、三回、肉が食べられることはまずなかった。

いったい、子供たちは毎日、なにを食べてきたのか。庭に積みあげられ、雪をかぶっていた大根である。

常磐松の子供たちは知らないが、かれらの親であれば、大根が冬野菜の代表であることは承知している。だが、その親たちのなかにも、日本の多くの農村で、大根は準主食の扱いを受けてきているといったごくごく単純な事実に気づいていない人がいるかもしれない。

これまで長いあいだ、そしてこのさきもずっと日本の準主食の座にあるであろう大根について、もうすこし述べることにしよう。

なによりも大根はかて飯《めし》の材料となる。一口にかて飯といっても、五目めしや豆、松茸、栗を入れる混ぜ御飯のことだと思う地域もあるが、かて飯といえば御飯を増量することだと思う地域のほうが多い。麦かて飯といえば、米に大麦をまぜることだ。芋を入れ、南瓜を入れ、昆布を入れるが、大麦を除けば、大根を入れることがいちばん多い。東北地方では、冬のあいだは毎日、大根飯である。中国地方でも、日本海沿岸では、冬のあいだ大根飯を食べるところは少なくない。

かて飯は米、麦の量の三分の一ぐらいの量の大根を加えるのが普通だが、半々といったところもある。おかずがおいしいときには、御飯を食べこむことになるから、大根をたくさん入れるようにするのが主婦の才覚である。大根は細かに刻む。大根を切るためのかて切り器といった台所道具もある。冬の夜、農家から聞こえてくるたんたんという単調な音は、かて切りで大根を切る音である。

小さく、さいの目に切った大根は、前の晩にいろりの火で水煮しておき、朝、御飯が炊きあがったときにそれを入れる。前もって大根を煮ることなく、さいの目に切ったのをそのまま御飯といっしょに炊くところもある。塩は入れない。塩味をつけるとたくさん食べられてしまうからだ。

大根葉飯もつくる。大根の葉を刻み、熱湯をかける。米が炊きあがったとき、上にのせる。むらしてから混ぜる。大根を収穫してから、まずは大根葉飯をつくることをつづけ、新鮮な大根葉がなくなってから、大根のかて飯をつくる地域もある。

大根飯を食べるのが主として冬のあいだなのは、畑や納屋の穴のなかにかこってある大根が春先にはなくなってしまうからだが、それだけが理由ではない。春になって本格的な農作業がはじまり、田おこし、苗代、田かき、土手塗りと重労働がつづくようになると、腹もちの悪い大根飯では腹が空き、仕事ができないからだ。大根を入れるのをやめ、腹もちのよい大麦を入れることになる。

じつをいえば、この五、六年、農家の生活は余裕ができてきて、大根飯を食べている農家は、全国的に凶作だった昭和十六年をのぞき、かてにする大根を減らしている。また大根飯を食べる期間も減ってきている。大麦も入れない。腹もちがいいといえば、大根、大麦を混ぜたりするよりも、米だけのほうがずっといいからだ。なによりもおいしい。配給を受けている家庭が、かて飯といった名前を知らなくても、かて飯を毎日食べるようになり、大根飯を食べ覚えるようになっているとき、米作地帯では、どこでも白米を食べる農家が増えてきている。

さて、大根飯を食べるところはもちろん、食べないところでも、そして白米の御飯を食べるようになっても、大根は農家のいちばんの副食であることには変わりない。農家ではふつう、大根が一年中食べられるように、春播《ま》きの大根にはじまって、つぎつぎと種を播いていく。そして初冬には大根を漬け込まねばならないから、八月の作付け面積はいちばん広くしなければならない。

秋になって大根をとり入れ、どこの農家でも、大根を四斗樽、二斗樽に漬け込む。一月から二月ごろまでに食べる早漬けは甘塩とする。田植え時まで、夏野菜の糠漬けができるまでに食べる大根漬けは、塩を多くしなければならない。初冬に漬け込むだけでなく、土にいけて囲っておいた大根をとりだし、春にもういちど漬け込むところもある。

大根の切り漬けの漬物もつくる。当座漬けである。秋の収穫時に、生食用、大根漬け用と分け、細かったり、折れた大根から干し大根もつくる。これは煮つけにしたり、はりはり漬けにする。

凍《し》み大根もつくる。かこってあった大根を掘りおこし、洗って輪切りにし、沸騰した湯に入れ、さっとゆでる。ゆでた大根を竹の串にさし、表に吊るす。大根が凍ったり、解けたりしながら、からからに乾くのを待つ。食べるときには水につけて戻す。重労働の田植え時の御馳走には、この凍み大根と身欠き鰊を煮るところもある。

大根葉を塩漬けにするところもある。冬のあいだ、この大根葉を雑炊の具にしたり、味噌汁の実にして毎日食べる地方もある。春になって、酸っぱくなった大根葉の漬物の残りをとりだし、煮てから干す。食べるときには、水でもどしてから味噌で煮つける。

はじめに述べたことを繰り返すなら、大根はただの野菜ではない。まさしく日本の準主食なのである。

常磐松の学寮でも、この冬のあいだ、大根は準主食だった。だが、御飯にさいの目の大根は入れなかった。大根飯は冷たくなれば大根くさいが、あたたかい大根飯は食べやすい。教師や保母が心配したのは、米飯に大根を入れてしまったら、副食がなくなってしまうということだった。一人一日あたりの基準野菜量は百匁であり、一回に百二十グラムといった見当になるが、貯蔵の大根を頼りとするしかない。

雪が消え、ぜんまいやわらびが伸びてくるまで、献立は大根、また大根となった。大根の実の味噌汁、大根の入ったけんちん汁、大根の入った雑炊、大根の煮つけ、大根の漬物である。

朝が味噌汁と漬物なら、昼は雑炊と漬物、夕食が煮つけと漬物である。そしてつぎの日は、朝が味噌汁と漬物、昼は味噌汁と大根の油炒めとなる。朝の味噌汁の実が大根なら、昼の味噌汁には大根と白菜が入るぐらいのちがいはある。そして夕食は雑炊と煮物である。

煮つけの中身も、とっかえひっかえ同じものであり、子供たちの衣装と変わりがない。里芋と大根と人参の煮ものがある。大根、人参、南瓜というときもある。大根と里芋の茎の煮ものがでる。大豆と大根の葉というときもある。それとも大根の切り干しだ。魚と大根の煮つけがでれば、御馳走である。だが、前に述べたように魚がでることはめったにない。カレー煮にも大根が入る。野菜のカレー煮とはっきり献立に記すのは、ぼくのには肉がはいっていないといった不平がでるのを防ぐためだ。大根のほかに、じゃがいも、人参が入る。

量があって、おいしいと喜ばれるのはけんちん汁である。もちろん、大根がたっぷり入る。だが、食用油の配給が少ないから、一日おきにつくるわけにはとてもいかない。三度三度、大根を食べ、子供たちは腹を空かせているが、それでもなかなか元気だ。町の子供たちがスキーをやっているのを見れば、自分たちもやりたいと口々に言った。道具を借りて、スキーを習った。教師は心配したが、捻挫する者も、脱臼する者もいなかった。町には小さな航空機の部品工場がある。午後には、六年生は部品の鑢がけをやり、下級生に囲まれて得意だった。

町の郵便局は人手が足りなかったから、学寮あての郵便物は六年生が二人ずつ当番で運ぶことにした。人手がないといえば、城端国民学校の校舎の雪おろしには、常磐松の教師たちも手伝いにでた。町役場の男子職員も加わり、屋根にのぼり、滑らないように注意しながら、シャベルをふるった。手を休めて遠くを眺めれば、輪郭をはっきりと描きだす山々の斜面を雪雲がおりてきていた。

百八十人もいたから、だれもが元気というわけにはいかなかった。風邪をひいている子はつねに十人ほどいた。そして凍傷となる子がいた。足と手の指のさき、手足の背面が赤くなり、さらに紫色となり、ふくらんで痛がる子が何人もいた。硼酸《ほうさん》亜鉛華軟膏を塗ってやるしかなかった。水疱ができ、それが破れ、歩けなくなった子が二人ほどいた。保母が背中に背負い、城端病院まで通うことになった。

疎開して一カ月あと、骨膜炎となり、顎の骨を切開手術した五年生の男子がいた。手術が終わって退寮することになり、母親が迎えに来て、学寮長の塩野入が東京まで付き添っていった。夫が五年間病床にあって、長男は近く入営すると母親の口から聞いて、塩野入は暗澹たる気持ちになった。

金沢市にある金沢医大に入院した六年生の女の子もいた。子供が病気になり、入院するとなれば、どこの学寮もたいへんだった。病院があるところに疎開している学校はなかったから、リヤカーに布団を敷き、子供を寝かせ、駅まで運ばねばならなかった。毛布、布団、洗面用具、食器のすべてを持っていかねばならないから、教職員と保母、三人、四人の手を必要とした。

入院させてからも、三日に一度、三日分ずつの米、味噌と木炭を運ばねばならなかった。六十年ぶりという豪雪[158]のために北陸線を走る列車が遅れることはしょっちゅうだった。日が暮れても、金沢まで行った教師や保母が戻らないと、学寮の教師や保母たちのだれもが落ち着かなかった。

腸チフスにかかった女の子もいた。学寮内の病室に置いておくわけにはいかず、町立の隔離病舎に移した。幸いなことに患者はこの子ひとりだけだった。看病のために両親があわててやってきたが、母親が病気になった。冬季に発生する伝染病の猩紅熱《しょうこうねつ》だった。母子二人が枕を並べることになった。娘の父親は妻をも看病することになった。周辺の田圃が雪におおわれ、雪が隔離病舎のまわりに吹きだまって、入口の戸も、窓も埋めつくしてしまったなかで、かれは絶望感にさいなまれることになった。母子ともにまもなくよくなり、娘の良子は嘱託医の川崎哲二の家で預かってもらうことになって、ほかの子たちをうらやましがらせることにもなった。

急性肺炎になった子もいた。六年生の中島規男だった。町の医院の看護婦に助けを求め、保母が徹夜で看病した。子供の病気はただちに校長に報告し、校長から保護者に知らせ、容体を見に行くことを許可するという仕組みになっていた。規男の母親は夜遅く城端駅に着いた。彼女は駅員に道を聞き、闇のなかを転んだり、滑ったりしながら、もうすぐ規男に会えると念じながら、城端別院にたどり着いた。このときには、規男は快方へ向かっていた。

雪が降りつづく二月になって、部屋のなかは暗く、寒さは厳しく、だれもが気の滅入る毎日となって、具合が悪い、風邪みたいだと言って、起きてこない子が三十人ほどになった。苦肉の策として、健康な子供たちの班に炒り豆の褒美をだすことにした。炒り豆につられて、寝ていた子が起きあがった。

ところで、東京都教育局は卒業する六年生の帰京を二月二十一日から三月十日までの十八日間におこなうようにと指示をだした。常磐松国民学校では、校長の野口周作と片岡亀栄と桜庭永一の二人の教師が六年生を連れて帰るために二月二十六日に城端へ向かうことになった。

列車は午後九時に発車の予定だったから、午後七時に上野駅へ行った。そのとき警戒警報のサイレンが鳴った。前日の二月二十五日には、午前中に空母艦載機の空襲、午後にはB29の来襲があったことは前に何度か述べた。そしてその夜の午前零時には警戒警報がでて、都民は寒さに震えながら起きあがった。午前一時に警報は解除となったが、夜が明けて、今度は午前七時二十分にふたたび警戒警報がでた。これもまもなく解除となったのだが、都民のだれもがいよいよ連日連夜の空襲になろうとしているのだと思った。

そこで午後七時の警戒警報は、この日、午前零時の警報から数えて三度目の警戒警報だった。上野駅構内の人びとは地下へ避難したが、三十分たらずで解除になった。一時間遅れて午後十時に発車すると告げられたが、ずるずると十一時になった。構内は人であふれ、暗闇のなかで行列に割り込む者がいて、おれははじめからここにいたのだと、そこここで喧嘩が起き、怒鳴り声、争いあう音、泣き叫ぶ女性の声が聞こえ、野口周作は耳をおおいたい思いだった。

午前零時近くになって、やっと改札がはじまった。改札口を入ってから、座席を求めて雪崩をうっての競走となった。情けないことだと思いながら野口も走った。二人の教師とはぐれてしまい、座席にも坐れなかった。

どこまで立つことになるのかと思っていたのが、高崎駅で降ろされ、ほかの客車へ移らねばならなくなった。入口にいる人は大きな荷物を置き、ドアを開けようとせず、荒々しいやりとりとなった。やっとのことで中へ入れば、便所の中にも人がいて、ぎゅうぎゅう詰めだった。ところが、あとになって知れば、中央部では、四人掛けの座席を二人で占領している無法者もいた。

長野駅に停車したとき、野口はプラットホームに降り、ほかの二人を探した。自分の名前を呼ばれて、気がつけば、同じ砺波に六年生を迎えに行く同じ渋谷区内の大和田国民学校の加太校長だった。窓から入るほかはなく、手を引っ張られ、中に入れてもらった。そして座席を譲られ、やっと朝食の握り飯を食べることができた。二月二十七日の午前十時半だった。

だんだん雪が深くなり、雪の山、雪のトンネルを通り、雪に埋まった高田駅に着いた。野口周作はこの町に葛飾区の国民学校が疎開しているのを知っていた。金町、末広、葛飾の三つの国民学校だった。七つか、八つの旅館と隣接する村の寺院に六百人の学童が疎開している。この雪のなかでどんなにかたいへんだろうとかれは思ったのだが、常磐松だってたいへんな苦労なのだと、あらためて思い直した。

直江津《なおえつ》で雪は減った。ところが富山県に入れば、どこも三メートルの雪が積もっていた。高岡で降り、別れ別れになっていた二人の教師とも再会した。城端線に乗り換えた。城端はどこよりも雪が深かった。雪の谷間の踏み固められてコンクリートのように硬い通行路をおそるおそる歩き、やっと城端別院の玄関に入ったとき、疎開学童全員に出迎えられ、三人はわが家に帰ったように思ったのだった。

四日あとの三月三日が六年生の帰京する日だった。その前日、中村直彦は日記につぎのように書いた。

「昨日の夜、助役さんからの記念の笛と、町長さんからは筆箱と手帳と鉛筆とを下さった。笛はとてもむずかしかった。

今日は朝ご飯のあとで皆で記念写真をとった。午前中は学校で卒業記念写真をとり、送別式をした。午後二時風呂にいってから、御堂でお経を読んで御堂にお別れをして、そのあとで輪番さんから『忠孝』のお話をうかがった。晩には別院の善徳会館で送別会をやって下さって、ご飯はそちらで食べた。

食事――朝＝ふりかけ、大根の味噌汁、昼＝大根の葉のつけもの、天ぷら、晩＝赤飯、里芋、人参、焼豆腐と肉のお煮しめ、大根と人参とカニの酢のもの、ずいきと豆腐のあえたもの⒆」

六十二人の六年生はにこにこしながら町からの餞別の紅白の餅と蜜柑、氷砂糖、そして空襲に備えての三食分のお握りを入れた。そして保母、作業員、半泣きの下級生に見送られ、口々にさようならと言いながら、城端別院を出発した。

校長と二人の教師が付き添ったが、今度は高岡駅からほかの学校の六年生を乗せての臨時列車だったから、城端に来るときのような混乱はなかった。夜が明けて、高崎で警戒警報がでたと知らされた。そして大宮駅の手前で、空襲警報がでて、列車はとまった。午前八時半だった。

ところで、渋谷駅には、常磐松と大和田、大向の六年生の親たちか午前六時すぎから三三五五と集まってきていた。子供たちの上野駅着は午前六時になると学校で教えられていた。だが、七時になっても、子供たちの姿は現れなかった。七時半近くなって警戒警報がでた。子供の乗っている電車が隣の駅まで来ているかもしれないと思って、だれも動かなかった。一時間たち、八時半にきれぎれにサイレンが鳴りだした。汽車も、電車も動かないから、駅にいてもしようがなかった。わが家を焼夷弾から守らねばならず、家へ戻ることになった。

家に帰った母親たちは北東の方向の曇り空がひときわ黒っぽく見えるのが気になった。火事の煙ではないかと思い、上野駅あたりではなかろうか、子供がそこにいるのではないだろうかと胸騒ぎがした。

燃えているのは、滝野川、本郷、城東、深川の町だった。二月二十五日に東京の市街地が焼き打ちされたのにつづく二度目の焼き打ちだった。四千戸が焼かれた。

空襲警報が解除になったのは午前十時だった。親たちは急ぎ足で学校へ行った。なんの情報も入っていなかった。その足で渋谷駅へ行った。しだいに増えてきた母親が子供たちは空襲にぶつからなかったのだろうかと話し合い、降りはじめた雪をふり仰ぎ、中学、女学校に進学して、子供たちはすぐに工場で働くようになるのだろうかと語り合った。

富山県と新潟県南部に疎開していた子供たちを乗せた列車が上野駅に着いたのは正午すぎだった。巣鴨駅構内の山手線の線路が爆弾で破壊されていたから、渋谷に行く常磐松や大和田の六年生は品川回りの電車に乗った。水気を含んだ重い雪が二月二十五日に降った雪の上に積もりはじめていた。こんなに広い空き地があったのだろうかと子供たちが思ったのは、雪におおわれた焼け跡だった。

午後一時近く、やっと親子は再会した。母親は娘の顔を見て、少し痩せたのではないかと思い、息子は久しぶりに見る母親の顔が薄汚れているように思った。常磐松の校舎の玄関の前に並んだ子供たちは万歳を三唱し、それから家へ帰った。

久米川、煤ヶ谷、修善寺

東京女子高等師範附属国民学校の集団疎開の六年生が東京へ戻ってきたのは、この三月十日だった。

附属国民学校の集団疎開地は北多摩郡東村山にある久米川郊外園である。高等師範の附属国民学校は都の管轄下にはなかったから、疎開は都に相談することなく、自力でやろうとした。主事の堀七蔵は川越市小仙波《こせんば》にある喜多院はどうであろうかと考えた。本堂、客殿、書院、庫裡《くり》をはじめとして二十数棟もある大寺院なのだから、二百人ほどの子供が寝泊まりできる場所はわけなく都合をつけてもらえると思ったのである。紹介状を持って喜多院を訪ねたが、断られた。

どこそこの学校が長野へ出発した、どこが静岡へ向かったという話を毎日のように聞かされ、子供の寝具と衣服をこもで包んだ荷物をリヤカーで貨物駅に運ぶ親たちの姿を見て、主事の堀も、ほかの教員たちも気が気ではなかった。だが、どこへ行っても、だめだった。

東村山の久米川郊外園でいいではないか、しかたがない、そこにしようということになった。久米川郊外園は附属国民学校の林間学校である。部屋数は少なく、狭いから、集団疎開の予定者のすべてを寝泊まりさせることができなかった。堀七蔵は郊外園から歩いて三十分ほどの小平村を尋ねてまわった。村野と浅見という旧家が使っていない蚕室を貸してくれることになり、田中家が二部屋を貸してくれた。

ところが、蚕室は板敷きだから、畳を敷かねばならず、郊外園は床がコンクリートだから、床をつくり、これまた畳を敷かねばならなかった。強制疎開で壊す家の畳を百畳ほど手に入れることができた。だが、久米川、小平村まで畳を運ぶ手段がなかった。児童の父親のひとり、斎藤文一郎が中島飛行機に勤務していて、トラックを都合つけてくれただけでなく、作業員を派遣してくれて、床板を張ることから、畳を敷くまでのすべてのことをやってくれた。

こうして予想外に早く八月二十一日に集団疎開を実施できた。園舎を本部と呼び、本部には炊事場をつくった。借りた三家の部屋を田中寮、村野寮、浅見寮と呼ぶことにした。三つの寮には五、六年生を寝泊まりさせることにした。子供たちは列をつくって本部に登校し、本部に宿泊する三年生、四年生とともに朝会をおこない、このあと朝食をとった。午前中は授業をおこない、午後は低学年の子供は運動や遠足、高学年生は畑の草むしりをしたり、防空壕の穴掘りをした。雨の日は読書か室内遊戯をした。夕食のあと、高学年生はそれぞれの寮へ帰った。

子供たちの家は東京中に散らばっているが、久米川はすぐ近くだ。面会日と決められた日曜日には、親たちは毎週尋ねて来た。学校側は本部の構内にある松林で親子を会わせることにした。食べるものを寮に持ち込ませてはいけないという指示があったので、親は面会時間のあいだに子供にりんごを食べさせ、おはぎをほおばらせた。結果は覿面《てきめん》で、子供たちはその夜から月曜日にかけて腹痛、下痢を起こした。学校側は食物の持参を制限することにした。

親たちが不平をこぼし、子供がかわいそうだと学校に訴えた。ところが、そんな論議をつづけるどころではなくなった。疎開地をよそへ移さねばならないという新しい事態となった。久米川郊外園は敵B29の爆撃針路の真下となってしまった。

敵爆撃機の密集編隊は御前崎、あるいは浜名湖畔から甲府盆地上空に侵入し、コースを東に変え、平行する青梅街道、五日市街道、中央本線の上空を通り、東京を爆撃し、中島の武蔵製作所を狙うようになった。

ところで、わがほうの戦闘機の攻撃にあわててのことか、目標を誤ってか、敵機はそこらかまわず爆弾、焼夷弾を投下した。寮のある小平にも爆弾が落ちた。

疎開学園を中心に半径十五キロの円を描くなかに、数多くの軍需工場がある。大きな工場はといえば武蔵製作所があるだけでなく、田無《たなし》の中島航空金属があり、南に立川飛行機の二つの工場と陸軍ただひとつの飛行機製造工場である航空工廠があり、北に所沢の航空基地と飛行機工場がある。敵がこのうちのどこを爆撃してもおかしくなく、頭上を通る敵機がいつ爆弾を落とすかもしれなかった。

再疎開するしかなく、再疎開地も自分で探すしかなかった。塩原温泉はどうであろうか、長野県にいい疎開地はないかと探して見たが、どこもだめだった。堀は自分の故郷の富山県の砺波にするしかないと考え、教職員に説いた。北海道、樺太《からふと》に砺波の米は移出され、県内きっての穀倉地帯だ、県内第一の豊かな農村地帯だとかれの口から古里の自慢話がでたのである。

ぐずぐずしてはいられなかった。二月下旬にかれは砺波へ向かった。城端線の福野で降り、町役場を訪ねた。福野町は九千人の人口があり、城端線の沿線では最大の町である。前にも述べたとおり、渋谷区の大向国民学校の学童が疎開している。町内に学童のすべてを収容できなかったから、隣接する東野尻村と野尻村にも学寮を設けていることも前に記した。堀は城端線の終点の城端へ行ったが、もちろん、ここもだめだった。

堀七蔵は最後に福光町に行った。福光は福野と城端とのあいだにある。堀が福光をいちばんあとにしたのは理由があった。かれの弟が福光国民学校の校長である。そして弟からの手紙で、福光町をふくめて、城端線の沿線は東京から疎開した学校で埋まっていることをかれは承知していた。福光町に疎開しているのは大森北千束町の赤松国民学校である。

かれは弟の口からべつの話も聞いたのであろう。名古屋の三菱の工場が疎開地を探して、工場の幹部が福野に行き、井波へも行った[160]という。どうしてもここにしなければならないと思った。

かれは弟に助けてくれと頼み、町長に泣きつき、久米川でやっている方式で福光町に疎開させてもらうことの支持を得た。福光町の民家に分宿させてもらうようにし、国民学校の校庭に炊事場をつくらせてもらい、三度三度の食事は学校の教室で食べさせるといった方法である。

かれの弟が自分の家の部屋を提供すると最初に言ってくれ、そのあとすべての交渉をしてくれた。当主が応召中で閉鎖されている山下医院が病室を提供してくれ、これも主人が応召している前田と舟岡の両家、そして宇佐八幡宮神官の石黒家が部屋を貸してくれることになった。福光町に疎開できる目鼻がついた。四月はじめには移ってこようと堀は考えた(161)。

さて、久米川郊外園の六年生は、前に述べたとおり三月十日に東京へ帰ることになった。前夜、六年生は嬉しくて眠れなかった。やっと眠ったと思うまもなく、空襲という声に起こされた。六年生の天野恭子は級友たちと庭にある壕に入った。

恭子は空襲警報のサイレンが鳴ると嬉しかった。真上から響いてくる敵機の爆音など怖くはなかった。壕のなかで受け持ちの先生に編み物を教えてもらい、せっせと針を動かしていたからである。毛糸と針は日曜日に母が持ってきてくれた。三月四日の空襲、二月二十五日の空襲、その前の二月十九日、十七日、十六日の空襲はいずれも昼間だった。

だが、今回は夜の空襲だったので編み物をすることはできなかった。真っ赤だ、真っ赤だという叫び声に恭子は壕の外へでた。東の空が火の色だった。その方角の空の下に両親が住む東京があることを皆は知っていたから、東京が燃えていることはだれにもわかった。いつもと異なり、敵機編隊の爆音は真上からは聞こえてこなかった。そして風が起こり、横なぐりの雨が降りはじめた。異様な赤色に染まる空の真下がいま焦熱地獄となっていることまでは、恭子にも級友にも想像のほかだったが、ただただ怖かった。子供たちは怖さと寒さに震えていた。

つぎの朝、六年生は予定どおりに東京に帰った。高田馬場駅に親たちが待っていた。母に迎えられた恭子は、前夜の空襲で何人もの友達の家が焼けてしまったことをはじめて知ったのである[162]。

横須賀市逸見《へみ》国民学校の六年生も三月十日に疎開地から横須賀の親のもとへ帰ってきた。

海軍工廠の巨大な第三船台から第一、第二、第三ドックを一キロさきに見下ろす逸見国民学校には、一千五百人の学童がいた。十九年七月に疎開騒ぎがはじまって、学校は政府の方針どおりに縁故疎開をするようにと保護者会で呼びかけた。親たちは直接間接に軍港に関係があり、このさき空襲される事態となれば、日本一の軍港である横須賀が最初に狙われると思っていたし、祖父の代から逸見町内に住んでいる者は少なかったことから、多くの家で夫ひとりが残り、妻が子供を連れて親の家へ疎開することになった。

逸見国民学校の一千人の子供が縁故疎開した。残ったのは五百人だったが、一年生と二年生、病弱な学童をのぞいて、集団疎開の参加者は二百二十人だった。

神奈川県内で学童の集団疎開をおこなうのは、前に述べたとおり、横浜、川崎、横須賀の三市だった。政府はこの三市の学童の一部を静岡県にも受け入れさせようとした。ところが、神奈川県知事の近藤壌太郎が三市の学童はすべて県内に収容させるとがんばった。県内に疎開させれば、物資、その他の面で、無理ができると考えてのことだった。

逸見校の疎開先は鎌倉市の建長寺と決められた。学校と寺側との話し合いがもつれているあいだに、鎌倉市はだめだということになってしまった。相模湾では平塚市だけが集団疎開の禁止地域だったのが、政府は新たに鎌倉市、藤沢市、茅ヶ崎町の南部地域を集団疎開の禁止地域としてしまった(163)。

逸見校はあわてた。神奈川県の地図をひろげた。相模湾沿岸、三浦半島、丹沢山地を除いて、どこの村、どこの町も、すでにどこの学校が疎開するかが決まってしまっていた。

川崎市では二十二校が疎開しなければならない。川崎市は多摩川を背にしてうなぎの寝床のように細長い町だが、その最奥部の柿生《かきお》、生田《いくた》、向ヶ丘《むこうがおか》の農村地帯に四校が疎開し、残る十八校は相模川中流右岸の中郡十四町村に疎開することになっていた。

そして横浜市から疎開する七十一校が残るすべてをおさえてしまっていた。このうちの十四校は横浜市郊外の戸塚区、港北区、神奈川区と保土ヶ谷区の最深部の農村地帯に疎開することになり、残りの学校は足柄上郡と下郡、小田原市、そして中郡の秦野《はだの》町とその周辺の村々、津久井郡を疎開先と決めていた。

横須賀市の学校の疎開地は、相模川と片瀬川のあいだの細長い地域にある村々が割り当てられていた。鎌倉市と藤沢市に決まっていた学校もこの地域に割り込み、横須賀市の疎開校二十校中、最後に残ったのが逸見だけとなってしまった。

どこの学校も敬遠し、これまた最後に残っていたのが、県のいちばん奥の村、愛甲郡の煤ヶ谷《すすがや》村だった。人口一千九百人の炭焼きを生業とする山村である。逸見は煤ヶ谷村に行くことにした。ところが二百二十人のすべてを収容できる寺がなかった。煤ヶ谷よりさらに奥の人口七百人の山村、宮ヶ瀬村もということになった。

煤ヶ谷村では、煤ヶ谷国民学校の裁縫室と二つの寺院、そして宮ヶ瀬村では、これも宮ヶ瀬国民学校の裁縫室と青年団の建物、もうひとつは個人宅の落合家の部屋を借りることになった。六カ所に分散するので、教職員は十二人が付き添うことにした。

出発は八月三十一日だった。下級生が裁縫室を宿舎とすることになり、上級生が寺や青年団の建物に宿泊することになった。神奈川県では学寮という言葉を使わなかった。

逸見の宿舎と決まった煤ヶ谷村の二つの寺院は、ひとつが正住寺《しょうじゅうじ》といい、役場から近いところにある。谷太郎川という名の谷川に沿って行けば、小高い岡に石段が見えてくる。石段の途中に山門があり、金剛山の額を掲げている。境内は広く、鐘楼堂もある。本堂、庫裡も大きい。この村の半数以上の家が檀家である。

もうひとつの寺が花蔵院《けぞういん》である。村の南の端にある。金翅《こんじ》部落と呼ばれる数軒の家がある。四方に下枝をひろげた巨大な松の木が見えてきて、そのさきに古いお堂がある。これが金翅山花蔵院本陀寺である。

六年生の長谷川光代の宿舎はこの花蔵院だった。大きな山に囲まれて、日が沈むのは早く、児童たちが到着してまもなく、たちまち暗くなった。だれもが急に心細くなった。前にたちふさがる真っ黒な山が薄気味悪く、お堂の垂木《たるき》の奥の暗闇が恐ろしく、仏像の頭部の金箔がかすかに光っているのが怖かった。

四年生の女の子が泣きはじめた。ほかの子も泣きだし、家に帰りたい、お母さんと口々に言いはじめた。二人の先生と保母たちはやらねばならないことを山とかかえ、子供たちに声をかける余裕はなかった。光代やほかの六年生が、泣かないのよ、がんばってと言ってまわったが、彼女たちの顔も半泣きだった。

光代は九月六日の日記につぎのように書いた。

「九月六日　水曜　晴　今日からうれしい事に学校へ通う事になった。でも十二時五十五分までで、三時間だけなのでつまらないが、その分をお寺で一生懸命にやろう。通う時は先生を先頭に、長い列を作って田んぼ道を通るのである。学校へ行ったら皆私達疎開児童の顔を見るので恥ずかしかった」

　彼女たちは母親との面会日が待ち遠しかった。彼女たちが驚いたのは、学校に残っている一年生、二年生が同じ町内にある沢山国民学校へ通うことになるというニュースだった。沢山の学童は同じ愛甲郡の依知《えち》村の寺院に疎開している。飛行機が飛び立ち、降りてくるのが見える。村は陸軍の飛行場に隣接している。

人数が減ったから、沢山国民学校といっしょになったのだと先生の説明があったが、沢山の子が逸見に来ればいいのにと皆が口々に言った。逸見の校舎は海軍の宿舎になったと聞いて、このさきずっと逸見に帰ることはできないのだろうかと三年生や四年生は思った。

　子供たちはあまり泣かなくなり、山のなかの疎開生活にも慣れた。村の人たちは子供たちに親切である。そして逸見の疎開児童も正月を迎えた。長谷川光代は日記に書いた。

「一月五日　金曜　晴　お昼前、三班は野菜の供出を取りに行った。午後からは、川へ菜葉洗いに行った。夕飯近くに加信さんの小母さんがいらっしゃって、およばれに行った。そして色々な物をごちそうになった。その後で、カルタをしたり、家族合わせをして遊んで、とても面白かった。そのうちに、日が暮れて暗くなってきたので、小母さんにおいとまごいをした。小母さんはわざわざちょうちんをつけて、寮まで送って来てくれた。職員室を開けてみたら、なつかしい逸見の校長先生がいらっしゃって居た。みんなそろって校長先生からお話を聞いた」

そして三月十日になった。光代はつぎのように書いた。

「三月十日　土曜　陸軍記念日　今日はいよいよ帰横する朝だ。五時起床でねむいながら、お友達と川へ洗面に行った。近所の家へあいさつに行き、帰って来ると直ぐ出発だ。七時にはトラックが煤ヶ谷校を出るのだ。学校へ行くと小さい生徒も来ていた。間もなくトラックに乗って校門を離れた。小さい生徒は、さびしそうに泣いていた。……」(164)

伊豆の修善寺に集団疎開していた慶応幼稚舎の六年生が東京へ戻ってきたのも、三月十日だった。

幼稚舎で疎開の騒ぎがはじまったのは、ほかの国民学校と同様、昨十九年の七月からだった。七月十二日の教員会議で、個人疎開を奨励することを定めた。親の心配は、個人疎開をしてしまったら、幼稚舎に復学できなくなるのではないかということだった。来年三月に復校を希望する者は無試験で許可することにして、親を安心させることにした。そのとき政府は集団疎開を昭和二十年三月までと期限を切っていたのである。もちろん、昭和二十年三月に集団疎開が終わりになるとはだれも思っていなかったが、それだけに二年さき、三年さきに復学できなければ困ると親たちは思っていた。

つけ加えるなら、もう一年延長すると政府が決めたのは今年の一月十二日になってだった。集団疎開の実施の期間を二十一年三月末まで延期すると定め、今年四月に三年に進級する児童も集団疎開させると閣議決定したのだった。

幼稚舎が疎開の準備におおわらわとなったのは、一学期の終業式の翌日、十九年七月二十二日からだった。集団疎開の希望者は全体の半数の三百五十人にのぼった。七月二十七日に参加希望者の身体検査をおこなった。七月三十日には父兄会を開き、集団疎開のための後援会をつくった。

ところが、疎開地はまだ決まっていなかった。幼稚舎と後援会の幹部が静岡市、沼津市に行き、新聞支局、銀行に慶応の卒業生を訪ね、どこかいい疎開地を教えてくれと頼んだ。修善寺町がいちばんだ、そして菊屋旅館が広いからいいということで紹介してくれた。菊屋旅館は江戸時代からつづいてきた古い湯治場である。夏目漱石の「修善寺日記」はそこで書かれた。

ところが、菊屋旅館で、これも疎開地を探している学習院初等科の教職員と鉢合わせになった。漱石が泊まったのと同じ明治の末、皇孫時代の天皇、秩父、高松の三宮がここに滞在され、学習院長だった乃木将軍がご機嫌伺いに訪ねたことがあるといった話がでて、幼稚舎側が辞退することになった。

幼稚舎の宿舎探しは、沼津銀行の幹部がさらに骨を折り、同じ修善寺町の野田屋、仲田屋、涵翠閣の三軒の温泉旅館に話をつけてくれた。つづいては調査団が三軒の旅館を訪ね、何度も父兄会が開かれた。

八月二十二日に親は子供の布団包みを恵比寿駅に運んだ。敷き布団と掛け布団のあいだには、枕からお椀、どんぶり、洗面器、下着、手拭い、雑巾までが入っている。そのあと幼稚舎で壮行会を聞き、塾長の小泉信三も出席した。

八月二十五日の朝五時半、集団疎開の三百四十余人は幼稚舎の校庭に集まった。真っ青な顔の母親から、お願いしますとつぎつぎと挨拶され、お引き受けしましたと繰り返し答える教師は、あらためて責任の重さをひしひしと感じた。

ひとりの教師は児童の父親から封書を預かった。遺書なのだという。品川駅で乗り換え、座席に坐ることができてから、教師は胸の内ポケットに収めた封書のことを思いだした。子供を疎開先に残し、父親が召集されることもあるのだし、両親が爆死してしまうことだって起こるのだ、父は子供になにを書いたのだろうかと思って、教師の瞼は熱くなったのである。

かれを現実に引き戻したのは、列車が横浜駅にとまったときだった。たちまち車内はぎゅうぎゅう詰めになった。横浜の井土ヶ谷《いどがや》国民学校と太田国民学校の疎開児童が乗り込んできた。

横浜市の二校の七百人の児童は小田原駅で降りた。かれらの行く先は元箱根村である。幼稚舎の一隊は昼すぎに修善寺に着いた。

幼稚舎の学寮となった三軒の温泉旅館は駅から歩いて三十分のところにある。そして幼稚舎の疎開学園が帰属することになったのは、学寮から二キロ離れたところにある下《しも》狩《か》野《の》国民学校である

授業は九月四日からはじまった。朝食のあとに三つの学寮の児童は修善寺の境内に集まって、朝礼をする。雨の日はそれぞれの学寮内で朝礼をおこなう。午前十時から各学寮の広間で授業をする。飯台に教科書をひろげての授業だから、座学と呼んでいる。午前十一時半に昼食、そのあと下狩野校へ行き、午後一時から授業をおこなう。雨の日は、下狩野校行きは中止となる。ずぶ濡れとなるばかりか、途中の急勾配の山道は川のようになり、下駄をはいている者、草履をはいている者は背中いっぱい、頭まではねをあげるからだ。

三時半に学寮に戻る。おやつがあれば、このときに食べる。午後四時半に入浴、夕食は午後五時半である。十一月半ばになって、入浴は就寝前となった。

子供たちが新しい環境に慣れるまで、親の面会を禁じたのは、幼稚舎も同じだった。面会がはじまったのは九月の末になってからだ。各寮ごとに一回二十人前後としたから、全部の親が面会を終えるのに六回かかることになった。

四年生の井原泰三は九月二十九日の日記につぎのように書いた。

「晴　今日はお母様がいらっしゃる。座学もなしで会わせてくれた。ぼくはもううれしくてうれしくてたまんなかった。午後四時ごろ父兄方はお帰りになった。ちょっと悲しかったが、がまんした[165]」

六年生の安東伸介は十月三日の日記につぎのように記した。

「曇　いよいよ明日は面会だ。『お母さまに会えてうれしい』という人は少く『菓子を食べてうれしい』という人の方が多い。夜もろくろく寝られず、面会のことを話し合った」

翌十月四日にはつぎのように書いた。

「待ちに待った面会の日がいよいよ来た。朝から雨が土砂降りでバスが出るそうだ。座学もやっと終わって、お母様に会う事になった。皆『僕のお母様は来ていらっしゃらないのではないだろうか』などと心配して盛に窓から首を出して、見つめている。いよいよ寮母さんにつれられてお母さま達が入って来られた。その時の気持はうれしくて本当に筆にも言葉にも尽すことが出来ない。それからはお菓子を食べながら色々な話をした。山へ行った事、川へ行った事、座学の事、つらい事、うれしかった事、すべてが楽しく思いだされる。入浴のときは何年ぶりかにお母様に背中を洗っていただいた。皆にこにこと嬉しそうである。点呼も見にいらしった。夜は今日の楽しかった事を皆と話し合った」[166]

もちろん、子供たち以上に母親は子供に会えて嬉しかった。二カ月見なかっただけなのにばかに大人びたと息子を見て思い、子供のために団体生活はいいことだと考え、なによりも疎開地が温泉町の修善寺でよかったと思ったのである。

疎開地が温泉旅館と決まった国民学校では、最初はだれもが喜んだ。東京都長官の代理として、区長が旅館主と賃借の契約を結んだのだが、区長は校長に向かって、あなたのところは運がよかったと言ったのだし、校長は親たちに向かって、温泉旅館に決まってよかったと語ったのだった。

温泉旅館が宿舎になれば、日々の生活になんの支障もないであろうし、毎日、風呂に入ることだってできると思ったからである。昨十九年の夏には、東京の家庭では、毎晩、風呂を沸かすことができなくなっていた。まず石炭が手に入らなかった。石炭がなければ、薪で風呂を焚けばよいのだが、その薪がこれまたなかった。都市ガスが入っていない家庭のための煮炊き用に薪の配給がおこなわれていたが、これが昨年夏にはとだえてしまっていた。

温泉地の旅館であれば、なるほど入浴の心配はなかった。それにひきかえ、農村の小さな寺を宿舎としたところは、たいへんだった。まず最初に炊事場をつくらねばならなかった。バラック建てで、かまどは石と粘土でつくるのだから、これは村人の助けを借りて、どうにかできた。蓆《むしろ》を張りまわして、間に合わせの便所もつくった。電灯線は手に入らないから、夜は星明かりが頼りとなる。だが、風呂場は鉄製の大釜が手に入らなかったから、どうにもならなかった。付近の農家に頼み、もらい風呂をするしかなかった。

東京から疎開した国民学校が温泉旅館を学寮にしているのは、福島県がいちばん多い。飯坂、土湯《つちゆ》、岳《だけ》、磐梯熱海《ばんだいあたみ》、東山、芦《あし》ノ牧《まき》といった温泉町には、すべて集団疎開の学童がいる。

飯坂町と隣の湯野町の合わせて五十軒の温泉旅館には、荒川区の第一瑞光国民学校から第二、第五、第六瑞光まで、それに第二、第三、第六、第七、第九峡田《はけた》校まで、尾久《おぐ》、赤土《あかど》、後田《うしろだ》、そして中野区の野方校と大和校、合わせて十四校の児童、二千九百人が疎開した。

土湯温泉の十三軒の温泉旅館には、これも荒川区の第六峡田、赤土、後田の三校、一千人が疎開した[167]。

東山温泉の十五軒の温泉旅館には、下谷区の桜ヶ丘、西町、入谷、谷中、山伏、根岸、台東、大正の八校の女子児童一千三百人が疎開した[168]。

学寮を公営にせよ

ところで、疎開地が温泉町に決まってよかったと教師や子供の親たちが思ったのは、最初のうちだけだった。多くの温泉地で不平不満が大きくなった。食事がひどいと怒るようになった。

主食の量は、東京、疎開地、どこでも同じである。米、そのほかに「混入物資」と呼ばれる押し麦、脱脂大豆の配給があり、「代替物資」という名前の小麦粉、高粱の配給があるのも、どこも同じである。味噌、醤油、塩の配給量も同じだ。

差が生じるのは副食物である。あるのか、ないのかわからない魚の配給をあてにして献立をつくることはできないから、頼りは蔬菜《そさい》となる。

野菜の量、種類が多いか少ないかで、朝の味噌汁の実はキャベツがほんのすこしか、それとも小松菜がたっぷり入るかというちがいになる。たくあんが三日に一度、二切れなのが、四切れずつ、今日も、明日もでるというちがいになる。煮つけのじゃがいもが一口大、二つなのが、大きいのが四つとなる。おやつは一昨日も、昨日も、今日もないといったところがあり、大きなさつま芋がおやつにでるところがある。

温泉町の学寮の食事はこの悪いほうである。なんといっても野菜が自給できない。ひとつの村の四つ五つの寺に二百人が疎開しているだけなら、その村と隣の村に依頼して、野菜を供給してもらうことができる。だが、温泉町に二百人、五百人、さらに一千人いるとなれば、隣の村だけでなく、さらに遠くの村にまで野菜を分けてくれと頼まねばならない。遠く離れた村では、東京の子供たちを助けてくれと言っても、そうそう協力はしてくれない。リヤカー、牛車で運ぶのもたいへんだ。

こうしたわけで温泉町の学寮は野菜を集めるのが難儀である。それだけではない。旅館を学寮としている学校では、賄いを旅館に任せているのが普通である。旅館側とすれば、部屋を貸すだけでは商売のうまみがないので、賄いをやることを望んだ。学校側も旅館に食事の支度を任せることにした。

旅館が学校に部屋を貸す場合、畳一枚、月に三円、四円から五円である。食費の基準は一人一カ月、二十円である。

味噌汁か、雑炊、そしてたくあん二切れといった献立が毎日つづき、子供たちがお腹が空いたと朝から晩まで訴えるようになって、もうすこし副食物を増やしてもらえないだろうかと学寮の責任者が旅館の主人に言い、精いっぱい努力しているのだ、これ以上できないと返事が戻ってきて、双方が気まずい思いをすることになった。

そんな交渉を二度三度とおこない、双方がすっかり感情的になったところもあった。気に入らないなら、どこへでも行ってくれという態度を旅館側がとれば、教員と保母たちは自分らの手で野菜の配給を受け取り、自分たちの炊事場で、御飯を炊き、副食物をつくりたいと願うようになった。

王子区の第四岩淵国民学校の袋分校は群馬県の鬼石《おにし》町八塩温泉の三軒の旅館に疎開していた。食事をめぐっての旅館との争いはのっぴきならなくなり、校長は町長に泣き込み、町役場が奔走してくれて、この三月二十六日に町内の四つの寺、福持寺、永源寺、浄土院、戒禅寺へ移ることになった[169]。

こんな具合に温泉旅館から寺へ移り、温泉町から純農村へ移った例はいくつもある。だが、よそへ移転できないまま、泣く泣く温泉旅館にとどまるしかなく、我慢をつづけている学寮が大部分である。

大空襲が終わったばかりの三月十日の朝、この日の朝日新聞は二面の中央に「学童疎開の全き姿へ」という見出しの記事を掲げた。下谷区の御《お》徒町《かちまち》国民学校の教員の主張だった。

その記事には書いてはなかったが、下谷区の国民学校は福島県の猪苗代湖の周辺に疎開している。郡山から猪苗代湖に向かう磐越西線の途中駅に熱海《あたみ》がある。温泉町である。竜泉《りゅうせん》、東盛《とうせい》、金曾木《かなそぎ》の三校の七百人の女子がいた。二月の数字である。

鉄道は猪苗代湖の北岸を通る。ここに人口五千人の猪苗代町がある。忍岡《しのぶがおか》と根岸の二校の児童が疎開している。つぎの駅が翁島《おきなじま》である。人口二千五百人の翁島村も温泉地だ。御徒町国民学校の男子はここに疎開している。この二月には二百五十人いた。

ついでにいえば、翁島の北、磐梯山の麓に押立《おったて》温泉があり、ここに忍岡国民学校の児童がいる。忍岡の児童は猪苗代町に六十人、押立に百二十人と分かれて疎開していた。磐梯山の裏側の川上温泉には練塀《ねりべい》国民学校の男子百七十人が疎開していた。

これも猪苗代町からずっと奥に入る中ノ沢の温泉町の朝日屋という旅館には、御徒町国民学校の女子二百人が疎開していた。ほかに練塀、竹町、忍岡、黒門《くろもん》の四校の女子が疎開し、大森区の荒井校の百人もいて、この二月には総計一千百人が十一軒の温泉旅館に疎開していた。

中ノ沢の近くには沼尻という温泉場があり、ここには竹町の男子二百五十人がいて、これより奥の横向《よこむき》の温泉場には黒門の男子二百人がいた。

猪苗代湖の北端を抜けた磐越西線は人口四万六千の若松市に着く。この南の郊外に東山温泉がある。ここの旅館十五軒に、下谷区の八校の女子児童一千三百人が疎開していたことはすでに述べた。付き添いの教職員が百人以上、寮母は百三十人といった大部隊である。

このほか、人口一万三千の喜多方町の五つの旅館には、東盛と大正の男子五百人がいたし、柳津町の十三軒の旅館には、下谷と上野の学童合わせて六百五十人が分宿していた。

さて、三月十日付の朝日新聞に自分の意見を述べた御徒町国民学校の教師だが、かれは六年生を連れて東京へ戻ってきたばかりだった。

かれはつぎのように説いた。

「……こんにち疎開学園の偽らぬ実情は『生命保護教育』にとどまっている。いや『教育』の二字を使うことさえおこがましい。ましてや『生命錬成教育』の展開など、まだ画餅に過ぎない。

多くの学園はいまなお児童の『生命保護』の一事に汲々としているからである。私たちは東京で飼っていたアヒルを福島の疎開先までつれていった。そのアヒルを指して私は学童たちに『食って寝るだけではあのアヒルと同じだよ。アヒルになるなよ』と諭しながらも、物の生活の乏しさにじっと耐える学童のいじらしさに涙せずにはおれなかった。

実行の動機は何であれ、集団疎開こそは日本教育再建のあきらかな起動点であるにもかかわらず、その好機をつかみ得ず、それを志向しようとさえしない私たち教育者自身の不甲斐なさに歯ぎしりせずにはおれなかった。

どうすればよいか。私たちは決して物の足らないことに不平を言うのではない。誓っていうが、物が素直にゆかないことを嘆くばかりである。私は愬《うった》える。疎開先の宿舎を是非とも国または都の直営にして下さい。もちろん中にはりっぱな宿屋もある。しかし広く見渡すならば『鬼子母神』と仇名をつけずにはおれぬ受入れ者が――はっきりいうならば、新来の珍しい客人を食物にしている業者があまりにも少くないのである。それを防ぐには学寮長に大きな権限を与えることも必要である。実際にはただ宿屋に投宿しているかたちの学寮長が少くない。

私はもう一つ愬えたい。それは私たち自身に関する事柄であるが、疎開訓導ならびに寮母たちの人選を峻厳におこなうことである。その人たちに志士となってもらうことである。志士の熱情と志士の見識が望ましいのである。高い意味の政治と教育との合致したものこそ疎開教育に求められている。出発のときは誰でも立派な決意でゆくが、単なる教育事務家ではほどなく現地の圧力に負けてしまう。苦しみに耐えながら、おおらかさと、ゆとりと、ちからを毅然と培える者は志士だけであるからだ。……」

疎開学童の宿舎を公営にしてほしいというこの熱血的な主張は、温泉旅館を学寮としている学校の教職員と児童の親が語り、訴えてきたことであり、じつは航空機製造会社を国営化しようとする計画が進んでいることと関連があった。

航空機会社を国営に移管せよという声が起きたのは、昨年の秋からだった。国家の命運を決する航空機の生産を民間営利会社に任せてはおけないと、頭に血がのぼった遠藤三郎が機会あるごとに嚙みつくようになった。軍需省航空兵器総局長官の遠藤は大きな力をもっている。そしてそれぞれ別個の動きであったが、前にも述べたとおり、徳富蘇峰、岸信介といった世論の形成に大きな影響力をもつ人たちが生産軍をつくれと説き、企業を国営にせよと主張するようになった[170]。

そして二十年の二月末に内閣情報局が発表をおこない、現在の企業体制では、公的性格が不明確であり、利潤の獲得を本位としているから、充分な生産を望むことができないのだと説き、民間企業を国営化すると示唆した。つづいて三月三日の新聞は毎日の閣議の決定を伝え、「敵ノ空襲下ニ於ケル航空機ノ生産維持培養ノ為特定航空機工場ニ対スル緊急措置要綱」を定めたと発表した。そして朝日新聞が三月十日の紙面に疎開学童が宿泊する旅館を公営にせよと説く教師の主張を載せたのは、民営工場を政府が借りあげるといった方針を政府が決めたことと連動してのもうひとつの「公益非常管理」のキャンペーンの開始だったのである。

さて、温泉地に疎開している学童の数がもっとも多いのは福島県だが、一カ所の温泉地にもっとも多くの児童が疎開しているのは箱根である。一口に箱根といっても、実際にはいくつかの町村に分かれているのだが、これらの町村はひとつにつながり、ほかとは隔絶しているのだから、ひとつの地域といってよいだろう。

慶応幼稚舎の二百人が品川から乗った客車に横浜駅から疎開学童が乗り込んだことは前に述べた。元箱根村へ行く太田と井土ヶ谷国民学校の疎開学童だったことも前に記した。そしてその翌日の八月二十六日に同じ横浜市の戸部《とべ》国民学校と東《あずま》国民学校の学童がこれも元箱根村へ疎開した。人口六百人の元箱根村に疎開した学童総数は、この十一月末に一千三百人だった。

元箱根村は箱根山地を流れる早川の上流の一帯だが、それより下流に宮城野村があり、強羅《ごうら》の温泉地区がある。石川、北方、立野、桜岡の四校が疎開している。二月末に一千七百人がいた。

さら下流に温泉村がある。宮ノ下温泉と呼ばれるところだ。ここに吉田、南吉田、平楽《へいらく》、元街、大鳥、間門《まかど》の六校がいる。二千人が疎開した。

こうして箱根の入口の湯本町からいちばん奥の箱根町、仙石原村、芦ノ湯村まで八千人の住民が住んでいるところに、二十四校、八千人が疎開していた。

この八千人の学童の食事には、毎日最低一千三百キロの野菜が必要である。各寮の責任者が小田原周辺の農業会を訪ね、大根、白菜、葱、里芋の出荷を頼んで、それでどうにかなるという量ではない。野菜の供給を円滑にするために、県が指揮をとった。

前に触れたことだが、内務省は横浜市の学童の集団疎開地を静岡県とした。ところが、神奈川県知事の近藤壌太郎が語気を荒げて反対し、「横浜の学童を他県に送ってしまったら、充分に世話をすることはできない。県内ならば、物資、その他の面でできるだけのことをする」と言った。

けっきょく、かれの主張どおりになったのだが、このすぐあとにかれは辞任し、現在も浪人である。かれの辞任は、県内に疎開させるとがんばったことが内務省の幹部を怒らせたからではなかった。ちょうど、小磯内閣が発足したときであり、内務省の首脳が入れ替わり、大臣、次官となった大達茂雄と山崎巌のコンビが近藤を嫌っていたため、やめさせられたのだった。

近藤は毛色の変わった行政官だった。強い指導力の持ち主であり、支持者も多かった。だが、かれは自分の感情を抑えることができず、あの男は無礼だ、あいつはけしからんと腹を立てれば、乱暴な、ときに陰険な仕打ちをした。一口でいうなら、かれは危険な男だった。かれがかかわったことについては、このさきの巻で述べることになろう。

近藤は退いたが、もちろん、県の幹部たちは疎開学童に注意を払ってきた。魚市場に近い村、まわりが畑の村は心配はないが、ほうっておけないのが箱根なのはだれもが知っていた。箱根の疎開学童のための蔬菜供給圏を定め、各村に出荷量を割り当ててきた。相模湾の真鶴《まなづる》と片浦の大謀網《だいぼうあみ》に鰤《ぶり》の大群が入ったという報告に県の幹部たちが手を叩いて喜んだときにも、箱根の子供へ配給するのを忘れるなよとだれかが口をはさんだのである。

慶応幼稚舎の修善寺の疎開学園のことに戻れば、ここも温泉町であり、ほかに蒲田区の国民学校が疎開していて、食料事情はたいへんである。

だが、幼稚舎の学寮はなかなかがんばってきている。昨年十二月のことになるが、乳牛を飼っている農家を見つけだし、牛乳を分けてもらうことにした。毎朝、一斗から一斗二升の牛乳が届く。一斗でコップに十杯分しかとれないから、三百人が毎日飲むわけにはいかない。三日に一度である。

そして伊豆は蜜柑の産地だから、十月からはおやつに蜜柑をだすことができた。蜜柑農家に頼み、蜜柑狩りにも何度か行った。

なかなか手に入れることのできなかったのが木炭である。木炭も統制物資である。以前には木炭は家庭用燃料だったのが、自動車の代用燃料、コークスの代用として使われるようになって、生産量の半分は軍需にまわされている。

ところが、人手がないために、木炭の生産は昭和十五年から減少しつづけてきた。政府、各県、農業会は木炭の大増産を呼びかけ、農村地帯の国民学校や農業学校、中学校は校庭に窯をつくり、木炭をつくるようになっている。

たとえば兵庫県では、郡部の国民学校は一校一千俵の木炭をつくるようにと命じられた。これが昨年四月のことだった。昨年九月下旬に高等科の少年たちは父兄の指導で炭窯をつくり、これも父兄の協力で原木の切り倒しをおこなった。そして十一月はじめに最初の炭出しをした。ざっと百俵分の木炭を生産した。同じ窯を使って、十回ほど炭を焼かねばならず、炭焼きはこの三月までつづいた(171)。

神奈川県の相模原町でも、一昨年、昭和十八年から各国民学校は木炭の生産を割り当てられた。上溝、田名、麻構、新磯の各校はそれぞれ割り当ての炭を焼くことになった(172)。

一昨年も昨年も、十月に校庭に窯をつくり、十二月に炭を焼いた。窯の入口で雑木の薪を燃やした。やがて窯のなかに積みあげた木が燃えはじめる。白い煙があがり、青い煙に変わる。入口に蓋をして、わずかに口をあけ、蒸し焼きにする。五日ほど待つ。よかろうということで、入口を密閉し、火を消す。

冷えるまで待ち、入口をあけ、できた炭をとりだす。全員が集まり、成果を待った。長い棒でかきだされ、立派な炭になっているのを見て、顔を黒く汚した子供たちは大喜びだった。

木炭をつくることをしなくても、多くの農村の国民学校は木炭の運び出しに協力してきた。炭焼き業者の負担をすこしでも軽くしようとして、窯前に炭をだせばよいことにしたから、窯場に炭の山ができている。この炭を馬車やトラックの通る道路まで降ろすことを国民学校の子供たちがやっている。中学生もこの運搬をしてきた。

国民学校の五年生の女の子もこの作業をした。藁でつくった背中あてに木炭一俵を縛り、背負《しょ》い紐に手を通す。ひとりでは立ちあがることができず、友達に両手を引っ張ってもらう。くねくねとつづく急な雪の上り坂をゆっくりゆっくりと歩き、前の人が踏み固めた下り坂をこれまたゆっくりゆっくりと下りていく。高等科の男子の児童は家から背負《しょ》い子を背負ってきて、力のある者は四俵を背中にのせる。

木炭をつくる話をもうすこしすれば、都市のバス会社がどこも山の雑木林を買い、窯を築くようになっている。そしてこの一、二年、軍の各機関、各単位がこぞって木炭の自給に熱をあげ、炭を焼きはじめている。窯の入口をあけて、半分は生木のままだったり、半分は燃えつきて灰になるといった失敗を重ねながら、腕をあげている。

さて、修善寺の慶応幼稚舎は、昨十九年の十二月にはどうしても木炭を買うことができなかった。野田屋の大広間に十個の火鉢が置かれたのは一月四日である。風邪をひく子供が増え、もっと火鉢を置きたかったが、手持ちの木炭は残り少なかった。幼稚舎が通う下狩野国民学校の教師のひとりが校庭に窯をつくればいいと勧めた。かと思うと、木炭を探していると聞き込み、怪しげな男が訪ねてきて、木炭、豚、牛乳を世話しようと言い、教師を薄気味悪く思わせた。結局のところ、下狩野校の校長が製炭業者に頼んであげると約束してくれた。

じつをいえば、幼稚舎の疎開学園は、後援会の会費を何口も払う親がいて、資金は潤沢である。児童数三百二十七人にたいして、教職員十二人、寮母十四人、看護婦六人という陣容を欠員なしに整えることができたのだし、蜜柑狩りもできる、牛乳も買える、月に何回か肉を食べることもでき、ほかの疎開学園から見たらうらやましいかぎりの食事である。

だが、見てきたとおり、木炭を簡単に手に入れることもできないのだし、育ち盛りの子供たちが腹いっぱい食べることなどとてもできはしない。

食べることにからんでのいざこざはしょっちゅうある。そしてそれを反省する少年もいる。安東伸介は一月十一日の日記につぎのように記した。

「今日は朝礼があった。帰ってフィリピンの白地図を書いていると座学になった。国語を二時間ぶっ通してやった。お午《ひる》はおいしいまぜ御飯であった。つけてくれたのは鈴木さんなので少なかった。つまらない。

午後は地理をやった。それが終わってからフィリピンの地図のつづきをやり、これを完成した。おやつは牛乳だけだった。十班には特配があった。夕食にはごぼうが出た。食後、十班に六年全員が集まって夜学をした。そろばんの割算とラバウルの時勢についてのすりものを渡されて、習った。夜学が終わってから床をしき、その中にもぐって、なぞの暗号を読んだ。

もう、うつらうつら眠りかけた時、鈴木さんが来て『あの十班の方、今日は御飯のつけ方が少なくてすいませんでした。明日から六年には遠慮させて戴きます』と抗議を申し込んで来た。

仕方がないので鈴木さんにあやまった。今日からはもうぜったいに食べ物の事は言うまいと決心した(173)」

六年生の九十五人が東京に帰るので移動証明をとったのは三月五日である。三月八日には退園式をおこない、三月九日には下狩野校で別れの式をやった。三月十日、教師のひとりは寮の日誌につぎのようにつけた。

「快晴、六年生が帰京の日なり。六時半起床、九時、宿を出発。出発のさい宿へ別れの挨拶をなす（安東君）。全寮駅へ、緑ヶ丘、蒲田の国民学校生徒が一緒、幼稚舎生約百人、緑ヶ丘五十人、蒲田区百五十人、十時七分の電車に乗る。幼稚舎の残る者元気に見送る。下狩野の女子高等科の生徒も五十人ばかり見送りたり。かえり下狩野校の方を通ってかえることとせしに、日赤の附近で警戒警報出づ。大に心配す。四人ずつ分散して歩行、宿につく(174)」

二月二十一日にはじまった集団疎開の六年生の帰京は、三月十日までに六万人にのぼったのだが、その日の未明に大空襲があったことは、すでに何回も記した。

東京下町を目標にして焼夷弾を集中したその空襲は、十万もの人びとを殺し、その十倍、二十倍もの人たちの生活を一変させてしまい、人びとの士気をくじくことになった。むろんのこと、東京の国民学校も大きな影響を受けることになった。

常磐松国民学校の教師、篠崎幸子は城端との通信連絡の責任を負っていたから、常磐松に被害はなかったことを一日も早く知らせようと思いながら、毎日が忙しく、やっと三月十五日に葉書を書いた。

「九日夜半から十日早暁にかけてB29の大空襲がありましたが、常磐松関係には何ら異常ありませんでした。ご安心下さい。十日で授業休止となりました。児童はその後毎朝分団の集合所に集まり朝会をなし、四年以上登校をなし、唱歌、教練、作業を行なって下校いたします。十二日から裁縫室に罹災者一〇七名を迎えました。なお一年、三年男子の教室も整理して受入態勢を採っております。講堂では特別幹部候補生の試験が行なわれております。戦争をひしひしと感じさせられます。新たに城端への疎開希望者は八七名に達しました。予防注射を行なっております。十八日には保護者会が開かれます(175)」

同じ三月十五日のことになるが、新聞は「学童疎開を徹底強化」という見出しを掲げ、政府の新方針を発表した。主要都市の国民学校の授業を停止することにした。そこで疎開からはずされていた一年生と二年生にたいしては、縁故疎開をすすめさせ、縁故疎開ができない者は集団疎開に加えることにもした。集団疎開に加わらず、縁故疎開もせずに残っている三年生から六年生までの児童も縁故疎開をさせるか、集団疎開に参加させることとした。どうしても都市に残る者のためには、隣組単位の寺子屋式教育をおこなうことも定めた。

本所区から千葉へ集団疎開した学童

文部省と情報局は発表しなかったが、政府はもうひとつ、国民学校の再疎開の問題をかかえていた。

同じ三月十五日、修善寺町の菊屋旅館に疎開していた学習院の六年生が東京へ帰った。

じつは六年生だけでなく、四年生も引き揚げた。

それより二日前の三月十三日のことだが、修善寺町の野田屋にいる慶応幼稚舎の教師の吉田小五郎に警察から電話がかかってきた。三月十五日に学習院の全児童が菊屋旅館を引き払うが、あとに入ってはどうかという話だった。

部屋数の多い菊屋旅館を利用することにすれば、学寮を減らすことができる。学寮が三つに分かれていて不便だということは、吉田が以前にその警部にこぼしたことだった。皆と検討してみようと吉田は思ったのだが、学習院が修善寺から引き揚げるという話を格別不思議に思わなかった。菊屋旅館には学習院の四年生と六年生が百十人いるだけだった。六年生が東京へ帰ってしまったら、四年生が残るだけとなる。学習院の三年生と五年生の百人は日光の金谷ホテルに疎開している[176]。四年生は日光へ移るのだろうとかれは思った。

ほんとうはどうだったのか。帰京した学習院の六年生はそのまま学習院の中等科一年生となるのだが、これも日光金谷ホテルに疎開させることになっていた。ということは、かれらを菊屋旅館にそのまま疎開させておいてもよかったのである。たしかに金谷ホテルにすべて収容すれば、管理は容易であろう。だが、日光は修善寺と比べて、食料を集めるのははるかに難しい。しかも、新三年生だけでなく、一年生、二年生も集団疎開させねばならなくなることを、学習院の首脳は二月末には知っていた。少々の不便さを忍んでも、集団疎開地を修善寺と日光の二箇所にしておくほうが賢明だという判断をくだしても、不思議はなかったのである。

修善寺町から引き揚げたほんとうの理由はまたべつにあったのかもしれなかった。この二月の末から、学童の集団疎開地のいくつかをほかへ移そうというひそかな動きがはじまっていたのである。

陸軍が内務省と協議をおこなっていた。「国土防衛上不適当ト被認地域ニ在ル学童」を「配置替」することについての話し合いだった。

どこの学童を移すのか。

サイパン島が陥落し、東条内閣が総辞職した直後の昨十九年の七月二十日、陸軍は参謀総長の名義で「本土沿岸築城実施要綱」といった文書を麾下の上級指揮官に配布した。本土沿岸の防衛強化を命じる指示であり、そのなかで敵の上陸地点をつぎのように予測していた。

「……敵ノ真面目ナル上陸ヲ顧慮シ　伊豆七島ノ築城ヲ実施ス

……予期セラルル主上陸正面ニ於テ　沿岸防御ノ骨幹陣地ヲ施設ス　重点ハ九十九里浜　鹿島灘及ビ八戸附近トス

右ハ十月末迄ニ概成シ　年末迄ニ完成ス(177)」

このとき、参謀本部の作戦課員は敵の上陸地点を千葉、茨城、青森の三箇所の砂浜だけと信じていたのか。そんなことはあるまい。その要綱を配布したすぐあとのことになる。たとえば西部軍はその文書に載っていない鹿児島の志布志《しぶし》湾に望衛陣地をつくりはじめた[178]。

想像するに、「予期セラルル主上陸正面」を五つ、六つと要綱に並べるのは、いささか体裁が悪いと参謀本部の幹部は思ったのかもしれない。三つだけを載せ、ほかは各軍にそれぞれ伝えることにしたのではなかったか。たとえば東部軍の幹部に向かっては、相模湾にたいして敵が水陸両用作戦を敢行する公算少なからずと語り、この地域の防備強化にとりかかれと口頭で命じたのではなかったか。

さて、今年二十年二月末に、陸軍省の軍務課員が内務省防空総本部の責任者に向かって、「国土防衛上不適当ト被認地域」として挙げたのは、八カ月前の本土沿岸築城実施要綱に明記されていた九十九里浜と鹿島灘の二箇所だった。

じつをいえば、内務省にとって、これは寝耳に水の要請ではなかった。昨年七月にかれらが学童疎開の計画をたてようとしたとき、陸軍からの申し入れがあり、千葉県と茨城県には軍の基地を建設する予定があるから、疎開学童の数をあまり多くしないでくれと言われていたのである。

そこでそれぞれ一万五千人は収容できるにもかかわらず、千葉県には本所区、茨城県には向島区を割り当て、三多摩と同じ人数、六千人から七千人を疎開させるだけにしたのだった。

さて、鹿島灘と九十九里浜の村や町に疎開している学童を再疎開させることになり、九十九里浜の疎開学童を岩手県、鹿島灘の学童を秋田県へ移すことが決まった。つづいて内務省の担当官は陸軍軍務課員に向かい、相模湾沿岸の疎開学童はこのままでいいのかと尋ねたのであろう。

箱根、大山から相模原周辺の疎開学童を再疎開させるとなればめんどうなことになるが、海岸地帯だけというなら、茅ヶ崎町と小田原市、湯河原町の疎開学童の再疎開ですむ。茅ヶ崎町には横須賀の浦賀国民学校、小田原市には横浜の大岡国民学校、湯河原町には横浜の一本松、西前、稲荷台国民学校が疎開している。

ところで、相模湾の海岸は、人口二千人から三千人の農漁村が散在する九十九里浜や鹿島灘の海岸とは大きく異なる。相模湾の沿岸には、茅ヶ崎町と湯河原町のほかに、鎌倉市、藤沢市、平塚市、小田原市とつづく、いずれも人口四万から五万の都市がある。そしてこれらの都市には、首都東京で要職に就いている人びとが住み、数多くの政財界人の別荘がある。これらの別荘は昨年末から東京からの疎開者であふれている[179]。

茅ヶ崎町、湯河原町の疎開学童をほかへ移したりすれば、相模湾に敵軍は上陸するのかとこれらの町の住民は危惧を抱き、困惑する。これだけ多くの人が住んでいるところで、どうやって戦うのか。学童、乳幼児、妊産婦をどこへ避難させる考えなのか。横浜、横須賀のわずかな学童をよそへ移すだけですむことではあるまい。

こんな批判を鎌倉や茅ヶ崎、大磯に住んでいる人びとに言わせるようなことはしてはならないと陸軍の幹部は考えているのであろう。国民の不安をかきたてるのは敵に任せればよい、われわれがそれをやってはならないとは、陸軍の幹部がつねに考えてきたことなのである。

昨年七月の本土沿岸築城実施要綱の作成に際しても、このような配慮が働いたのかもしれなかった。作戦課員が「予期セラルル主上陸正面」に相模湾の名前を載せ、課長か部長あたりが、軽率なことをするなと叱り、その名前を削らせたのではなかったか。

そこで神奈川県内の疎開学童はどうするといった内務省の担当官の問いにたいして、相模湾沿岸への集団疎開の学童数は昨年八月の段階でしぼってある、しかも同じ県内の疎開だから、このままでいいと陸軍軍人は言ったのではなかったか。

そして三月に入ってすぐのことであろう。集団疎開学童の再疎開の問題が重ねて討議されることになった。陸軍省の担当者が参謀本部からの新しい要請があったと言い、九十九里浜と鹿島灘だけでなく、千葉、茨城両県全域の疎開学童の再疎開をもとめた。つづいて静岡県の疎開学童はどうするかというもうひとつの討議に入ったのであろう。ここも再疎開させることに決めた。駿河湾沿岸に敵軍が上陸する公算が大きいと陸軍側は思っていたのであろうか。それとも相模湾沿岸の疎開学童は県内の問題だと語った手前、静岡県の東京からの疎開学童は再疎開させねばならないと言わねばならない羽目となったのか。

かれらはさらに話し合い、鹿島灘と九十九里浜の再疎開をさきにおこない、ほかの再疎開はまだ発表しないと決めたようだった。

そこで修善寺町から引き揚げる学習院の話に戻るなら、学習院の首脳は陸軍幹部から内密の情報を受け取り、千葉、茨城の疎開学童の再疎開計画があること、そのあとに静岡県の疎開学童もよそへ移らねばならなくなると教えられて、これはたいへんと修善寺町から日光町に移ることにしたのかもしれなかった。

さて、防空総本部は東京都防空本部にたいして、千葉県の九十九里浜平野にある海上《かいじょう》郡、匝瑳《そうさ》郡、山武《さんぶ》郡、長生《ちょうせい》郡に疎開している一千百人の学童は岩手県へ疎開させ、茨城県の鹿島郡、行方《なめがた》郡に疎開している七百人の学童は秋田県へ再疎開させると告げることになった(180)。これが三月中旬だった。千葉の九十九里浜沿岸に疎開しているのは本所区の四校であり、茨城の沿岸に疎開しているのは向島区の四校である。

本所区緑町の緑国民学校は九十九里浜沿岸の海上郡と匝瑳郡に疎開しているから、再疎開しなければならないのだが、緑校の児童は松戸市に隣接する小金《こがね》町と富勢《とみせ》村にも疎開している。小金町と匝瑳郡の匝瑳村とのあいだは百キロ近くも離れているが、じつをいえば、緑校は千葉県内の七つの町村にひろく分散して疎開している。

農村地帯では、ひとつの学校がひとつの村の三つか四つの寺に分宿し、隣の村にはべつの学校がこれまた四つ五つの寺を宿舎としているのが普通であることは前に記した。ところが、千葉県ではいたってのんびりしている。ひとつの村の四つの寺に疎開学童が入り、精神修養の道場に二百人以上が疎開しているといった例もないわけではないが、多くの疎開学園は、ひとつの村のひとつの寺に一学級を置き、またべつの村の寺に一学級を置き、そしてまたべつの村の寺に一学級を置くといった具合である。そこで学寮は夏休みの臨海学園といった風情があった。

とはいっても、疎開学園が臨海学園であるはずはなかった。この冬は何十年に一度という寒さだったから、千葉県に疎開していても、朝早くお寺の廊下を雑巾がけすれば、たちまち薄く氷が張り、子供たちの指はしもやけで赤く膨れあがっていた。

食事はどうかといえば、後援会の資金が限られているから、南瓜がとれたときには南瓜ばかり、茄子が運び込まれれば、朝から晩まで茄子を食べることになった。海が見えていても、魚が食べられることはなかなかなかった。

ひとつの寺に一学級というのが普通だと述べたが、これが四年生の女の子だけのクラスであれば、皓々と照る月の光を浴びながら歌を歌えば、やがて皆が泣きだすことにもなった。

悲しいこと、そして口惜しいことは数多くありながら、それでも楽しい疎開学園だった。ところが、両国駅を出発して千葉に疎開してから半年あとの三月九日の夜にすべては変わった。

この夜、敵は九機あるいは十二機の編隊を組まなかった。英空軍が夜間爆撃のために開発した単縦陣を組んで侵入した。一機ずつ長い列をつくり、房総半島を横断し、隅田川河口から東京上空に入り、投弾した。敵機は東京下町の空襲を終えたあと、向きを変え、松戸上空から九十九里浜の中央を抜けて脱出した。敵機は往復ともに千葉の空を低く飛んだから、ものすごいばかりのエンジン音は、外手《そとで》、二葉、柳島、牛島、緑、菊川、茅場の子供たちが息をひそめて入っている壕を振動させた。そして市原郡に疎開している柳島、業平《なりひら》の子供たちは爆音におびやかされただけでなく、海の向こうの東京が燃えているのを見た。君津郡の言問《こととい》校の子供は北の空が真っ赤になったのを眺めたのだし、東葛飾郡小金町の緑校の子供は火柱を間近に見たばかりか、不気味に赤く光る敵機を仰いだのだった。

千葉に疎開している本所区の子供たちはだれもが恐ろしい一夜を過ごしたのだが、かれらの親兄弟が火の壁にさえぎられ、吠えたける烈風にあおられ、逃げまどい、焼け死ぬか、帰る家を失ってしまうことになったとは知るよしもなかった。

その夜から一週間がたち、十日がたった。夜が明けるのが早くなり、裸木が白い花をつけた。千葉県の百箇所ほどもある学寮にぽつりぽつりと人が訪ねてきた。

学寮に向かってやってくる人をはるか遠くに見つけ、裏山から枯れ木をひきずりおろしていた少女や、大根を両手にぶらさげて井戸ばたに運んでいた少女が駈けだした。東京から校長先生が来たのだ。吾嬬《あずま》町の話をしてもらえると思った。だが、やって来たのはぜんぜんちがう人だった。同級の山田さんのおじさんにあたるという人だった。硬い表情の先生が、山田さんは縁故疎開をすることになったと、皆に説明した。子供たちは目に涙をため、友達と見知らぬおじさんが見えなくなるまで手を振りつづけ、寮母たちは子供たちから見えないところに隠れ、顔をくしゃくしゃにして鼻をすすりあげ、両親を失ったことをまだ知らないその女の子の幸せを祈って、手を合わせたのである。

山を越した隣村の疎開学園では、地元国民学校での授業から学寮に皆が帰ってくると鈴木君の母親が来ていた。面会は前もって知らせがあり、何人も連れだっていっしょに来るはずなのに、ひとりだった。鈴木君は縁故疎開することになったのだという。皆は境内に集められ、鈴木君が前へでた。鈴木君がいつまでも黙っているので、母親がほほえみを浮かべて話しだしたが、たちまち声がつまり、みなさん、元気でがんばってくださいと言いながら、両手で顔をおおい、しゃがみ込んだ。子供たちは身動きできないまま、立ちつくしていた。

三月十五日に渋谷の常磐松国民学校の教員の篠崎幸子が疎開地の城端に葉書を書き、被害はなかった、安心してほしいと知らせたことは前に記した。千葉、茨城、新潟、宮城県に疎開学童を送りだしている東京下町の学校でも、被害を詳細に知らせねばならないのだが、その連絡の手紙を書くことができず、頭をかかえ、一日延ばしにしている教員が数多くいた。

どんな具合に書き送ったらよいのか。疎開地から帰ってきたばかりの六年生が何人も行方不明のままだ。学校に残っていた児童の何人かがこれも消息をつかむことができないでいる。そして疎開学童の親がこれまた何人も死んでしまった。だが、確かめるすべがない。

灰の積もる荒野に立てば、生命のない惑星にでもいるようだった。風で吹き寄せられた落ち葉のように焼死体がそこにもここにもあって、とても現実のこととは思えなかった。風が吹けば、灰が舞いあがり、焼け跡のいやな臭いが鼻をつくのだった。そして校舎内には罹災者があふれている。悪い夢を見つづけているようだった。

焼け残った学校のひとつは緑国民学校である。当直だった校長の福島鶴吉と数人の教師たち、さらに学校へ逃げてきた町の人びとが二階、三階へと駆けあがり、死に物狂いで階段の火を消し、飛び込んでくる林檎大の燃え殻を叩き消した。焼けてしまったのは講堂だけだった。夜が明けて、竹橋の東部第二部隊から食糧が運び込まれ、赤十字社の六人の医師と三十六人の看護婦が来て、学校は救急センターとなった。背中に火傷を負った人、足が二倍に膨れあがった人、死にかけている人が運び込まれ、正午には罹災者と合わせて四千人にも達し、教室と廊下は人でいっぱいになった[181]。

学校が焼けてしまって、外手国民学校と二葉国民学校では、教員たちが焼け残った緑国民学校の教室を借りて、消息不明の児童と保護者の名簿をつくりはじめた。二葉校のプールから引きあげた数十の死者の確認作業の報告が入った。胸につけてあった名札から、疎開している子供の親だとわかった遺体が二体あった。疎開先の学寮長にはこれを告げねばならないが、子供には言ってはならないと校長が語り、だれもがうなずいた。

業平国民学校の残留教員は柳島国民学校の校舎内に移っていた。教員たちは、麻布と赤坂の病院にこの区で火傷を負った人がかつぎ込まれたそうだ、うちの児童がいるかもしれない、児童の親がいるかもしれない、私が行って見てくる、こんな相談をしていた。

千葉県の各学寮の教師たちは学寮の本部に集まり、自分の家族のこと、学校のこと、町の様子についての新しい情報を求め、子供たちの耳に入らないように小声で語り合い、繰り返し耳にする大火の恐ろしい様相に目をつぶった。

いったい、本所区にどれだけの人が残っているのか。主食の配給をする食糧営団の所長の語ったという話が明かされた。三月十日以前に本所区内の一日の主食の消費量は、米に換算して一千二百二十三俵だった。現在、三月下旬になって、わずか一割に減ってしまい、一日に百二十八俵だ[182]。本所区の人口は十六万人から一万数千人に減ってしまったというのだ。焼け死んだか、家を焼かれてよそへ移ってしまったのだ。区内の人口が減少した二位が深川区であり、一千四十六俵から百九十九俵に減ってしまった。

学寮本部で教師たちの話し合いはつづいた。子供の親はどれだけ死んだのだろうか。その死が確認できたあと、親類が子供を引き取りにくるのは、どれほどの数だろう。命拾いをした親がよそへ移り、子供を引き取りにくるのは何人ぐらいだろう。学寮の子供の数は四分の一から五分の一に減ってしまうのだろうか。それとも半分ぐらいにとどまるのか。

再疎開になるという話が飛び込んできたのは、学寮の教員たちが、この疎開学園はどんなかたちに変わってしまうのだろうかと考え込んでいたさなかだった。九十九里浜沿岸に学寮のある緑、茅場、菊川、二葉の四校は岩手県に再疎開になると告げられた。どうして岩手まで行かねばならないのか。同じ千葉県内のほかの地域へ移ればすむことではないかと二葉や緑の教師たちが異議を唱えた。

そこへまたべつの情報が入った。二月二十五日のことに戻るが、君津《きみつ》郡の小糸村にある寺が敵機に焼かれた。朝には艦載機が関東一帯を襲い、午後には雪のなかをB29が東京神田を爆撃した日のことだ。敵パイロットの無意味な攻撃の犠牲となった長谷寺という寺院は、中和国民学校の十二の学寮のひとつだった。

無事難をのがれ、ほかの学寮に分宿した四年生の四十人は、このあと同じ君津郡のほかの村へ移ることができるとだれもが思っていた。ところが、中和国民学校の校長は千葉県防空本部の責任者に呼ばれ、近く岩手県へ再疎開してもらわねばならないと言われた。そして、これはまだ秘密の話だがと前置きされ、太平洋岸の海上郡や長生郡だけでなく、東京湾沿岸の君津郡や市原郡にある学寮もすべてよそへ移ることになっていると告げられた。この話がほかの学校の教員たちに伝わったのである。

千葉郡から安房郡までの学寮の教員たちは溜息をついた。親を失い、姉妹を失い、あるいは家を失った子供たちはこのうえ、さらに辛い目にあうのか。

ところで、東京都では中等学校の入学試験は三月二十日の予定だった。だが、三月十日未明の空襲はこれも変えてしまった。試験はおこなわないことになった。入学手続きは国民学校からの報告書の審査だけとなった。どこの中等学校も一学級を六十人に増やすように命じられていたし、受験生のなかには縁故疎開で東京を離れる者も多かったから、無試験で志願者全員を合格させてよい状況となっていたのである。

こうして学校は六年生の進学の心配をする必要はなくなった。あとは卒業式だったが、三月十五日の授業停止の指示に従い、卒業式は無理には開かないことになり、保護者は出席させない、来賓を呼ばないことになった。六年生は疎開地で卒業式と同じような退園式と送別会をやったのだから、卒業証書を渡すだけでいいではないかといった空気となったのである。

しかも、空襲を受けた東京下町では、学校は焼けてしまい、六年生はちりぢりとなり、卒業式を開くためには、教員が手分けして探して歩き、それこそ駅に貼り紙でもしなければならない。東京だけではなかった。敵は三月十日未明の空襲の成功に味をしめ、夜間の都市焼夷弾攻撃をつづけ、名古屋を二回、大阪、神戸を一回ずつ襲ってきた。これらの都市の中心部が焼かれてしまい、卒業式を開くことができなくなってしまった国民学校が数多くあった。

東京では三月二十四日の土曜日に卒業式をおこなおうとした学校が多かった。午前八時五十分に関東地方に警戒警報がでた。まだ家にいた六年生は学校に行かなかったし、すでに学校に来ていた六年生は家へ帰った。警戒警報が午前十時に解除になったあと、午前十一時にあわてて卒業式をおこなった学校もあった。だが、式を開くことができないまま、それっきりとなってしまい、渡しそびれた卒業証書が校長室の金庫に入ったままといった学校も多い。

そしてどこの学校も集団疎開の学童を一日も早く出発させようとして、その準備に忙しい。そういえば、旅館を東京都に借りあげてもらうといったキャンペーンに取り組む余裕はまったくない。

帰郷する女生徒、残留する女生徒

逗子沼間の第四寄宿舎の卒業式は三月二十九日の午前中におこなわれた。

前日は久木工場の女生徒たちの仕事は昼までで、午後から卒業式の式場となる食堂の飾り付けをした。ピアノを借りてこようということで、第一高女の生徒は逗子国民学校の沼間分教場のピアノをリヤカーで運んだのだが、その重いのに音《ね》をあげた。

工廠の幹部が挨拶し、白石高女の松井清作校長が各学校の代表に卒業証書を渡した。昨年十一月二日に第一高女講堂でおこなわれた壮行式で「海ゆかば」を歌ったときに、そこここですすり泣きの声が起きたことは前に述べたが、今度は卒業生たちは身動きひとつせず、うるんだ目をじっと前に向け、ふたたび「海ゆかば」を合唱したのだった。

さて、卒業式が終わって、各女学校の教師たちはこのさきやらねばならないことに頭を痛め、卒業生たちはいったい自分はどうなるのだろうかと気が気ではなかった。各学校の教員たちは互いに相談することはなかったが、卒業生を帰郷させたいと考えていた。全員を引き揚げさせたい。それが無理なら半分を帰郷させたい。三分の一を残すだけにしたい。だが、そうなれば、残る者と帰る者を選ばなければならない。そして生徒たちもこうした気配をかぎとり、不安だったのである。

落ち着いていたのは宮城第一高女の教師と生徒たちだった。上級学校への進学者が残り、ほかの卒業生は帰る。全体の半分が逗子に残るのだから、工場側にさほどの文句を言われることはあるまいと教師は考えていた。

宮城第一高女はなんといっても東北きっての名門校であり、今年は進学者が少ないといっても、六十人ほどもいる。これだけの人数が残るのであれば、残る者も淋しいことはあるまいと教師は思った。そして沼間に残ることになっている上級学校進学者たちは、六月までのことだ、我慢しなければと思っている。

だが、進学者が十人、五人といった学校では、教師は頭をかかえた。全体の半分、せめて三分の一をこちらに残さねば、まずいだろう。逗子行きを決めるときには抽選に頼ったが、こんどは抽選というわけにはいかない。学校側が決めねばならないと教師は思って気が重かった。こうなれば全員引き揚げるしかないと覚悟を決めた学校もあった。

ところで、卒業生は半分が残ればよい、三分の一が残っただけでよいといった決まりはどこにもなかった。帰郷できるのは、前にも触れたとおり、国民学校の助教になる者、農業要員、保健婦養成所に入る者だけだった。そのほかの卒業生は同じ工場で継続して働くというのが、昨十九年十二月一日の閣議で決めた「新規中等学校卒業者ノ勤労動員継続ニ関スル措置要綱」の規定だった[183]。だが、この規定には職場の配置転換を認めるといった条項があった。この条項を頼りに、学校側は卒業生の三分の二を帰郷させたい、せめて半分を帰したいと考えたのである。

沼間だけのことではない。この三月末に卒業する寮生活の女生徒たちは群馬県の太田から北九州までの数多くの工場にいる。そして各女学校の校長と教員はこれらの工場で働く卒業者をできるだけ多く帰郷させようと考えている。

どうしてどこの女学校もこんな具合に考えたのか。これを語る前に、べつの話をしなければならない。宮城第一高女の上級学校の進学者が六月まで沼間にとどまる覚悟だとは前に述べた。上級学校の進学者が昭和二十年六月まで現在の工場で働くといった決まりは、これも昨年十二月の要綱のなかにある。

じつをいえば、この規定は半年あとの昭和二十年六月にはおおかたの工場が大量の余剰人員をかかえることになることを予測して決めたものだった。

もういちど振り返ってみよう。昨年十一月から横須賀海軍工廠で働きはじめた宮城県の女生徒、あるいはこの二月に川崎の東京航空計器の工場で働くことになった水沢高女のような例もあるが、多くの中等学校の生徒が働きはじめたのは、昨年の七月から八月にかけてだった。

大増産のために中等学校の生徒を動員するといったことではなかった。これも前に述べたことだが、昭和十九年中に満二十歳と満十九歳の男子百十万人を陸海軍に徴集することになって、この大きな穴を埋めようとしてのことだった。

昨年十月には中等学校の男子生徒五十九万人、女子生徒四十四万人が働くことになった。大学、高等学校、専門学校の学生も工場と農村に動員されたが、同じときにその数は十二万人にすぎず、このうちの十万人の男子学生は陸海軍に入営、入隊するまでのわずかな期間、働くだけだった。国民学校の高等科の児童も動員され、その数は多かったが、かれらは学校周辺の中小工場と農村で働いていた。こうして中等学校の生徒が軍需生産をになう中心的存在となったのである。

さて、昨年十一月のことだったのであろう。文部省、軍需省、陸海両省の担当官が協議し、中等学校の四年生と五年生が来年三月にいっきょに卒業してしまう問題について検討した。四年生と五年生が来年四月に上級学校に進学しても、来年五月にはまたべつの工場へ派遣されることになる。女学校の生徒が卒業して工場をやめても、遊んでいることは許されないから、すぐに軍機関や工場で働くことになる。

せっかくハンダ鏝《ごて》を扱うことができるようになった女生徒や鋲打ち作業に習熟した中学生を来年三月でやめさせ、べつの職場でべつの仕事をさせるというのは、あまりにばかげている。

議論はこんなふうにつづいて、来年三月のあとも、中等学校の卒業生を同じ職場で継続して働かせるべきだという結論になったのであろう。問題は上級学校進学者をどうするかということだ。入学の時期を先延ばしにするしかなかった。いつにするかといった議論になって、来年十二月と説くことなく、来年九月とも主張せず、来年六月でいいと言ったのは、軍需省の課長だったのではなかったか。

文部省の課長はなんだ三カ月遅らせるだけでいいのかと、ほっとすると同時に、たった三カ月でいいのかと尋ねたのかもしれない。これにたいして、軍需省の課長は来年の六月まででいいのだと繰り返し語ったのであろう。そして陸海軍の課長たちの顔を見やって、かれらの同意を求めたのではなかったか。

昭和十九年十一月のそのときには、それから半年あとのことは、はっきりとはわからないものの、おおよその見当がつく人はいたのである。二年前、三年前とはまったくちがった。昭和十六年十一月のはじめにはどうであったか。このときは近衛首相とルーズベルト大統領とのあいだの日米首脳会談が開かれるという噂がもっぱらだった。そして半年あとのことはまるっきり見当がつかなかった。昭和十七年十一月にはガダルカナル島でわが増援部隊が戦い、周辺水域では海戦がつづいていた。それから半年あとのことは霧のなかだった。そしてギルバート諸島のマキン、タラワの守備隊が全滅した昭和十八年十一月、このときも半年さきのことは皆目わからなかった。

ところが、昨十九年十一月には、軍需省の幹部であれば、六カ月さきのことはだいたいわかった。日本は巨大な敵の手にぎゅっと締めつけられ、容赦なく窒息させられようとしていた。西樺太、そして華北からの石炭の輸送はやめていた。タラカン、ミリの原油を徳山、岩国に運ぶことはできなくなっていた。ビンタン島のボーキサイトを清水に輸送することは、とっくに断念していた。海南島の鉄鉱石を八幡に運ぶこともずっと前に諦めていた。十月には敵軍がフィリピンの一角にとりついてしまったから、護衛部隊を伴っての輸送船団が南シナ海を突破する企ても、もはや不可能となっていた。

日本海を結ぶ輸送ルートがただひとつ残っているが、輸送船の数は減りつづけ、来年四月、五月になれば、食糧を優先輸送するしかないということになり、満洲の大豆と高粱、塩を運ぶだけになってしまうだろう。

だれもが知る数字ではないが、航空機の発動機の月間生産数字こそ、ときどきの日本の国力、戦力をはっきりと示す指標である。三菱の名古屋発動機製作所と静岡発動機製作所の発動機の生産数の合計は、昨年の八月、九月がそれぞれ一千七百基と最高だった。ところが、十月が一千五百基、十一月はさらに一千三百基か一千二百基になろうとしていた。(184)

そこで空襲のあるなしにかかわらず、来年半ばにはあらかたの工場は在庫部品と在庫資材だけが頼りとなってしまうだろう。船体はできても、艤装はいっこうに進まず、飛行機の機体はできても、発動機をとりつけることができなくなる。戦いはいよいよ望みのない段階となる。

軍需省の課長はこんな予測をたて、来年六月になれば、工場の生産能力は三分の一、四分の一以下に落ちてしまうだろうから、動員学徒の主力となっている進学予定者のすべてがそのときにやめてしまっても、もはやどうということはないと考えたのであろう。

陸海軍の担当官の見通しもこれと同じだったのであろう。こうして上級学校に進学した者は来年六月までいまの工場で働いてもらうことでいいと正式に決めることになったのである。

ところで、陸海軍、軍需省、文部省の担当官が集まって、このような取り決めをした昨年十一月の段階で、どこの工場でも、人びとは自分の職場の生産が落ちはじめたことを知っていた。素材の搬入がとまり、部品が不揃いになり、スケジュールは狂いっぱなしになりつつあった。

こうしたことは前に述べたし、つぎに記すことも前に触れたことだが、もういちど述べよう。同じ十一月、久木工場で働くようになった宮城第一高女の生徒たちは、高角砲弾の生産量が減りだしていることは知らなかったであろうが、忙しい日があっても、それが毎日つづくことがないのに気づいた。本来の仕事とはちがった仕事をさせられるのが、やるべき仕事がないからだということを知ることになった。

昼夜二交代で働く女生徒たちのいる工場がないわけではない。仕事が終わらず、残業をしている女生徒もいる。だが、あらかたの工場で人がだぶつくようになっている。この過剰人員がさらに増える原因となり、その過剰人員が増えていくのをごまかすことになったのが、昨年十一月下旬からの敵の空襲である。

家族を疎開させるといったことを理由に、休む者がでてきた。空襲のために部品が届かないから、リュックサックを肩にした者が部品工場や協力工場へでかけるのは、飛行機製造工場でも、造船工場でもごくごく当たり前のこととなっている。防空壕掘りが従業員の仕事となり、工場疎開がはじまって、班長や組長が疎開地の調査へでかけ、かれらの部下が疎開地と工場とのあいだを往復するようになっている。そして家が焼けてしまって、休む者がではじめている。

多くの工場がこんな状況となっている。女生徒たちの労働力に全面的に依存してつくった風船爆弾のような大規模な兵器開発計画はもはやない。むろん、そんな大車輪の生産が現在もつづいているのであれば、卒業生を帰郷させようと不埒なことを考える教師はどこにもいない。沼間にもいない。

五十人の女生徒がいなくなっても、生産に支障をきたすことはありえない。そして一方で娘を地元に疎開してきた軍機関か工場に就職させるから故郷へ戻してほしいと説く父兄の要望がある。こうして女学校の校長と教員たちは、卒業する女生徒を引き揚げさせていいのではないのか、三分の二から半分を帰郷させてかまわないだろうと思うようになっているのである。

沼間の卒業式の翌日、宮城第一高女の生徒は午前四時に起きた。進学しない十八人が帰ることになった。学校側ははじめは工場と交渉する考えだった。ところが、登米高女の四十数人が三月二十三日に黙って引き揚げてしまった。第一高女の教師は工場の主任と交渉しても、ずるずると引き延ばされるかもしれないと思い直し、そのあとめんどうなことが起きていない気配の登米高女のやり方をまねることにした。

沼間に残ることになっている進学予定の者が逗子駅まで大八車《だいはちぐるま》で帰る者の荷物を運んだ。帰ることになった者たちは、嬉しいというよりも、うしろめたいという気持ちのほうが大きかった。工場のだれにも挨拶しないで、こんな夜逃げのようなことをしていいのだろうかと思い、彼女たちの声はとぎれがちだった。

その翌日には石巻高女の生徒が朝から荷づくりで忙しかった。夜になって五十人近くが寮をでた。上級学校への進学者が七、八人いたが、たったこれだけの者を残すのはかわいそうだと教師は思い、全員の引き揚げとなったのだった。

今日、四月十五日は日曜日だから、沼間の第五寄宿舎の女生徒たちは寮にいる。ちょろちょろとしか水のでない洗い場で洗濯をしている娘がいる。刷毛ではいたように薄く色が変わってきた雑木林の裏山へ上ろうとしている娘たちがいる。一月、二月にはいつも姿を見せていた富士山は雲におおわれるようになってしまったが、以前よりも多くの花が彼女たちに喜びと刺激を与えてくれる。

寮のだれもが朝食のあとに大掃除をし、押入れを片づけた。空き瓶に山桜の花をさして飾った部屋もある。新しい工廠長の巡視があると告げられてのことだったが、工廠長は寮の入口から中をのぞいただけだった。

沼間から全員が引き揚げてしまった学校があり、半分以下の数に減ってしまった学校があり、すっかり淋しくなった第五寄宿舎だが、福島高女の女生徒たちは最初と変わりなく二百五十人近くがいる。四年生になったばかりだから、彼女たちは来年三月までここで働く覚悟を決めている。

彼女たちはすべて沼間にいるといったが、じつは三班の七十余人が福島へ帰っている。最初に一班が帰った。往復一週間の帰郷だった。つぎに二班が帰郷した。ところが、教師が間違えて五日間の帰省と届けをだしてしまったから、二班の女生徒が家にいることができたのは三日間だった。彼女たちの怒りはすさまじかった。

最後に第三班が逗子を出発した。四月七日のことだった。第三班も五日間の一時帰省とされてしまっていたから、沼間に戻ってくるのは四月十三日のはずだった。戻ってこなかった。昨日、そして今日も戻ってこない。

ずるい、身勝手だ、帰ってきてもぜったいに口をきかない、なにかもらったりしてはだめよと寮に残っている者たちが息巻いている。もしかしたら、三班は帰ってこないのではないかとだれかが言った。宮城県の女学校のなかには、卒業式のための帰省という名目で三月末に沼間を離れ、それっきり戻ってこない学校があるらしい。急に不安になって、だれもが黙り込んだ。

怒っているといえば、石巻実科女学校の女生徒たちも怒っている。彼女たちは水雷部の田浦工場で働いてきている。ハンマーとタガネを握り、男と同じ仕事をしているのが彼女たちの誇りである。

卒業式が終わってあとのことだ。百五十余人のうち、残留する者と帰郷する者の名前を教師が読みあげた。残されることになった八十余人がびっくりし、選り分けの方法が不明朗だと口々に言った[185]。そしてそのすぐあとの三月三十一日、同じ石巻市の石巻高女の全員が帰ってしまい、真っ暗な部屋になってしまった。石巻実科女学校の残留組は声をあげて泣きたい気持ちだった。

田浦工場から沼間への帰り、彼女たちのひとり、体つきのしっかりした大柄な娘がうしろから走ってきたトラックに両手をひろげた。沼間の女生徒たちはトラックに乗せてもらってはいけないと教師に厳しく言われてきた。田浦と逗子を結ぶ道路を走るのはすべて海軍のトラックであり、乗せてもらったら楽なのにとだれも思ってきたのだが、このお達しがあるため、トラックの運転手に声をかけられても、彼女たちはだめと手を振ったのだった。

とまったトラックの荷台に彼女たちは乗り込んだ。トラックが走りだした。彼女たちになにか言っている教師に背を向け、びっくりしているほかの女学校の生徒たちには目もくれず、互いの肩を押さえ、大きな揺れに堪えながら、彼女たちは「比島決戦の歌」を歌いだした。教師の叱責もものかは、彼女たちはこのような解放感のひとときを楽しむようになっている。

宮城第一高女の寮には活気が戻っている。三月三十日に十六人が無断帰郷してしまったあと、工場の人にあれこれ小言を言われたが、それっきり下火となり、皆はほっとしている。仙台に帰っただれが東北軍管区司令部に就職した、なにさんが幼年学校に勤めるようになったというニュースも入った。

そして三期校をうけるために三月十九日に逗子を出発した二十四人が二日前の四月十三日に戻ってきた。試験はとっくに終わったはずなのに、いつまでも仙台にいるつもりなのかと寮にいる者は不平たらたらだったが、彼女たちが戻ってきて、総勢六十人を超し、職場も寮も明かりがついたようににぎやかとなっている。

残っていた者は帰ってきた者から仙台の話を聞いている。浜田照子が学校へ行ったときの話をした。見たことのない女の子の一隊が一女のバッジをつけ、胸を張って歩いているのを見て、新入生なのだと気がつき、私たちは沼間の卒業式にはでられず、学校の卒業式にもでることはなく、まだ一女の生徒のつもりでいたから、大きなショックだったと語った。皆がうなずいている。

佐藤昭子、鈴木桂子、篠塚恵美子の三人は嬉しい。教師から夕刻五時半に出発と言われた。二期校、三期校の受験生は仙台へ帰ることができたが、女高師、女子大を受験した者は帰郷の機会がなかった。四月七日になって、一時帰省させると言われた。昨日、四月十四日に出発の予定だったが、十三日夜の空襲で常磐線が不通になり、一日延期となったのだった。

二週間の帰省だから、仙台にいることができるのは四月二十八日までねと彼女たちは語り、上野をでるまで空襲がなければいいねと話し合った。

夜になって、午後九時半、警戒警報のサイレンが鳴り響き、十時すぎ、サイレンが断続的に鳴りだした。寝てしまう前でよかったと沼間の寮の娘たちは思った。昨夜は午前一時前にサイレンで起こされたが、警戒警報だけだった。東京への大空襲があったのは一昨夜であり、彼女たちは十一時すこし前に起こされたのだった。

当番の金切り声が聞こえてきた。「先頭は京浜地区に侵入、そのあとに十数目標あり」一昨夜と同様、月はなく、外にでても真っ暗である。布鞄を肩にかけ、毛布をかついだ娘たちは、今夜もまた山の向こうの空がピンクに染まるのだろうか、そして長い夜のあいだ、天井でじっと動かないゲジゲジをおそるおそる見あげねばならないのかと思いながら、壕へ向かう。

（第5巻、了）

引用出典及び註

(1) 特に重要と思われるものについてのみ出典を明記した。
(2) 引用中の旧仮名は新仮名に改めた。また読みやすさを考慮し、表記を改めたり、言葉を補ったりした場合がある。
(3) 「木戸幸一日記」「天羽英二日記」等、文中で出典が明らかなものは、初出のみ採用した。
(4) 同一資料が二度以上出てくる場合は、発行所及び発行年度は初出だけにとどめた。

第18章　女学生の勤労動員と学童疎開

(1) 「旧制高等学校全書　第八巻」旧制高等学校資料保存会刊行部　昭六〇　四六六―九頁
(2) 高橋保〈歌えぬ『海ゆかば』〉「日本経済新聞」昭五三・三・二
(3) 藤永寿〈故平柳育郎大尉とその家族〉「水交」昭六〇・九月号　一二―三頁
(4) 「朝日新聞」昭一八・一・一四
(5) 「横須賀海軍工廠外史」横須賀海軍工廠会　平二　五二五頁
(6) 福井静夫「日本の軍艦」出版協同社　昭三一　一三三頁
(7) 前田龍男〈私の海軍時代〉「続・造船官の記録」今日の話題社　平三　六二―三頁
(8) 橋本隆年〈海軍生活三年間の駆け足日記〉「続・造船官の記録」二九八頁
(9) 福島県立福島高等女学校第四十三回卒業　藍の会編「敷島の海いまなお藍く」昭六一　二八―二九頁
(10) 「海鳴りの響きは遠く」宮城県第一高女四七回生学徒勤労動員記録集編集委員会　昭五六　六

二頁
(11) J・F・エンライトほか「『信濃！』」光人社　平二　一〇八頁
(12) 岸上治〈連合艦隊旗艦「大淀」〉「滄溟」海軍経理学校補修学生第十期文集刊行委員会　昭五八　四二二頁
(13) 畠友子〈今は濾過されて懐かしいばかりだが〉「敷島の海いまなお藍く」八五頁
(14) 「娘たちのネービー・ブルー」宮城県石巻高等女学校　昭和二十年卒業生横須賀白梅隊　昭六二　八四頁
(15) 「けんてつの歩み五十年」日本建鉄株式会社　昭四五　二三二頁
(16) 近藤武一〈三菱航空発動機は長崎造船の技術で出来た〉「往事茫々　第三巻」菱光会　昭四六　五九頁
(17) 「昭和二十年　第2巻」一五〇頁
(18) 「三菱銀行史」昭二九　三六一頁
(19) 「日本国有鉄道百年史8」昭四六　三七一頁
(20) 「昭和二十年　第2巻」一五八―六一頁
(21) 「千葉県史　大正昭和篇」昭四二　七九九頁
(22) 「小田急五十年史」昭五五　一九六頁
(23) 「清水市史」昭六一　四七〇頁
(24) 「宇都宮市史　別巻」昭五六　二一五頁
(25) 「臨時バス30年のあゆみ」川崎鶴見臨港バス株式会社　昭四一　八五頁
(26) 総理府統計局「昭和19年人口調査集計結果摘要」日本統計協会　昭五二　三五五頁
(27) 「昭和二十年　第2巻」一三五頁

(28)総理府統計局「昭和19年人口調査集計結果摘要」三四〇頁
(29)総理府統計局「昭和19年人口調査集計結果摘要」三三六頁
(30)伊藤昇「昭和の戦乱に終始した一将校の老廃までの歩み」私家版　昭五四　一四七頁
(31)アルバート・シュペール「ナチス狂気の内幕」読売新聞社　昭四五　二三三頁
(32)ロジャー・A・フリーマン「万能戦闘機P51ムスタング」講談社　昭五九　一八三頁
(33)ニコラス・モンサラット「非情の海」フジ出版社　昭四二　三一二―三頁
(34)ジョン・コルヴィル「ダウニング街日記　下」平凡社　平二　三二三頁
(35)重松二郎〈戦中戦後小史〉「滄溟」一一八一頁
(36)山本博〈軍令部第二部夏草記〉「破竹　海軍経理学校　第八期補修学生の記録」永末書店　昭四七　八九六頁
(37)「資生堂百年史」昭四七　二八〇頁
(38)「昭和二十年　第1巻」一〇一頁
(39)中牟田研市「情報士官の回想」朝日ソノラマ　昭六〇　二四九頁
(40)荒川秀俊「お天気日本史」文藝春秋　昭四五　六二―三頁
(41)北里又郎〈一二八研究経緯〉「相模海軍工廠」相模海軍工廠刊行会　昭五九　一四九頁
(42)草場季喜〈風船爆弾と決戦兵器〉日本兵器工業会編「陸戦兵器総覧」図書出版社　昭五一　五三一頁
(43)「創立五十年史」神奈川県立平塚江南高等学校　昭四八　七二頁
(44)鳥潟博敏・山田惟義〈防空気球・防空凧〉「相模海軍工廠」一四一頁
(45)鈴木静江〈つらくて懐かしい思い出〉「花もつぼみの相模海軍工廠勤労学徒の回顧録」相廠学友会事務局　平一　一四一頁

(46) 鳥潟博敏〈野外実験の思い出〉「相模海軍工廠」一四七頁
(47) 北里又郎〈日本海軍に於ける化学戦関係概要〉「相模海軍工廠」三九頁
(48) 「日本冷凍史」日本冷凍協会　昭五〇　五〇四頁
(49) 高田貞治〈風船爆弾Ⅰ〉「自然」中央公論社　昭二六・一月号　二八頁
(50) 「戦史叢書　大本営海軍部・連合艦隊(6)」朝雲新聞社　昭四六　三七頁
(51) 高田貞治〈風船爆弾Ⅱ〉「自然」中央公論社　昭二六・二月号　四四頁
(52) New York Times, Jury 7, 1944, p.8
(53) 「続・現代史資料4　陸軍畑俊六日記」みすず書房　昭五八　四七八頁
(54) 小池栄二〈海軍の研究生活〉「相模海軍工廠」一七五頁
(55) 「呉羽紡績30年」昭三五　九四頁
(56) 北里又郎〈日本海軍に於ける化学戦関係概要〉「相模海軍工廠」四一頁
(57) 日本兵器工業会編「陸戦兵器総覧」五三〇頁
(58) 粟屋憲太郎〈志那事変に於ける化学戦例証集〉「歴史と人物　増刊」昭五五　三七八頁
(59) 半藤一利氏は「もう一つの聖断」(文藝春秋　増刊「昭和の瞬間」昭六三) のなかでつぎのように述べている。

「九月二十六日、『富号』兵器による米本土攻撃を任務とする気球部隊の編成は終った。部隊は参謀総長の機密直属部隊となった。そして十一月三日の明治節をもって攻撃開始、という作戦計画も確定する。

きまっていないのは細菌爆弾を搭載するか否か、という梅津の決断だけとなった。

『しかしね、結局のところ、細菌爆弾は使わないと決定したのは、大元帥陛下のご意向だったのですよ』

と元参謀のその人はいった。

直属の部下から追いたてられ、報復を恐れ、最後まで悩みに悩んだ梅津は、いよいよ『富号試験』の実施を奏上したとき、細菌爆弾についても一言つけ加えざるをえなかった。十月二十五日午前のことという。大元帥は作戦の実施についてはこれを裁可した。しかし、細菌爆弾については……。

『イエスともノウとも一言もなく部屋を出られた、とあとで聞きましたな。お返事のないのは、つまりご不満、というよりノウということ、そうきまっていました。宮中から帰ってきた梅津さんが、肩で息をつきながら苦しそうに、陛下のお許しがなかった、と一言いわれたのを憶えています』

のちに侍従武官を通して、陸軍中央に天皇の意向が伝えられた。

『殺戮用細菌は使用してはならない。国際信義は大切にしたい』と。

しかし、天皇の意思がどうあろうと、勝つために最大の努力を尽すのは当然、断乎使用すべしとの硬論が、なおもしばらく作戦課内に渦を巻いていたという。

そして陸軍の総意として、細菌爆弾の不使用がきまったのは、十一月三日『富号試験』開始の日の午前だったという。この朝、梅津は、総理大臣小磯国昭大将、陸軍大臣杉山元元帥と会い、細菌爆弾は使わないことにするとはっきりといった。小磯も杉山も黙ってうなずいた。

『陛下はそれを使用することをお喜びになっておらんと漏れうけたまわった』と杉山がポツンといった。(鈴木俊平氏の作品による)」

半藤氏に語った元参謀は、参謀総長の梅津が天皇に向かって、細菌搭載の裁可を求めたと述べるのだが、はたしてこれは事実だったのであろうか。

元参謀氏、そしてだれもがすっかり忘れてしまっているのは、陸軍が生物戦をおこなおうとするのであれば、海軍と折衝しなければならず、その賛成が必要だったということである。

陸軍と海軍は自己の裁量でそれぞれの戦いをおこない、互いのあいだの協力が欠けていたことはまぎれもない事実であった。だが、陸軍が細菌戦の是非を海軍と協議することのないまま、天皇に細菌戦敢行の裁可を求めたというのは正しくあるまい。

本書で述べたとおり、アメリカ本土への細菌戦はアメリカによる毒ガス戦の報復をひき起こし、こちらの主戦線全滅がたちまち潰滅してしまうことは、陸海軍幹部のすべてが予測していたことなのである。

そこで陸海軍の幹部はこの作戦の是非を討議したことは間違いない。そしてその経緯は、陸軍が細菌戦を主唱し、海軍がそれに反対したという形をとったのではなく、本書のなかで記したとおり、海軍が細菌戦の問題をとりあげ、これに反対だと言い、陸軍幹部がうなずいたのだと私は推測している。

昭和十九年七月に陸軍が毒ガスの製造を中止したとき、毒ガス戦はもちろんのこと、細菌戦をおこなうことを陸軍首脳は断念したのだと私は思っている。

なお半藤氏が引用した鈴木俊平氏の文章は、「風船爆弾」（新潮社　昭五五）のなかの一節である。つぎに掲げる。

「放球の号令が新たに発せられたのは十一月七日未明だった。……（引用者の省略）

その日の午前、梅津参謀長は小磯総理、杉山陸相と会い、『ふ』号攻撃開始を天皇に奏上する手順を整えた。細菌弾を装備させることは簡単だが、梅津は使用に反対だと先廻りするように述べ、小磯も杉山も黙って頷いた。

『陛下も殺戮用細菌の使用はお喜びにならられておらんと洩れうけたまわった』

と、杉山が呟いた。」

鈴木氏のこの作品はよく調べて書いているが、この一節のすべては作者のまったくの想像を筆にしたものであろう。

(60)「戦史叢書　大本営陸軍部(9)」昭五〇　七四頁
(61)北里又郎〈二二八研究経緯〉「相模海軍工廠」一五五頁
(62)「木曾川町史」昭五六　七九二頁
(63)「創立九十年史」伊勢原町立伊勢原小学校　昭三七　三一頁
(64)「福島県教育史　第三巻」昭四八　三三三頁
(65)「大和紡績30年史」昭四六　二五一頁
(66)「回顧六十五年」倉敷紡績株式会社　昭二八　五八一頁
(67)「日清紡績六十年史」昭四四　五四二頁
(68)小林良生〈身の回りの紙文化27〉「くらしと紙」平三・十月号　八頁
(69)清水泉編著「土佐紙業史」高知県和紙協同組合連合会　昭三一　二四六頁
(70)「三菱製紙七十年史」昭四五　四九三頁
(71)石塚和子〈風船爆弾製造の憶い出〉「槇の木陰　小田原高女　城内高校ものがたり」昭五八　一〇六―七頁
(72)「山口県立山口中央高等学校百年史」平二　五一四頁
(73)船津静代〈なめし作業〉林えいだい編著「写真記録風船爆弾」あらき書店　昭六〇　一五三頁
(74)服部卓四郎「大東亜戦争全史」原書房　昭四〇　七六一頁
(75)草場季喜〈風船爆弾による米本土攻撃〉「陸戦兵器総覧」五四四頁
(76)「昭和二十年　第1巻」一四八―五〇頁
(77)「戦史叢書　大本営海軍部・連合艦隊(5)」昭四九　二一二頁

(78) 佐藤賢了「佐藤賢了の証言」芙蓉書房　昭五一　三三五頁
(79)「姫路市立琴丘高等学校50年史」昭三八　七四頁
(80)「昭和二十年　第2巻」一五二―五四頁
(81) Stephen W. Sears, ed., Eyewitness to World War II (Houghton Mifflin, 1991) pp. 200-202
(82) 内山鉄男〈特攻艇〉「陸戦兵器総覧」五〇一頁
(83)「戦史叢書　陸軍航空の軍備と運用(3)」昭五一　二六六頁
(84) 近藤次郎〈特殊兵器㋘〉「へるめす」岩波書店　平五・一月号　一一〇―一頁
(85) 近藤次郎〈特殊兵器㋘〉「へるめす」一一四頁
(86)「戦史叢書　大本営陸軍部(9)」七四頁
(87)「大宮市史　第四巻」昭五七　四二四頁
(88)「相模原市史　第四巻」昭四六　五八六頁
(89) 内山鉄男〈特攻艇〉「陸戦兵器総覧」五〇四―六頁
(90) 今岡和彦「東京大学第二工学部」講談社　昭六二　一四七―九頁
(91) のちに糸川英夫氏はつぎのように述べている。
「昭和十八年頃に戦局が危うくなって、軍から特攻隊用の飛行機をつくってくれという依頼があった。陸軍参謀本部と、海軍軍令部の両方からきたが、私はノーと返事しました。特攻機に人間を乗せて攻撃に向かっても、途中で撃ち落とされる可能性が強く、ただ人間の犠牲を増やすだけです。それよりは、エレクトロニクス技術を使って、向こうの艦船が出す赤外線をキャッチし、そこに誘導してやって命中させる爆弾をつくれば効果的ではないか。いまのミサイルと原理的にはまったく同じものだが、当時は誘導弾と呼んでいました。目標がアメリカの第五十八機動部隊二百隻とすれば、誘導弾を二百個つくれば全滅できるわけです。そう話したところ、それでいこうということになって、糸川のイをとってイ号爆弾と名付け開発に入ったわけです。私が知っている範囲で、本当に戦争にかかわった第二工学部の戦時研究は、この糸川研究所のイ号爆弾と、高木昇さん（電子工学科教授）がやっておられた高性能レーダーの研究の二つではないかと思う。高木さんは、ぶどうからある物質を取り出し、それをいまでいう水晶発振器（クオーツ）に使って安定した電波を出すようにして、高性能のレーダーをつくろうということで、山梨県の勝沼に研究部隊を連れていって熱心に研究していました。

私の研究には、戦後、アメリカさんが非常に興味を持って、ずいぶん調べにきましたよ。だけど、書類も現物も焼いてしまって、何も残っていない。イ号のことを話してくれと頼まれても、ちょっと困るわけです。この誘導弾については、私自身、いままでどこにも書いていません。……」（今岡和彦「東京大学第二工学部」一四八頁）

(92)「戦史叢書　大本営陸軍部(9)」三四三頁
(93)「帝人の歩み　第四巻」昭四四　七二―三頁
(94)横越英一〈八幡監督官事務所〉「滄溟」一九一頁
(95)「昭和二十年　第2巻」二〇四頁
(96)「戦史叢書　大本営海軍部・連合艦隊(6)」三二七頁
(97)「昭和二十年　第1巻」一三三―四六頁
(98)「戦史叢書　大本営陸軍部(9)」七三頁
(99)近藤次郎〈特殊兵器㋘〉「へるめす」一一四―五頁
(100)「真鶴」真鶴町郷土を知る会　昭六〇・三月号　三二頁
(101)井上俊子〈学校工場〉「写真記録　風船爆弾」一五二頁
(102)高見沢連子〈風船爆弾〉山室静編「16歳の兵器工場」太平出版社　昭五〇　一五七―九頁

(103)「前橋女子高校六十年史　下巻」昭五五　一〇八頁
(104)高見沢幸子〈手記〉「写真記録　風船爆弾」七七頁
(105)「戦史叢書　大本営陸軍部(9)」三四一頁
(106)三野隆恵〈風船爆弾を指導して〉「純真　動員学徒の記」中村女子高等学校　昭六〇　四六頁
(107)「戦史叢書　大本営陸軍部(9)」四七六頁
(108)近藤次郎〈はるかなる雲の彼方に〉「東京新聞」平四・八・一四
(109)参謀本部戦争指導班〈大本営機密戦争日誌〉「歴史と人物」中央公論社　昭四六・一一月号二九〇頁
(110)船津静代〈なめし作業〉「写真記録　風船爆弾」一五四頁
(111)小林良生〈身の回りの紙文化27〉「くらしと紙」九頁
(112)高田貞治〈風船爆弾Ⅲ〉「自然」中央公論社　昭二六・三月号　七五頁
(113)儀同保〈リンガエン湾の火柱〉「歴史と人物」昭五四・八月号　七二―六頁
(114)「戦史叢書　大本営海軍部・連合艦隊(6)」三七頁
(115)「日本電気株式会社七十年史」昭四七　二〇八頁
(116)「梶井剛遺稿集」梶井剛追悼事業委員会　昭五四　一五三頁
(117)「朝日新聞」昭二〇・一・二五
(118)「朝日新聞」昭二〇・一・二七
(119)富塚清「ある科学者の戦中日記」中公新書　昭五一　六八頁
(120)富塚清「ある科学者の戦中日記」七七頁
(121)一色次郎「日本空襲記」文和書房　昭四七　三〇一頁
(122)徳川夢声「夢声戦争日記　六」中公文庫　昭五二　三五頁

(123)「昭和二十年　第2巻」一六一頁
(124)徳川夢声「夢声戦争日記　六」八四頁
(125)中村正吾「永田町一番地」ニュース社　昭二一　一五四―五頁
(126)一色次郎「日本空襲記」三〇一頁
(127)「福岡県百科事典　上巻」西日本新聞社　昭五七　七五九頁
(128)「岩国高等学校九十年史」昭四四　五六八頁
(129)「前橋女子高校六十年史　下巻」一〇八頁
(130)「三菱製紙七十年史」四九三頁
(131)「山口県立山口中央高等学校百年史」五一八頁
(132)武田英子「地図から消された島」ドメス出版　昭六二　一四六―五〇頁
(133)関周子〈「天頂」貼り〉「16歳の兵器工場」一七二頁
(134)刊行会編纂「国鉄の空襲被害記録」昭五一　三三頁
(135)「宮城県女子専門学校史」昭六一　一八九頁
(136)「富士重工業三十年史」昭五八　三九三頁
(137)「宮城県女子専門学校史」一八二頁
(138)「昭和二十年　第2巻」一六〇頁
(139)「東京大学医学部百年史」東京大学出版会　昭四二　二〇〇頁
(140)「京都府立医科大学百年史」昭四九　二〇七頁
(141)「福島県立医科大学史」昭六三　三四―六頁
(142)「札幌医科大学創立30年史」昭五〇　一四頁
(143)「海鳴りの響きは遠く」一七六頁

(144)「昭和二十年　第2巻」二八八―九一頁
(145)「こころに生きる六十日　東航学徒動員の記」水沢高等女学校第二十・二十一回卒業生　昭六一
(146)津村節子〈茜色の戦記〉「新潮」平四・十一月号　一五〇頁
(147)「福島県教育史　第三巻」福島県教育委員会　昭四八　一〇九四頁
(148)「東松山市の歴史　下巻」昭六一　三六八頁
(149)ベン・ウィックス「ぼくたちの戦争」ありえす書房　平四　九九―一二七頁
(150)「世田谷近・現代史」世田谷区役所　昭五一　九七〇頁
(151)陸戦史研究普及会「沖縄作戦」原書房　昭四三　八二頁
(152)「宮崎市史年表」宮崎市役所　昭四九　二二二頁
(153)大城立裕「対馬丸」理論社　昭五七　二四四―六五頁
(154)塩野入万作編「学園疎開の記録」私家版　昭四六　二六五―七頁
(155)久米井束「疎開の子と教師群像」創造社　昭四五　二四八―五六頁
(156)橋本芳雄編「東京都大田区学童の富山県集団疎開調査」昭四三　四四頁
(157)塩野入万作編「学童疎開の記録」一二七―八頁
(158)この冬の豪雪については「昭和二十年　第2巻」二一五―七頁を見よ
(159)塩野入万作編「学童疎開の記録」一三五―六頁
(160)「昭和二十年　第2巻」一五二頁
(161)堀七蔵編「東京女子高等師範学校　学童の疎開」私家版　昭四〇　五―六頁
(162)堀七蔵編「東京女子高等師範学校　学童の疎開」七―八頁
(163)「鎌倉教育史」鎌倉市教育委員会　昭五三　三三一―二頁
(164)「逸見百年」横須賀市立逸見小学校　昭四八　一六八頁

(165)「慶応義塾幼稚舎史日録」慶応義塾幼稚舎　昭四〇　三三四頁
(166)「慶応義塾幼稚舎史日録」三三四―五頁
(167)「福島市史　第四巻」福島市教育委員会　昭四九　五七二―八頁
(168)「福島市史　第三巻」昭四八　二三頁
(169)「新修北区史」昭四六　五三七頁
(170)「昭和二十年　第3巻」三六七―七六頁
(171)「豊岡市史　下巻」昭六二　五五六頁
(172)「相模原市史　第四巻」昭四六　七四四頁
(173)慶応義塾幼稚舎資料室所蔵「安東伸介日記」
(174)「慶応義塾幼稚舎史日録」三五四頁
(175)塩野入万作編「学童疎開の記録」二九四頁
(176)「学習院の百年」学習院　昭五三　八八頁
(177)「戦史叢書　本土決戦準備(1)」昭四六　一一七頁
(178)「昭和二十年　第2巻」一八一―二頁
(179)「昭和二十年　第4巻」一二一―三頁
(180)「東京都戦災史」東京都　昭二八　二四五頁
(181)「みどり60周年記念」東京都墨田区立緑小学校　昭四六　二一頁
(182)「東京都食糧営団史」食糧配給公団東京支局内営団史刊行会　昭二五　七七四頁
(183)「海鳴りの響きは遠く」二二三―四頁
(184)「昭和二十年　第2巻」一五六頁
(185)木村愛子〈すばらしき友、強き乙女〉「石巻市立女子高等学校六十年史」三四頁

*本書は、一九九四年に当社より刊行した著作を文庫化したものです。

草思社文庫

昭和二十年

第5巻 女学生の勤労動員と学童疎開

2015年6月8日　第1刷発行

著　者　鳥居　民
発行者　藤田　博
発行所　株式会社 草思社
〒160-0022　東京都新宿区新宿5-3-15
電話　03(4580)7680(編集)
　　　03(4580)7676(営業)
　　　http://www.soshisha.com/

本文組版　有限会社 一企画
本文印刷　株式会社 三陽社
付物印刷　日経印刷 株式会社
製本所　大口製本印刷 株式会社
本体表紙デザイン　間村俊一
1994, 2015 ©Fuyumiko Ikeda
ISBN978-4-7942-2136-0　Printed in Japan

鳥居民著　**昭和二十年**　シリーズ13巻

第1巻　重臣たちの動き

☆　1月1日～2月10日

米軍は比島を進撃、本土は空襲にさらされ、日本は風前の灯に。近衛、東条、木戸は正月をどう迎え、戦況をどう考えたか。

第2巻　崩壊の兆し

☆　2月13日～3月19日

三菱の航空機工場への空襲と工場疎開、降雪に苦しむ東北の石炭輸送、本土決戦への陸軍の会議、忍び寄る崩壊の兆しを描く。

第3巻　小磯内閣の倒壊

☆　3月20日～4月4日

内閣は繆斌工作をめぐり対立、倒閣へと向かう。マルクス主義者の動向、硫黄島の戦い、岸信介の暗躍等、転機の３月を描く。

第4巻　鈴木内閣の成立

☆　4月5日～4月7日

誰もが徳川の滅亡と慶喜の運命を今の日本と重ね合わせる。開戦時の海軍の弱腰はなぜか。組閣人事で奔走する要人たちの４月を描く。

第5巻　女学生の勤労動員と学童疎開

☆　4月15日

戦争末期の高女生・国民学校生の工場や疎開地での日常を描く。風船爆弾、熱線追尾爆弾など特殊兵器の開発にも触れる。

第6巻　首都防空戦と新兵器の開発

4月19日～5月1日

厚木航空隊の若き飛行機乗りの奮戦。電波兵器、ロケット兵器、人造石油、松根油等の技術開発の状況も描く。

第7巻　東京の焼尽

5月10日～5月25日

対ソ工作をめぐり最高戦争指導会議で激論が交わされるなか帝都は無差別爆撃で焼き尽くされる。市民の恐怖の一夜を描く。

第8巻　横浜の壊滅

5月26日～5月30日

帝都に続き横浜も灰燼に帰す。木戸を内大臣の座から逐おうとするなど、戦争終結を見据えた政府・軍首脳の動きを描く。

第9巻　国力の現状と民心の動向

5月31日～6月8日

資源の危機的状況を明らかにした「国力の現状」の作成過程を詳細にたどる。木戸幸一は初めて終戦計画をつくる。

第10巻　天皇は決意する

6月9日

天皇をめぐる問題に悩む要人たち。その天皇の日常と言動を通して、さらに態度決定の仕組みから、戦争終結への経緯の核心に迫る。

第11巻　本土決戦への特攻戦備

6月9日～6月13日

本土決戦に向けた特攻戦備の実情を明らかにする。グルーによる和平の動きに内閣、宮廷は応えることができるのか。

第12巻　木戸幸一の選択

6月14日

ハワイ攻撃９日前、山本五十六と高松宮はアメリカとの戦いを避けようとした。隠されていた真実とこれまでの木戸の妨害を描く。

第13巻　さつま芋の恩恵

7月1日～7月2日

高松宮邸で、南太平洋の島々で、飢えをしのぐためのさつま芋の栽培が行われている。対ソ交渉は遅々として進まない。

☆は既刊。以降、各偶数月に1巻ずつ刊行予定。

草思社文庫既刊

鳥居 民

毛沢東 五つの戦争

朝鮮戦争から文革まで、毛沢東が行なった五つの「戦争」を分析し、戦いの背後に潜む共産党中国の奇怪な行動原理を驚くべき精度で解明する。いまなお鋭い輝きを放つ鳥居民氏処女作、待望の文庫化！

鳥居 民

近衛文麿「黙」して死す

昭和二十年十二月、元首相・近衛文麿は巣鴨への出頭を前にして自決した。近衛に戦争責任を負わせることで一体何が隠蔽されたのか。文献渉猟と独自の歴史考察から、あの戦争の闇に光を当てる。

鳥居 民

原爆を投下するまで日本を降伏させるな

なぜ、トルーマン大統領は無警告の原爆投下を命じたのか。なぜ、あの日でなければならなかったのか。大統領と国務長官のひそかな計画の核心に大胆な推論を加え、真相に迫った話題の書。